CÓDIGO DE TRÂNSITO BRASILEIRO

Lei nº 9.503/1997

Atualizado até a

MEDIDA PROVISÓRIA nº 882, de 3.5.2019

(Infraestrutura de Transportes)

Classificação e valor das multas Vigência: a partir de 1º de novembro de 2016		
Categoria	**Valor**	**Número de pontos**
leve	R$ 88,38	3
média	R$ 130,16	4
grave	R$ 195,23	5
gravíssima	R$ 293,47	7

- ► Valores conforme o art. 258 do CTB, com redação dada pela Lei nº 13.281, de 4.5.2016.
- ► Conforme o art. 319-A do CTB, acrescido pela Lei nº 13.281, de 4.5.2016, os "valores de multas constantes deste Código poderão ser corrigidos monetariamente pelo CONTRAN, respeitado o limite da variação do Índice Nacional de Preços ao Consumidor Amplo (IPCA) no exercício anterior". E os novos valores "serão divulgados pelo CONTRAN com, no mínimo, 90 (noventa) dias de antecedência de sua aplicação".

O livro é a porta que se abre para a realização do homem.

Jair Lot Vieira

13ª EDIÇÃO
2019
revista e atualizada

Supervisão editorial
JAIR LOT VIEIRA

CÓDIGO DE TRÂNSITO BRASILEIRO

Lei nº 9.503/1997

Atualizado até a
MEDIDA PROVISÓRIA nº 882, de 3.5.2019
(Infraestrutura de Transportes)

- **Tabela de Codificação de Multas**
  Atualizada até a Portaria DENATRAN nº 127, de 21.6.2016
- **Tabela de Valores Referenciais de Velocidade**
  Tabela para Enquadramento Infracional
  Resolução CONTRAN nº 396/2011
- **Padronização dos Procedimentos Administrativos**
  Auto de Infração – Autuação – Multa – Advertência
  Resolução CONTRAN nº 619/2016
  Notificação Eletrônica
  Resolução CONTRAN nº 622/2016

edipro
minibolso

Grafia conforme o novo Acordo Ortográfico da Língua Portuguesa.

13ª edição, 2019.
Atualizada até o *DOU* de 10.5.2019.

Editores: Jair Lot Vieira e Maíra Lot Vieira Micales
Coordenação editorial: Fernanda Godoy Tarcinalli
Editoração: Alexandre Rudyard Benevides
Revisão: Brendha Rodrigues Barreto e Georgia Evelyn Franco
Diagramação e Arte: Ana Laura Padovan e Karine Moreto de Almeida

Dados Internacionais de Catalogação na Publicação (CIP)
(Câmara Brasileira do Livro, SP, Brasil)

Brasil

Código de Trânsito Brasileiro – Lei nº 9.503, de 23 de setembro de 1997 – legislação complementar / supervisão editorial Jair Lot Vieira – 13. ed. rev. e atual. – São Paulo: Edipro, 2019.

ISBN 978-85-521-0080-5

1. Trânsito – Leis e legislação – Brasil I. Vieira, Jair Lot. II. Título. III. Série.

01-5309 CDU-351.81(81) (094)

Índices para catálogo sistemático:
1. Brasil : Leis : Trânsito : Direito administrativo : 351.81(81) (094)
2. Leis : Trânsito : Brasil : Direito administrativo : 351.81(81) (094)

ABDR — Cópia não autorizada é crime — Respeite o direito autoral
EDITORA AFILIADA

edipro

São Paulo: (11) 3107-4788 • Bauru: (14) 3234-4121
www.edipro.com.br • edipro@edipro.com.br
@editoraedipro @editoraedipro

SUMÁRIO

CÓDIGO DE TRÂNSITO BRASILEIRO

LEI Nº 9.503, DE 23 DE SETEMBRO DE 1997

Atualizada até a Medida Provisória nº 882, de 3.5.2019.

LEGISLAÇÃO COMPLEMENTAR

EMENTÁRIO

Legislação Suplementar

CÓDIGO DE TRÂNSITO BRASILEIRO

LEI Nº 9.503, DE 23 DE SETEMBRO DE 1997

Atualizada até a Medida Provisória nº 882, de 3.5.2019.

Institui o Código de Trânsito Brasileiro.

O Presidente da República,

Faço saber que o Congresso Nacional decreta e eu sanciono a seguinte Lei:

CAPÍTULO I
DISPOSIÇÕES PRELIMINARES

Art. 1º. O trânsito de qualquer natureza, nas vias terrestres do Território Nacional, abertas à circulação, rege-se por este Código.

(*) CF/1988: *art. 22, XI, dispõe sobre a competência privativa da União para legislar sobre trânsito e transporte.*

§ 1º. Considera-se trânsito a utilização das vias por pessoas, veículos e animais, isolados ou em grupos, conduzidos ou não, para fins de circulação, parada, estacionamento e operação de carga ou descarga.

§ 2º. O trânsito, em condições seguras, é um direito de todos e dever dos órgãos e entidades competentes do Sistema Nacional de Trânsito, a estes cabendo, no âmbito das respectivas competências, adotar as medidas destinadas a assegurar esse direito.

§ 3º. Os órgãos e entidades componentes do Sistema Nacional de Trânsito respondem, no âmbito das respectivas competências, objetivamente, por danos causados aos cidadãos em virtude de ação, omissão ou erro na execução e manutenção de programas, projetos e serviços que garantam o exercício do direito do trânsito seguro.

§ 4º. (Vetado).

§ 5º. Os órgãos e entidades de trânsito pertencentes ao Sistema Nacional de Trânsito darão prioridade em suas ações à defesa da vida, nela incluída a preservação da saúde e do meio ambiente.

Art. 2º. São vias terrestres urbanas e rurais as ruas, as avenidas, os logradouros, os caminhos, as passagens, as estradas e as rodovias, que terão seu uso regulamentado pelo órgão ou entidade com circunscrição sobre elas, de acordo com as peculiaridades locais e as circunstâncias especiais.

Parágrafo único. Para os efeitos deste Código, são consideradas vias terrestres as praias abertas à circulação pública, as vias internas pertencentes aos condomínios constituídos por unidades autônomas e as vias e áreas de estacionamento de estabelecimentos privados de uso coletivo.

(*) *Parágrafo único com redação dada pela Lei nº 13.146, de 6.7.2015.*

Art. 3º. As disposições deste Código são aplicáveis a qualquer veículo, bem como aos proprietários, condutores dos veículos nacionais ou estrangeiros e às pessoas nele expressamente mencionadas.

Art. 4º. Os conceitos e definições estabelecidos para os efeitos deste Código são os constantes do Anexo I.

CAPÍTULO II
DO SISTEMA NACIONAL DE TRÂNSITO

Seção I
Disposições Gerais

Art. 5º. O Sistema Nacional de Trânsito é o conjunto de órgãos e entidades da União, dos Estados, do Distrito Federal e dos Municípios, que tem por finalidade o exercício das atividades de planejamento, administração, normatização, pesquisa, registro e licenciamento de veículos, formação, habilitação e reciclagem de condutores, educação, engenharia, operação do sistema viário, policiamento, fiscalização, julgamento de infrações e de recursos e aplicação de penalidades.

Art. 6º. São objetivos básicos do Sistema Nacional de Trânsito:

I – estabelecer diretrizes da Política Nacional de Trânsito, com vistas à segurança, à fluidez, ao conforto, à defesa ambiental e à educação para o trânsito, e fiscalizar seu cumprimento;

II – fixar, mediante normas e procedimentos, a padronização de critérios técnicos, financeiros e administrativos para a execução das atividades de trânsito;

III – estabelecer a sistemática de fluxos permanentes de informações entre os seus diversos órgãos e entidades, a fim de facilitar o processo decisório e a integração do Sistema.

Seção II
Da Composição e da Competência do Sistema Nacional de Trânsito

(*) Sobre infrações de competência municipal, incluindo as concorrentes dos órgãos e entidades estaduais de trânsito, e rodoviários, vide Resolução CONTRAN nº 371, de 10.12.2010.

Art. 7º. Compõem o Sistema Nacional de Trânsito os seguintes órgãos e entidades:

I – o Conselho Nacional de Trânsito – CONTRAN, coordenador do Sistema e órgão máximo normativo e consultivo;

II – os Conselhos Estaduais de Trânsito – CETRAN e o Conselho de Trânsito do Distrito Federal – CONTRANDIFE, órgãos normativos, consultivos e coordenadores;

III – os órgãos e entidades executivos de trânsito da União, dos Estados, do Distrito Federal e dos Municípios;

IV – os órgãos e entidades executivos rodoviários da União, dos Estados, do Distrito Federal e dos Municípios;

V – a Polícia Rodoviária Federal;

VI – as Polícias Militares dos Estados e do Distrito Federal; e

VII – as Juntas Administrativas de Recursos de Infrações – JARI.

Art. 7º-A. A autoridade portuária ou a entidade concessionária de porto organizado poderá celebrar convênios com os órgãos previstos no art. 7º, com a interveniência dos Municípios e Estados, juridicamente interessados, para o fim específico de facilitar a autuação por descumprimento da legislação de trânsito.

§ 1º. O convênio valerá para toda a área física do porto organizado, inclusive, nas áreas dos terminais alfandegados, nas estações de transbordo, nas instalações portuárias públicas de pequeno porte e nos respectivos estacionamentos ou vias de trânsito internas.

§ 2º. (Vetado).

§ 3º. (Vetado).

(*) *Art. 7º-A acrescido pela Lei nº 12.058, de 13.10.2009.*

Art. 8º. Os Estados, o Distrito Federal e os Municípios organizarão os respectivos órgãos e entidades executivos de trânsito e executivos rodoviários, estabelecendo os limites circunscricionais de suas atuações.

Art. 9º. O Presidente da República designará o ministério ou órgão da Presidência responsável pela coordenação máxima do Sistema Nacional de Trânsito, ao qual estará vinculado o CONTRAN e subordinado o órgão máximo executivo de trânsito da União.

Art. 10. O Conselho Nacional de Trânsito – CONTRAN terá sede no Distrito Federal.

(*) *Art. 10,* caput, *com redação dada pela Medida Provisória nº 882, de 3.5.2019.*

§ 1º. (Vetado).

§ 2º. (Vetado).

§ 3º. (Vetado).

§ 4º. O CONTRAN será composto pelos seguintes Ministros de Estado:

I – da Infraestrutura, que o presidirá;

II – da Justiça e Segurança Pública;

III – da Defesa;

IV – das Relações Exteriores;

V – da Economia;

VI – da Educação;

VII – da Saúde;

VIII – da Ciência, Tecnologia, Inovações e Comunicações; e

IX – do Meio Ambiente.

(*) *§ 4º acrescido pela Medida Provisória nº 882, de 3.5.2019.*

§ 5º. Em seus impedimentos e suas ausências, os Ministros de Estado poderão ser representados por servidor de nível hierárquico igual ou superior ao nível 6 do Grupo-Direção e Assessoramento Superiores – DAS ou, no caso do Ministério da Defesa, alternativamente, por oficial-general.

(*) *§ 5º acrescido pela Medida Provisória nº 882, de 3.5.2019.*

§ 6º. Compete ao dirigente do órgão máximo executivo de trânsito da União a que se refere o 9º♦ atuar como Secretário-Executivo do CONTRAN.

(*) *§ 6º acrescido pela Medida Provisória nº 882, de 3.5.2019.*

♦ *Conforme Diário Oficial. Entendemos tratar-se do "art. 9º"* [N.E.]

§ 7º. O quórum de votação e de aprovação no CONTRAN é o de maioria absoluta.

(*) *§ 7º acrescido pela Medida Provisória nº 882, de 3.5.2019.*

Art. 10-A. Serão convidados a participar das reuniões do CONTRAN, sem direito a voto, representantes de órgãos e entidades setoriais responsáveis pelas propostas ou matérias em exame pelo Conselho.

(*) *Art. 10-A acrescido pela Medida Provisória nº 882, de 3.5.2019.*

Art. 11. (Vetado).

Art. 12. Compete ao CONTRAN:

I – estabelecer as normas regulamentares referidas neste Código e as diretrizes da Política Nacional de Trânsito;

II – coordenar os órgãos do Sistema Nacional de Trânsito, objetivando a integração de suas atividades;

III – (vetado);

IV – criar Câmaras Temáticas;

V – estabelecer seu regimento interno e as diretrizes para o funcionamento dos CETRAN e CONTRANDIFE;

VI – estabelecer as diretrizes do regimento das JARI;

VII – zelar pela uniformidade e cumprimento das normas contidas neste Código e nas resoluções complementares;

VIII – estabelecer e normatizar os procedimentos para a aplicação das multas por infrações, a arrecadação e o repasse dos valores arrecadados;

(*) *Inciso VIII com redação dada pela Lei nº 13.281, de 4.5.2016.*

IX – responder às consultas que lhe forem formuladas, relativas à aplicação da legislação de trânsito;

X – normatizar os procedimentos sobre a aprendizagem, habilitação, expedição de documentos de condutores, e registro e licenciamento de veículos;

XI – aprovar, complementar ou alterar os dispositivos de sinalização e os dispositivos e equipamentos de trânsito;

XII – (revogado);

(*) *Inciso XII revogado pela Medida Provisória nº 882, de 3.5.2019.*

XIII – avocar, para análise e soluções, processos sobre conflitos de competência ou circunscrição, ou, quando necessário, unificar as decisões administrativas; e

XIV – dirimir conflitos sobre circunscrição e competência de trânsito no âmbito da União, dos Estados e do Distrito Federal;

XV – normatizar o processo de formação do candidato à obtenção da Carteira Nacional de Habilitação, estabelecendo seu conteúdo didático-pedagógico, carga horária, avaliações, exames, execução e fiscalização.

(*) *Inciso XV acrescido pela Lei nº 13.281, de 4.5.2016.*

Art. 13. As Câmaras Temáticas, órgãos técnicos vinculados ao CONTRAN, são integradas por especialistas e têm como objetivo estudar e oferecer sugestões e embasamento técnico sobre assuntos específicos para decisões daquele colegiado.

§ 1º. Cada Câmara é constituída por especialistas representantes de órgãos e entidades executivos da União, dos Estados, ou do Distrito Federal e dos Municípios, em igual número, pertencentes ao Sistema Nacional de Trânsito, além de especialistas representantes dos diversos segmentos da sociedade relacionados com o trânsito, todos indicados segundo regimento específico definido pelo CONTRAN e designados pelo Ministro ou dirigente coordenador máximo do Sistema Nacional de Trânsito.

§ 2º. Os segmentos da sociedade, relacionados no parágrafo anterior, serão representados por pessoa jurídica e devem atender aos requisitos estabelecidos pelo CONTRAN.

§ 3º. Os coordenadores das Câmaras Temáticas serão eleitos pelos respectivos membros.

§ 4º. (Vetado).

I – (vetado);

II – (vetado);

III – (vetado);

IV – (vetado).

Art. 14. Compete aos Conselhos Estaduais de Trânsito – CETRAN e ao Conselho de Trânsito do Distrito Federal – CONTRANDIFE:

I – cumprir e fazer cumprir a legislação e as normas de trânsito, no âmbito das respectivas atribuições;

II – elaborar normas no âmbito de suas respectivas competências;

III – responder a consultas relativas à aplicação da legislação e dos procedimentos normativos de trânsito;

IV – estimular e orientar a execução de campanhas educativas de trânsito;

V – julgar os recursos interpostos contra decisões:

a) das JARI;

b) dos órgãos e entidades executivos estaduais, nos casos de inaptidão permanente constatados nos exames de aptidão física, mental ou psicológica;

VI – indicar um representante para compor a comissão examinadora de candidatos portadores de deficiência física à habilitação para conduzir veículos automotores;

VII – (vetado);

VIII – acompanhar e coordenar as atividades de administração, educação, engenharia, fiscalização, policiamento ostensivo de trânsito, formação de condutores, registro e licenciamento de veículos, articulando os órgãos do Sistema no Estado, reportando-se ao CONTRAN;

IX – dirimir conflitos sobre circunscrição e competência de trânsito no âmbito dos Municípios;

X – informar o CONTRAN sobre o cumprimento das exigências definidas nos §§ 1º e 2º do art. 333; e

XI – designar, em caso de recursos deferidos e na hipótese de reavaliação dos exames, junta especial de saúde para examinar os candidatos à habilitação para conduzir veículos automotores.

(*) *Inciso XI acrescido pela Lei nº 9.602, de 21.1.1998.*

Parágrafo único. Dos casos previstos no inciso V, julgados pelo órgão, não cabe recurso na esfera administrativa.

Art. 15. Os presidentes do CETRAN e do CONTRANDIFE são nomeados pelos Governadores dos Estados e do Distrito Federal, respectivamente, e deverão ter reconhecida experiência em matéria de trânsito.

§ 1º. Os membros do CETRAN e do CONTRANDIFE são nomeados pelos Governadores dos Estados e do Distrito Federal, respectivamente.

§ 2º. Os membros do CETRAN e do CONTRANDIFE deverão ser pessoas de reconhecida experiência em trânsito.

§ 3º. O mandato dos membros do CETRAN e do CONTRANDIFE é de dois anos, admitida a recondução.

Art. 16. Junto a cada órgão ou entidade executivos de trânsito ou rodoviário funcionarão Juntas Administrativas de Recursos de Infrações – JARI, órgãos colegiados responsáveis pelo julgamento dos recursos interpostos contra penalidades por eles impostas.

Parágrafo único. As JARI têm regimento próprio, observado o disposto no inciso VI do art. 12, e apoio administrativo e financeiro do órgão ou entidade junto ao qual funcionem.

Art. 17. Compete às JARI:

I – julgar os recursos interpostos pelos infratores;

II – solicitar aos órgãos e entidades executivos de trânsito e executivos rodoviários informações complementares relativas aos recursos, objetivando uma melhor análise da situação recorrida;

III – encaminhar aos órgãos e entidades executivos de trânsito e executivos rodoviários informações sobre problemas observados nas autuações e apontados em recursos, e que se repitam sistematicamente.

Art. 18. (Vetado).

Art. 19. Compete ao órgão máximo executivo de trânsito da União:

I – cumprir e fazer cumprir a legislação de trânsito e a execução das normas e diretrizes estabelecidas pelo CONTRAN, no âmbito de suas atribuições;

II – proceder à supervisão, à coordenação, à correição dos órgãos delegados, ao controle e à fiscalização da execução da Política Nacional de Trânsito e do Programa Nacional de Trânsito;

III – articular-se com os órgãos dos Sistemas Nacionais de Trânsito, de Transporte e de Segurança Pública, objetivando o combate à violência do trânsito, promovendo, coordenando e executando o controle de ações para a preservação do ordenamento e da segurança do trânsito;

IV – apurar, prevenir e reprimir a prática de atos de improbidade contra a fé pública, o patrimônio ou a administração pública ou privada, referentes à segurança do trânsito;

V – supervisionar a implantação de projetos e programas relacionados com a engenharia, educação, administração, policiamento e fiscalização do trânsito e outros, visando à uniformidade de procedimento;

VI – estabelecer procedimentos sobre a aprendizagem e habilitação de condutores de veículos, a expedição de documentos de condutores, de registro e licenciamento de veículos;

VII – expedir a Permissão para Dirigir, a Carteira Nacional de Habilitação, os Certificados de Registro e o de Licenciamento Anual mediante delegação aos órgãos executivos dos Estados e do Distrito Federal;

VIII – organizar e manter o Registro Nacional de Carteiras de Habilitação – RENACH;

IX – organizar e manter o Registro Nacional de Veículos Automotores – RENAVAM;

X – organizar a estatística geral de trânsito no território nacional, definindo os dados a serem fornecidos pelos demais órgãos e promover sua divulgação;

XI – estabelecer modelo padrão de coleta de informações sobre as ocorrências de acidentes de trânsito e as estatísticas do trânsito;

XII – administrar fundo de âmbito nacional destinado à segurança e à educação de trânsito;

XIII – coordenar a administração do registro das infrações de trânsito, da pontuação e das penalidades aplicadas no prontuário do infrator, da arrecadação de multas e do repasse de que trata o § 1º do art. 320;

(*) *Inciso XIII com redação dada pela Lei nº 13.281, de 4.5.2016.*

XIV – fornecer aos órgãos e entidades do Sistema Nacional de Trânsito informações sobre registros de veículos e de condutores, mantendo o fluxo permanente de informações com os demais órgãos do Sistema;

XV – promover, em conjunto com os órgãos competentes do Ministério da Educação e do Desporto, de acordo com as diretrizes do CONTRAN, a elaboração e a implementação de programas de educação de trânsito nos estabelecimentos de ensino;

XVI – elaborar e distribuir conteúdos programáticos para a educação de trânsito;

XVII – promover a divulgação de trabalhos técnicos sobre o trânsito;

XVIII – elaborar, juntamente com os demais órgãos e entidades do Sistema Nacional de Trânsito, e submeter à aprovação do CONTRAN, a complementação ou alteração da sinalização e dos dispositivos e equipamentos de trânsito;

XIX – organizar, elaborar, complementar e alterar os manuais e normas de projetos de implementação da sinalização, dos dispositivos e equipamentos de trânsito aprovados pelo CONTRAN;

XX – expedir a permissão internacional para conduzir veículo e o certificado de passagem nas alfândegas, mediante delegação aos órgãos executivos dos Estados e do Distrito Federal ou a entidade habilitada para esse fim pelo poder público federal;

(*) *Inciso XX com redação dada pela Lei nº 13.258, de 8.3.2016.*

XXI – promover a realização periódica de reuniões regionais e congressos nacionais de trânsito, bem como propor a representação do Brasil em congressos ou reuniões internacionais;

XXII – propor acordos de cooperação com organismos internacionais, com vistas ao aperfeiçoamento das ações inerentes à segurança e educação de trânsito;

XXIII – elaborar projetos e programas de formação, treinamento e especialização do pessoal encarregado da execução das atividades de engenharia, educação, policiamento ostensivo, fiscalização, operação e administração de trânsito, propondo medidas que estimulem a pesquisa científica e o ensino técnico-profissional de interesse do trânsito, e promovendo a sua realização;

XXIV – opinar sobre assuntos relacionados ao trânsito interestadual e internacional;

XXV – elaborar e submeter à aprovação do CONTRAN as normas e requisitos de segurança veicular para fabricação e montagem de veículos, consoante sua destinação;

XXVI – estabelecer procedimentos para a concessão do código marca-modelo dos veículos para efeito de registro, emplacamento e licenciamento;

XXVII – instruir os recursos interpostos das decisões do CONTRAN, ao Ministro ou dirigente coordenador máximo do Sistema Nacional de Trânsito;

XXVIII – estudar os casos omissos na legislação de trânsito e submetê-los, com proposta de solução, ao Ministério ou órgão coordenador máximo do Sistema Nacional de Trânsito;

XXIX – prestar suporte técnico, jurídico, administrativo e financeiro ao CONTRAN;

XXX – organizar e manter o Registro Nacional de Infrações de Trânsito (Renainf).

(*) *Inciso XXX acrescido pela Lei nº 13.281, de 4.5.2016.*

(*) *V. Resolução CONTRAN nº 637, de 30.11.2016.*

§ 1º. Comprovada, por meio de sindicância, a deficiência técnica ou administrativa ou a prática constante de atos de improbidade contra a fé pública, contra o patrimônio ou contra a administração pública, o órgão executivo de trânsito da União, mediante aprovação do CONTRAN, assumirá diretamente ou por delegação, a execução total ou parcial das atividades do órgão executivo de trânsito estadual que tenha motivado a investigação, até que as irregularidades sejam sanadas.

§ 2º. O regimento interno do órgão executivo de trânsito da União disporá sobre sua estrutura organizacional e seu funcionamento.

§ 3º. Os órgãos e entidades executivos de trânsito e executivos rodoviários da União, dos Estados, do Distrito Federal e dos Municípios fornecerão, obrigatoriamente, mês a mês, os dados estatísticos para os fins previstos no inciso X.

§ 4º. (Vetado).

(*) *§ 4º acrescido pela Lei nº 13.281, de 4.5.2016.*

Art. 20. Compete à Polícia Rodoviária Federal, no âmbito das rodovias e estradas federais:

I – cumprir e fazer cumprir a legislação e as normas de trânsito, no âmbito de suas atribuições;

II – realizar o patrulhamento ostensivo, executando operações relacionadas com a segurança pública, com objetivo de preservar a ordem, incolumidade das pessoas, o patrimônio da União e o de terceiros;

III – aplicar e arrecadar as multas impostas por infrações de trânsito, as medidas administrativas decorrentes e os valores provenientes de estada e remoção de veículos, objetos, animais e escolta de veículos de cargas superdimensionadas ou perigosas;

IV – efetuar levantamento dos locais de acidentes de trânsito e dos serviços de atendimento, socorro e salvamento de vítimas;

V – credenciar os serviços de escolta, fiscalizar e adotar medidas de segurança relativas aos serviços de remoção de veículos, escolta e transporte de carga indivisível;

VI – assegurar a livre circulação nas rodovias federais, podendo solicitar ao órgão rodoviário a adoção de medidas emergenciais, e zelar pelo cumprimento das normas legais relativas ao direito de vizinhança, promovendo a interdição de construções e instalações não autorizadas;

VII – coletar dados estatísticos e elaborar estudos sobre acidentes de trânsito e suas causas, adotando ou indicando medidas operacionais preventivas e encaminhado-os ao órgão rodoviário federal;

VIII – implementar as medidas da Política Nacional de Segurança e Educação de Trânsito;

IX – promover e participar de projetos e programas de educação e segurança, de acordo com as diretrizes estabelecidas pelo CONTRAN;

X – integrar-se a outros órgãos e entidades do Sistema Nacional de Trânsito para fins de arrecadação e compensação de multas impostas na área de sua competência, com vistas à unificação do licenciamento, à simplificação e à celeridade das transferências de veículos e de prontuários de condutores de uma para outra unidade da Federação;

XI – fiscalizar o nível de emissão de poluentes e ruído produzidos pelos veículos automotores ou pela sua carga, de acordo com o estabelecido no art. 66, além de dar apoio, quando solicitado, às ações específicas dos órgãos ambientais.

Art. 21. Compete aos órgãos e entidades executivos rodoviários da União, dos Estados, do Distrito Federal e dos Municípios, no âmbito de sua circunscrição:

I – cumprir e fazer cumprir a legislação e as normas de trânsito, no âmbito de suas respectivas atribuições;

II – planejar, projetar, regulamentar e operar o trânsito de veículos, de pedestres e de animais, e promover o desenvolvimento da circulação e da segurança de ciclistas;

III – implantar, manter e operar o sistema de sinalização, os dispositivos e os equipamentos de controle viário;

IV – coletar dados e elaborar estudos sobre os acidentes de trânsito e suas causas;

V – estabelecer, em conjunto com os órgãos de policiamento ostensivo de trânsito, as respectivas diretrizes para o policiamento ostensivo de trânsito;

VI – executar a fiscalização de trânsito, autuar e aplicar as penalidades de advertência, por escrito, e ainda as multas e medidas administrativas cabíveis, notificando os infratores e arrecadando as multas que aplicar;

VII – arrecadar valores provenientes de estada e remoção de veículos e objetos, e escolta de veículos de cargas superdimensionadas ou perigosas;

VIII – fiscalizar, autuar, aplicar as penalidades e medidas administrativas cabíveis, relativas a infrações por excesso de peso, dimensões e lotação dos veículos, bem como notificar e arrecadar as multas que aplicar;

IX – fiscalizar o cumprimento da norma contida no art. 95, aplicando as penalidades e arrecadando as multas nele previstas;

X – implementar as medidas da Política Nacional de Trânsito e do Programa Nacional de Trânsito;

XI – promover e participar de projetos e programas de educação e segurança, de acordo com as diretrizes estabelecidas pelo CONTRAN;

XII – integrar-se a outros órgãos e entidades do Sistema Nacional de Trânsito para fins de arrecadação e compensação de multas impostas na área de sua competência, com vistas à unificação do licenciamento, à simplificação e à celeridade das transferências de veículos e de prontuários de condutores de uma para outra unidade da Federação;

XIII – fiscalizar o nível de emissão de poluentes e ruído produzidos pelos veículos automotores ou pela sua carga, de acordo com o estabelecido no art. 66, além de dar apoio às ações específicas dos órgãos ambientais locais, quando solicitado;

XIV – vistoriar veículos que necessitem de autorização especial para transitar e estabelecer os requisitos técnicos a serem observados para a circulação desses veículos.

Parágrafo único. (Vetado).

Art. 22. Compete aos órgãos ou entidades executivos de trânsito dos Estados e do Distrito Federal, no âmbito de sua circunscrição:

I – cumprir e fazer cumprir a legislação e as normas de trânsito, no âmbito das respectivas atribuições;

II – realizar, fiscalizar e controlar o processo de formação, aperfeiçoamento, reciclagem e suspensão de condutores, expedir e cassar Licença de Aprendizagem, Permissão para Dirigir e

Carteira Nacional de Habilitação, mediante delegação do órgão federal competente;

III – vistoriar, inspecionar quanto às condições de segurança veicular, registrar, emplacar, selar a placa e licenciar veículos, expedindo o Certificado de Registro e o Licenciamento Anual, mediante delegação do órgão federal competente;

IV – estabelecer, em conjunto com as Polícias Militares, as diretrizes para o policiamento ostensivo de trânsito;

V – executar a fiscalização de trânsito, autuar e aplicar as medidas administrativas cabíveis pelas infrações previstas neste Código, excetuadas aquelas relacionadas nos incisos VI e VIII do art. 24, no exercício regular do Poder de Polícia de Trânsito;

VI – aplicar as penalidades por infrações previstas neste Código, com exceção daquelas relacionadas nos incisos VII e VIII do art. 24, notificando os infratores e arrecadando as multas que aplicar;

VII – arrecadar valores provenientes de estada e remoção de veículos e objetos;

VIII – comunicar ao órgão executivo de trânsito da União a suspensão e a cassação do direito de dirigir e o recolhimento da Carteira Nacional de Habilitação;

IX – coletar dados estatísticos e elaborar estudos sobre acidentes de trânsito e suas causas;

X – credenciar órgãos ou entidades para a execução de atividades previstas na legislação de trânsito, na forma estabelecida em norma do CONTRAN;

XI – implementar as medidas da Política Nacional de Trânsito e do Programa Nacional de Trânsito;

XII – promover e participar de projetos e programas de educação e segurança de trânsito de acordo com as diretrizes estabelecidas pelo CONTRAN;

XIII – integrar-se a outros órgãos e entidades do Sistema Nacional de Trânsito para fins de arrecadação e compensação de multas impostas na área de sua competência, com vistas à unificação do licenciamento, à simplificação e à celeridade das transferências de veículos e de prontuários de condutores de uma para outra unidade da Federação;

XIV – fornecer, aos órgãos e entidades executivos de trânsito e executivos rodoviários municipais, os dados cadastrais dos veículos registrados e dos condutores habilitados, para fins de imposição e notificação de penalidades e de arrecadação de multas nas áreas de suas competências;

XV – fiscalizar o nível de emissão de poluentes e ruído produzidos pelos veículos automotores ou pela sua carga, de acordo com o estabelecido no art. 66, além de dar apoio, quando solicitado, às ações específicas dos órgãos ambientais locais;

XVI – articular-se com os demais órgãos do Sistema Nacional de Trânsito no Estado, sob coordenação do respectivo CETRAN.

Art. 23. Compete às Polícias Militares dos Estados e do Distrito Federal:

I – (vetado);

II – (vetado);

III – executar a fiscalização de trânsito, quando e conforme convênio firmado, como agente do órgão ou entidade executivos de trânsito ou executivos rodoviários, concomitantemente com os demais agentes credenciados;

IV – (vetado);

V – (vetado);

VI – (vetado);

VII – (vetado).

Parágrafo único. (Vetado).

Art. 24. Compete aos órgãos e entidades executivos de trânsito dos Municípios, no âmbito de sua circunscrição:

I – cumprir e fazer cumprir a legislação e as normas de trânsito, no âmbito de suas atribuições;

II – planejar, projetar, regulamentar e operar o trânsito de veículos, de pedestres e de animais, e promover o desenvolvimento da circulação e da segurança de ciclistas;

III – implantar, manter e operar o sistema de sinalização, os dispositivos e os equipamentos de controle viário;

IV – coletar dados estatísticos e elaborar estudos sobre os acidentes de trânsito e suas causas;

V – estabelecer, em conjunto com os órgãos de polícia ostensiva de trânsito, as diretrizes para o policiamento ostensivo de trânsito;

VI – executar a fiscalização de trânsito em vias terrestres, edificações de uso público e edificações privadas de uso coletivo, autuar e aplicar as medidas administrativas cabíveis e as penalidades de advertência por escrito e multa, por infrações de circulação, estacionamento e parada previstas neste Código, no exercício regular do poder de polícia de trânsito, notificando os infratores e arrecadando as multas que aplicar, exercendo iguais atribuições no âmbito de edificações privadas de uso coletivo, somente para infrações de uso de vagas reservadas em estacionamentos;

(*) *Inciso VI com redação dada pela Lei nº 13.281, de 4.5.2016.*

VII – aplicar as penalidades de advertência por escrito e multa, por infrações de circulação, estacionamento e parada previstas neste Código, notificando os infratores e arrecadando as multas que aplicar;

VIII – fiscalizar, autuar e aplicar as penalidades e medidas administrativas cabíveis relativas a infrações por excesso de peso, dimensões e lotação dos veículos, bem como notificar e arrecadar as multas que aplicar;

IX – fiscalizar o cumprimento da norma contida no art. 95, aplicando as penalidades e arrecadando as multas nele previstas;

X – implantar, manter e operar sistema de estacionamento rotativo pago nas vias;

XI – arrecadar valores provenientes de estada e remoção de veículos e objetos, e escolta de veículos de cargas superdimensionadas ou perigosas;

XII – credenciar os serviços de escolta, fiscalizar e adotar medidas de segurança relativas aos serviços de remoção de veículos, escolta e transporte de carga indivisível;

XIII – integrar-se a outros órgãos e entidades do Sistema Nacional de Trânsito para fins de arrecadação e compensação de multas impostas na área de sua competência, com vistas à unificação do licenciamento, à simplificação e à celeridade das transferências de veículos e de prontuários dos condutores de uma para outra unidade da Federação;

XIV – implantar as medidas da Política Nacional de Trânsito e do Programa Nacional de Trânsito;

XV – promover e participar de projetos e programas de educação e segurança de trânsito de acordo com as diretrizes estabelecidas pelo CONTRAN;

XVI – planejar e implantar medidas para redução da circulação de veículos e reorientação do tráfego, com o objetivo de diminuir a emissão global de poluentes;

XVII – registrar e licenciar, na forma da legislação, veículos de tração e propulsão humana e de tração animal, fiscalizando, autuando, aplicando penalidades e arrecadando multas decorrentes de infrações;

(*) *Inciso XVII com redação dada pela Lei nº 13.154, de 30.7.2015.*

XVIII – conceder autorização para conduzir veículos de propulsão humana e de tração animal;

XIX – articular-se com os demais órgãos do Sistema Nacional de Trânsito no Estado, sob coordenação do respectivo CETRAN;

XX – fiscalizar o nível de emissão de poluentes e ruído produzidos pelos veículos automotores ou pela sua carga, de acordo com o estabelecido no art. 66, além de dar apoio às ações específicas de órgão ambiental local, quando solicitado;

XXI – vistoriar veículos que necessitem de autorização especial para transitar e estabelecer os requisitos técnicos a serem observados para a circulação desses veículos.

§ 1º. As competências relativas a órgão ou entidade municipal serão exercidas no Distrito Federal por seu órgão ou entidade executivos de trânsito.

§ 2º. Para exercer as competências estabelecidas neste artigo, os Municípios deverão integrar-se ao Sistema Nacional de Trânsito, conforme previsto no art. 333 deste Código.

Art. 25. Os órgãos e entidades executivos do Sistema Nacional de Trânsito poderão celebrar convênio delegando as atividades previstas neste Código, com vistas à maior eficiência e à segurança para os usuários da via.

Parágrafo único. Os órgãos e entidades de trânsito poderão prestar serviços de capacitação técnica, assessoria e monitoramento das atividades relativas ao trânsito durante prazo a ser estabelecido entre as partes, com ressarcimento dos custos apropriados.

CAPÍTULO III
DAS NORMAS GERAIS DE CIRCULAÇÃO E CONDUTA

Art. 26. Os usuários das vias terrestres devem:

I – abster-se de todo ato que possa constituir perigo ou obstáculo para o trânsito de veículos, de pessoas ou de animais, ou ainda causar danos a propriedades públicas ou privadas;

II – abster-se de obstruir o trânsito ou torná-lo perigoso, atirando, depositando ou abandonando na via objetos ou substâncias, ou nela criando qualquer outro obstáculo.

Art. 27. Antes de colocar o veículo em circulação nas vias públicas, o condutor deverá verificar a existência e as boas condições de funcionamento dos equipamentos de uso obrigatório, bem como assegurar-se da existência de combustível suficiente para chegar ao local de destino.

Art. 28. O condutor deverá, a todo momento, ter domínio de seu veículo, dirigindo-o com atenção e cuidados indispensáveis à segurança do trânsito.

Art. 29. O trânsito de veículos nas vias terrestres abertas à circulação obedecerá às seguintes normas:

I – a circulação far-se-á pelo lado direito da via, admitindo-se as exceções devidamente sinalizadas;

II – o condutor deverá guardar distância de segurança lateral e frontal entre o seu e os demais veículos, bem como em relação ao bordo da pista, considerando-se, no momento, a velocidade e as condições do local, da circulação, do veículo e das condições climáticas;

III – quando veículos, transitando por fluxos que se cruzem, se aproximarem de local não sinalizado, terá preferência de passagem:

a) no caso de apenas um fluxo ser proveniente de rodovia, aquele que estiver circulando por ela;

b) no caso de rotatória, aquele que estiver circulando por ela;

c) nos demais casos, o que vier pela direita do condutor;

IV – quando uma pista de rolamento comportar várias faixas de circulação no mesmo sentido, são as da direita destinadas ao deslocamento dos veículos mais lentos e de maior porte, quando não houver faixa especial a eles destinada, e as da esquerda, destinadas à ultrapassagem e ao deslocamento dos veículos de maior velocidade;

V – o trânsito de veículos sobre passeios, calçadas e nos acostamentos, só poderá ocorrer para que se adentre ou se saia dos imóveis ou áreas especiais de estacionamento;

VI – os veículos precedidos de batedores terão prioridade de passagem, respeitadas as demais normas de circulação;

VII – os veículos destinados a socorro de incêndio e salvamento, os de polícia, os de fiscalização e operação de trânsito e as ambulâncias, além de prioridade de trânsito, gozam de livre circulação, estacionamento e parada, quando em serviço de urgência e devidamente identificados por dispositivos regulamentares de alarme sonoro e iluminação vermelha intermitente, observadas as seguintes disposições:

a) quando os dispositivos estiverem acionados, indicando a proximidade dos veículos, todos os condutores deverão deixar livre a passagem pela faixa da esquerda, indo para a direita da via e parando, se necessário;

b) os pedestres, ao ouvir o alarme sonoro, deverão aguardar no passeio, só atravessando a via quando o veículo já tiver passado pelo local;

c) o uso de dispositivos de alarme sonoro e de iluminação vermelha intermitente só poderá ocorrer quando da efetiva prestação de serviço de urgência;

d) a prioridade de passagem na via e no cruzamento deverá se dar com velocidade reduzida e com os devidos cuidados de segurança, obedecidas as demais normas deste Código;

VIII – os veículos prestadores de serviços de utilidade pública, quando em atendimento na via, gozam de livre parada e estacionamento no local da prestação de serviço, desde que devidamente sinalizados, devendo estar identificados na forma estabelecida pelo CONTRAN;

IX – a ultrapassagem de outro veículo em movimento deverá ser feita pela esquerda, obedecida a sinalização regulamentar e as demais normas estabelecidas deste Código, exceto quando o veículo a ser ultrapassado estiver sinalizando o propósito de entrar à esquerda;

X – todo condutor deverá, antes de efetuar uma ultrapassagem, certificar-se de que:

a) nenhum condutor que venha atrás haja começado uma manobra para ultrapassá-lo;

b) quem o precede na mesma faixa de trânsito não haja indicado o propósito de ultrapassar um terceiro;

c) a faixa de trânsito que vai tomar esteja livre numa extensão suficiente para que sua manobra não ponha em perigo ou obstrua o trânsito que venha em sentido contrário;

XI – todo condutor ao efetuar a ultrapassagem deverá:

a) indicar com antecedência a manobra pretendida, acionando a luz indicadora de direção do veículo ou por meio de gesto convencional de braço;

b) afastar-se do usuário ou usuários aos quais ultrapassa, de tal forma que deixe livre uma distância lateral de segurança;

c) retomar, após a efetivação da manobra, a faixa de trânsito de origem, acionando a luz indicadora de direção do veículo ou fazendo o gesto convencional de braço, adotando os cuidados necessários para não pôr em perigo ou obstruir o trânsito dos veículos que ultrapassou;

XII – os veículos que se deslocam sobre trilhos terão preferência de passagem sobre os demais, respeitadas as normas de circulação;

XIII – (vetado).

(*) *Inciso XIII acrescido pela Lei nº 13.281, de 4.5.2016.*

§ 1º. As normas de ultrapassagem previstas nos alíneas "a" e "b" do inciso X e "a" e "b" do inciso XI aplicam-se à transposição de faixas, que pode ser realizada tanto pela faixa da esquerda como pela da direita.

§ 2º. Respeitadas as normas de circulação e conduta estabelecidas neste artigo, em ordem decrescente, os veículos de maior porte são sempre responsáveis pela segurança dos menores, os motorizados pelos não motorizados e, juntos, pela incolumidade dos pedestres.

Art. 30. Todo condutor, ao perceber que outro que o segue tem o propósito de ultrapassá-lo, deverá:

I – se estiver circulando pela faixa da esquerda, deslocar-se para a faixa da direita, sem acelerar a marcha;

II – se estiver circulando pelas demais faixas, manter-se naquela na qual está circulando, sem acelerar a marcha.

Parágrafo único. Os veículos mais lentos, quando em fila, deverão manter distância suficiente entre si para permitir que veículos que os ultrapassem possam se intercalar na fila com segurança.

Art. 31. O condutor que tenha o propósito de ultrapassar um veículo de transporte coletivo que esteja parado, efetuando embarque ou desembarque de passageiros, deverá reduzir a velocidade, dirigindo com atenção redobrada ou parar o veículo com vistas à segurança dos pedestres.

Art. 32. O condutor não poderá ultrapassar veículos em vias com duplo sentido de direção e pista única, nos trechos em curvas e em aclives sem visibilidade suficiente, nas passagens de nível, nas pontes e viadutos e nas travessias de pedestres, exceto quando houver sinalização permitindo a ultrapassagem.

Art. 33. Nas interseções e suas proximidades, o condutor não poderá efetuar ultrapassagem.

Art. 34. O condutor que queira executar uma manobra deverá certificar-se de que pode executá-la sem perigo para os demais usuários da via que o seguem, precedem ou vão cruzar com ele, considerando sua posição, sua direção e sua velocidade.

Art. 35. Antes de iniciar qualquer manobra que implique um deslocamento lateral, o condutor deverá indicar seu propósito de forma clara e com a devida antecedência, por meio da luz indicadora de direção de seu veículo, ou fazendo gesto convencional de braço.

Parágrafo único. Entende-se por deslocamento lateral a transposição de faixas, movimentos de conversão à direita, à esquerda e retornos.

Art. 36. O condutor que for ingressar numa via, procedente de um lote lindeiro a essa via, deverá dar preferência aos veículos e pedestres que por ela estejam transitando.

Art. 37. Nas vias providas de acostamento, a conversão à esquerda e a operação de retorno deverão ser feitas nos locais apropriados e, onde estes não existirem, o condutor deverá aguardar no acostamento, à direita, para cruzar a pista com segurança.

Art. 38. Antes de entrar à direita ou à esquerda, em outra via ou em lotes lindeiros, o condutor deverá:

I – ao sair da via pelo lado direito, aproximar-se o máximo possível do bordo direito da pista e executar sua manobra no menor espaço possível;

II – ao sair da via pelo lado esquerdo, aproximar-se o máximo possível de seu eixo ou da linha divisória da pista, quando houver, caso se trate de uma pista com circulação nos dois sentidos, ou do bordo esquerdo, tratando-se de uma pista de um só sentido.

Parágrafo único. Durante a manobra de mudança de direção, o condutor deverá ceder passagem aos pedestres e ciclistas, aos veículos que transitem em sentido contrário pela pista da via da qual vai sair, respeitadas as normas de preferência de passagem.

Art. 39. Nas vias urbanas, a operação de retorno deverá ser feita nos locais para isto determinados, quer por meio de sinalização, quer pela existência de locais apropriados, ou, ainda, em outros locais que ofereçam condições de segurança e fluidez, observadas as características da via, do veículo, das condições meteorológicas e da movimentação de pedestres e ciclistas.

Art. 40. O uso de luzes em veículo obedecerá às seguintes determinações:

I – o condutor manterá acesos os faróis do veículo, utilizando luz baixa, durante a noite e durante o dia nos túneis providos de iluminação pública e nas rodovias;

(*) *Inciso I com redação dada pela Lei nº 13.290, de 23.5.2016.*

II – nas vias não iluminadas o condutor deverá usar luz alta, exceto ao cruzar com outro veículo ou ao segui-lo;

III – a troca de luz baixa e alta, de forma intermitente e por curto período de tempo, com o objetivo de advertir outros motoristas, só poderá ser utilizada para indicar a intenção de ultrapassar o veículo que segue à frente ou para indicar a existência de risco à segurança para os veículos que circulam no sentido contrário;

IV – o condutor manterá acesas pelo menos as luzes de posição do veículo quando sob chuva forte, neblina ou cerração;

V – o condutor utilizará o pisca-alerta nas seguintes situações:

a) em imobilizações ou situações de emergência;

b) quando a regulamentação da via assim o determinar;

VI – durante a noite, em circulação, o condutor manterá acesa a luz de placa;

VII – o condutor manterá acesas, à noite, as luzes de posição quando o veículo estiver parado para fins de embarque ou desembarque de passageiros e carga ou descarga de mercadorias.

Parágrafo único. Os veículos de transporte coletivo regular de passageiros, quando circularem em faixas próprias a eles destinadas, e os ciclos motorizados deverão utilizar-se de farol de luz baixa durante o dia e a noite.

Art. 41. O condutor de veículo só poderá fazer uso de buzina, desde que em toque breve, nas seguintes situações:

I – para fazer as advertências necessárias a fim de evitar acidentes;

II – fora das áreas urbanas, quando for conveniente advertir a um condutor que se tem o propósito de ultrapassá-lo.

Art. 42. Nenhum condutor deverá frear bruscamente seu veículo, salvo por razões de segurança.

Art. 43. Ao regular a velocidade, o condutor deverá observar constantemente as condições físicas da via, do veículo e da carga, as condições meteorológicas e a intensidade do trânsito, obedecendo aos limites máximos de velocidade estabelecidos para a via, além de:

I – não obstruir a marcha normal dos demais veículos em circulação sem causa justificada, transitando a uma velocidade anormalmente reduzida;

II – sempre que quiser diminuir a velocidade de seu veículo deverá antes certificar-se de que pode fazê-lo sem risco nem inconvenientes para os outros condutores, a não ser que haja perigo iminente;

III – indicar, de forma clara, com antecedência necessária e a sinalização devida, a manobra de redução de velocidade.

Art. 44. Ao aproximar-se de qualquer tipo de cruzamento, o condutor do veículo deve demonstrar prudência especial, transitando em velocidade moderada, de forma que possa deter seu veículo com segurança para dar passagem a pedestre e a veículos que tenham o direito de preferência.

Art. 45. Mesmo que a indicação luminosa do semáforo lhe seja favorável, nenhum condutor pode entrar em uma interseção se houver possibilidade de ser obrigado a imobilizar o veículo na área do cruzamento, obstruindo ou impedindo a passagem do trânsito transversal.

Art. 46. Sempre que for necessária a imobilização temporária de um veículo no leito viário, em situação de emergência, deverá ser providenciada a imediata sinalização de advertência, na forma estabelecida pelo CONTRAN.

Art. 47. Quando proibido o estacionamento na via, a parada deverá restringir-se ao tempo indispensável para embarque ou desembarque de passageiros, desde que não interrompa ou perturbe o fluxo de veículos ou a locomoção de pedestres.

Parágrafo único. A operação de carga ou descarga será regulamentada pela órgão ou entidade com circunscrição sobre a via e é considerada estacionamento.

Art. 48. Nas paradas, operações de carga ou descarga e nos estacionamentos, o veículo deverá ser posicionado no sentido do fluxo, paralelo ao bordo da pista de rolamento e junto à guia da calçada (meio-fio), admitidas as exceções devidamente sinalizadas.

§ 1º. Nas vias providas de acostamento, os veículos parados, estacionados ou em operação de carga ou descarga deverão estar situados fora da pista de rolamento.

§ 2º. O estacionamento dos veículos motorizados de duas rodas será feito em posição perpendicular à guia da calçada (meio-fio) e junto a ela, salvo quando houver sinalização que determine outra condição.

§ 3º. O estacionamento dos veículos sem abandono do condutor poderá ser feito somente nos locais previstos neste Código ou naqueles regulamentados por sinalização específica.

Art. 49. O condutor e os passageiros não deverão abrir a porta do veículo, deixá-la aberta ou descer do veículo sem antes se certificarem de que isso não constitui perigo para eles e para outros usuários da via.

Parágrafo único. O embarque e o desembarque devem ocorrer sempre do lado da calçada, exceto para o condutor.

Art. 50. O uso de faixas laterais de domínio e das áreas adjacentes às estradas e rodovias obedecerá às condições de segurança do trânsito estabelecidas pelo órgão ou entidade com circunscrição sobre a via.

Art. 51. Nas vias internas pertencentes a condomínios constituídos por unidades autônomas, a sinalização de regulamentação da via será implantada e mantida às expensas do condomínio, após aprovação dos projetos pelo órgão ou entidade com circunscrição sobre a via.

Art. 52. Os veículos de tração animal serão conduzidos pela direita da pista, junto à guia da calçada (meio-fio) ou acostamento, sempre que não houver faixa especial a eles destinada, devendo seus condutores obedecer, no que couber, às normas de circulação previstas neste Código e às que vierem a ser fixadas pelo órgão ou entidade com circunscrição sobre a via.

Art. 53. Os animais isolados ou em grupos só podem circular nas vias quando conduzidos por um guia, observado o seguinte:

I – para facilitar os deslocamentos, os rebanhos deverão ser divididos em grupos de tamanho moderado e separados uns dos outros por espaços suficientes para não obstruir o trânsito;

II – os animais que circularem pela pista de rolamento deverão ser mantidos junto ao bordo da pista.

Art. 54. Os condutores de motocicletas, motonetas, ciclomotores só poderão circular nas vias:

I – utilizando capacete de segurança, com viseira ou óculos protetores;

II – segurando o guidom com as duas mãos;

III – usando vestuário de proteção, de acordo com as especificações do CONTRAN.

Art. 55. Os passageiros de motocicletas, motonetas e ciclomotores só poderão ser transportados:

I – utilizando capacete de segurança;

II – em carro lateral acoplado aos veículos ou em assento suplementar atrás do condutor;

III – usando vestuário de proteção, de acordo com as especificações do CONTRAN.

Art. 56. (Vetado).

Art. 57. Os ciclomotores devem ser conduzidos pela direita da pista de rolamento, preferencialmente no centro da faixa mais à direita ou no bordo direito da pista sempre que não houver acostamento ou faixa própria a eles destinada, proibida a sua circulação nas vias de trânsito rápido e sobre as calçadas das vias urbanas.

Parágrafo único. Quando uma via comportar duas ou mais faixas de trânsito e a da direita for destinada ao uso exclusivo de outro tipo de veículo, os ciclomotores deverão circular pela faixa adjacente à da direita.

Art. 58. Nas vias urbanas e nas rurais de pista dupla, a circulação de bicicletas deverá ocorrer, quando não houver ciclovia, ciclofaixa ou acostamento, ou quando não for possível a utilização destes, nos bordos da pista de rolamento, no mesmo sentido de circulação regulamentado para a via, com preferência sobre os veículos automotores.

Parágrafo único. A autoridade de trânsito com circunscrição sobre a via poderá autorizar a circulação de bicicletas no sentido contrário ao fluxo dos veículos automotores, desde que dotado o trecho com ciclofaixa.

Art. 59. Desde que autorizado e devidamente sinalizado pelo órgão ou entidade com circunscrição sobre a via, será permitida a circulação de bicicletas nos passeios.

Art. 60. As vias abertas à circulação, de acordo com a sua utilização, classificam-se em:

I – vias urbanas:

a) via de trânsito rápido;

b) via arterial;

c) via coletora;

d) via local;

II – vias rurais:

a) rodovias;

b) estradas.

Art. 61. A velocidade máxima permitida para a via será indicada por meio de sinalização, obedecidas suas características técnicas e as condições de trânsito.

§ 1º. Onde não existir sinalização regulamentadora, a velocidade máxima será de:

I – nas vias urbanas:

a) oitenta quilômetros por hora, nas vias de trânsito rápido;

b) sessenta quilômetros por hora, nas vias arteriais;

c) quarenta quilômetros por hora, nas vias coletoras;

d) trinta quilômetros por hora, nas vias locais;

II – nas vias rurais:

a) nas rodovias de pista dupla:

(*) *Alínea "a" com redação dada pela Lei nº 13.281, de 4.5.2016.*

1. 110 km/h (cento e dez quilômetros por hora) para automóveis, camionetas e motocicletas;

(*) *Item 1 com redação dada pela Lei nº 13.281, de 4.5.2016.*

2. 90 km/h (noventa quilômetros por hora) para os demais veículos;

(*) *Item 2 com redação dada pela Lei nº 13.281, de 4.5.2016.*

3. (revogado);

(*) *Item 3 revogado pela Lei nº 13.281, de 4.5.2016.*

b) nas rodovias de pista simples:

(*) *Alínea "b" com redação dada pela Lei nº 13.281, de 4.5.2016.*

1. 100 km/h (cem quilômetros por hora) para automóveis, camionetas e motocicletas;

(*) *Item 1 acrescido pela Lei nº 13.281, de 4.5.2016.*

2. 90 km/h (noventa quilômetros por hora) para os demais veículos;

(*) *Item 2 acrescido pela Lei nº 13.281, de 4.5.2016.*

c) nas estradas: 60 km/h (sessenta quilômetros por hora).

(*) *Alínea "c" acrescida pela Lei nº 13.281, de 4.5.2016.*

§ 2º. O órgão ou entidade de trânsito ou rodoviário com circunscrição sobre a via poderá regulamentar, por meio de sinalização, velocidades superiores ou inferiores àquelas estabelecidas no parágrafo anterior.

Art. 62. A velocidade mínima não poderá ser inferior à metade da velocidade máxima estabelecida, respeitadas as condições operacionais de trânsito e da via.

Art. 63. (Vetado).

Art. 64. As crianças com idade inferior a dez anos devem ser transportadas nos bancos traseiros, salvo exceções regulamentadas pelo CONTRAN.

Art. 65. É obrigatório o uso do cinto de segurança para condutor e passageiros em todas as vias do território nacional, salvo em situações regulamentadas pelo CONTRAN.

Art. 66. (Vetado).

Art. 67. As provas ou competições desportivas, inclusive seus ensaios, em via aberta à circulação, só poderão ser realizadas mediante prévia permissão da autoridade de trânsito com circunscrição sobre a via e dependerão de:

I – autorização expressa da respectiva confederação desportiva ou de entidades estaduais a ela filiadas;

II – caução ou fiança para cobrir possíveis danos materiais à via;

III – contrato de seguro contra riscos e acidentes em favor de terceiros;

IV – prévio recolhimento do valor correspondente aos custos operacionais em que o órgão ou entidade permissionária incorrerá.

Parágrafo único. A autoridade com circunscrição sobre a via arbitrará os valores mínimos da caução ou fiança e do contrato de seguro.

CAPÍTULO III-A
DA CONDUÇÃO DE VEÍCULOS POR MOTORISTAS PROFISSIONAIS

(*) *Capítulo III-A acrescido pela Lei nº 12.619, de 30.4.2012.*

Art. 67-A. O disposto neste Capítulo aplica-se aos motoristas profissionais:

(*) *Art. 67-A,* caput, *acrescido pela Lei nº 12.619, de 30.4.2012, e com redação dada pela Lei nº 13.103, de 2.3.2015.*

(*) *V. Deliberação CONTRAN nº 143, de 20.4.2015.*

I – de transporte rodoviário coletivo de passageiros;

(*) *Inciso I acrescido pela Lei nº 13.103, de 2.3.2015.*

II – de transporte rodoviário de cargas.

(*) *Inciso II acrescido pela Lei nº 13.103, de 2.3.2015.*

§§ 1º a 7º. (Revogados).

(*) *§§ 1º a 7º acrescidos pela Lei nº 12.619, de 30.4.2012, e revogados pela Lei nº 13.103, de 2.3.2015.*

§ 8º. (Vetado).

(*) *§ 8º acrescido pela Lei nº 12.619, de 30.4.2012.*

Art. 67-B. (Vetado).

(*) *Art. 67-B acrescido pela Lei nº 12.619, de 30.4.2012.*

Art. 67-C. É vedado ao motorista profissional dirigir por mais de 5 (cinco) horas e meia ininterruptas veículos de transporte rodoviário coletivo de passageiros ou de transporte rodoviário de cargas.

(*) *Art. 67-C,* caput, *acrescido pela Lei nº 12.619, de 30.4.2012, e com redação dada pela Lei nº 13.103, de 2.3.2015.*

(*) *V. Deliberação CONTRAN nº 143, de 20.4.2015.*

§ 1º. Serão observados 30 (trinta) minutos para descanso dentro de cada 6 (seis) horas na condução de veículo de transporte de carga, sendo facultado o seu fracionamento e o do tempo de direção desde que não ultrapassadas 5 (cinco) horas e meia contínuas no exercício da condução.

(*) *§ 1º acrescido pela Lei nº 13.103, de 2.3.2015.*

§ 1º-A. Serão observados 30 (trinta) minutos para descanso a cada 4 (quatro) horas na condução de veículo rodoviário de passageiros, sendo facultado o seu fracionamento e o do tempo de direção.

(*) *§ 1º-A acrescido pela Lei nº 13.103, de 2.3.2015.*

§ 2º. Em situações excepcionais de inobservância justificada do tempo de direção, devidamente registradas, o tempo de direção poderá ser elevado pelo período necessário para que o condutor, o veículo e a carga cheguem a um lugar que ofereça a segurança e o atendimento demandados, desde que não haja comprometimento da segurança rodoviária.

(*) *§ 2º acrescido pela Lei nº 13.103, de 2.3.2015.*

§ 3º. O condutor é obrigado, dentro do período de 24 (vinte e quatro) horas, a observar o mínimo de 11 (onze) horas de descanso, que podem ser fracionadas, usufruídas no veículo e coincidir com os intervalos mencionados no § 1º, observadas no primeiro período 8 (oito) horas ininterruptas de descanso.

(*) *§ 3º acrescido pela Lei nº 13.103, de 2.3.2015.*

§ 4º. Entende-se como tempo de direção ou de condução apenas o período em que o condutor estiver efetivamente ao volante, em curso entre a origem e o destino.

(*) *§ 4º acrescido pela Lei nº 13.103, de 2.3.2015.*

§ 5º. Entende-se como início de viagem a partida do veículo na ida ou no retorno, com ou sem carga, considerando-se como sua continuação as partidas nos dias subsequentes até o destino.

(*) *§ 5º acrescido pela Lei nº 13.103, de 2.3.2015.*

§ 6º. O condutor somente iniciará uma viagem após o cumprimento integral do intervalo de descanso previsto no § 3º deste artigo.

(*) *§ 6º acrescido pela Lei nº 13.103, de 2.3.2015.*

§ 7º. Nenhum transportador de cargas ou coletivo de passageiros, embarcador, consignatário de cargas, operador de terminais de carga, operador de transporte multimodal de cargas ou agente de cargas ordenará a qualquer motorista a seu serviço, ainda que subcontratado, que conduza veículo referido no *caput* sem a observância do disposto no § 6º.

(*) *§ 7º acrescido pela Lei nº 13.103, de 2.3.2015.*

Art. 67-D. (Vetado).

(*) *Art. 67-D,* caput, *acrescido pela Lei nº 12.619, de 30.4.2012.*

Art. 67-E. O motorista profissional é responsável por controlar e registrar o tempo de condução estipulado no art. 67-C, com vistas à sua estrita observância.

(*) *Art. 67-E,* caput, *acrescido pela Lei nº 13.103, de 2.3.2015.*

(*) *V. Deliberação CONTRAN nº 143, de 20.4.2015.*

§ 1º. A não observância dos períodos de descanso estabelecidos no art. 67-C sujeitará o motorista profissional às penalidades daí decorrentes, previstas neste Código.

(*) *§ 1º acrescido pela Lei nº 13.103, de 2.3.2015.*

§ 2º. O tempo de direção será controlado mediante registrador instantâneo inalterável de velocidade e tempo e, ou por meio de anotação em diário de bordo, ou papeleta ou ficha de trabalho externo, ou por meios eletrônicos instalados no veículo, conforme norma do CONTRAN.

(*) *§ 2º acrescido pela Lei nº 13.103, de 2.3.2015.*

§ 3º. O equipamento eletrônico ou registrador deverá funcionar de forma independente de qualquer interferência do condutor, quanto aos dados registrados.

(*) *§ 3º acrescido pela Lei nº 13.103, de 2.3.2015.*

§ 4º. A guarda, a preservação e a exatidão das informações contidas no equipamento registrador instantâneo inalterável de velocidade e de tempo são de responsabilidade do condutor.

(*) *§ 4º acrescido pela Lei nº 13.103, de 2.3.2015.*

CAPÍTULO IV
DOS PEDESTRES E CONDUTORES DE VEÍCULOS NÃO MOTORIZADOS

Art. 68. É assegurada ao pedestre a utilização dos passeios ou passagens apropriadas das vias urbanas e dos acostamentos das vias rurais para circulação, podendo a autoridade competente permitir a utilização de parte da calçada para outros fins, desde que não seja prejudicial ao fluxo de pedestres.

§ 1º. O ciclista desmontado empurrando a bicicleta equipara-se ao pedestre em direitos e deveres.

§ 2º. Nas áreas urbanas, quando não houver passeios ou quando não for possível a utilização destes, a circulação de pedestres na pista de rolamento será feita com prioridade sobre os veículos, pelos bordos da pista, em fila única, exceto em locais proibidos pela sinalização e nas situações em que a segurança ficar comprometida.

§ 3º. Nas vias rurais, quando não houver acostamento ou quando não for possível a utilização dele, a circulação de pedestres, na pista de rolamento, será feita com prioridade sobre os veículos, pelos bordos da pista, em fila única, em sentido contrário ao deslocamento de veículos, exceto em locais proibidos pela sinalização e nas situações em que a segurança ficar comprometida.

§ 4º. (Vetado).

§ 5º. Nos trechos urbanos de vias rurais e nas obras de arte a serem construídas, deverá ser previsto passeio destinado à circulação dos pedestres, que não deverão, nessas condições, usar o acostamento.

§ 6º. Onde houver obstrução da calçada ou da passagem para pedestres, o órgão ou entidade com circunscrição sobre a via deverá assegurar a devida sinalização e proteção para circulação de pedestres.

Art. 69. Para cruzar a pista de rolamento o pedestre tomará precauções de segurança, levando em conta, principalmente, a visibilidade, a distância e a velocidade dos veículos, utilizando sempre as faixas ou passagens a ele destinadas sempre que estas existirem numa distância de até cinquenta metros dele, observadas as seguintes disposições:

I – onde não houver faixa ou passagem, o cruzamento da via deverá ser feito em sentido perpendicular ao de seu eixo;

II – para atravessar uma passagem sinalizada para pedestres ou delimitada por marcas sobre a pista:

a) onde houver foco de pedestres, obedecer às indicações das luzes;

b) onde não houver foco de pedestres, aguardar que o semáforo ou o agente de trânsito interrompa o fluxo de veículos;

III – nas interseções e em suas proximidades, onde não existam faixas de travessia, os pedestres devem atravessar a via na continuação da calçada, observadas as seguintes normas:

a) não deverão adentrar na pista sem antes se certificar de que podem fazê-lo sem obstruir o trânsito de veículos;

b) uma vez iniciada a travessia de uma pista, os pedestres não deverão aumentar o seu percurso, demorar-se ou parar sobre ela sem necessidade.

Art. 70. Os pedestres que estiverem atravessando a via sobre as faixas delimitadas para este fim terão prioridade de passagem, exceto nos locais com sinalização semafórica, onde deverão ser respeitadas as disposições deste Código.

Parágrafo único. Nos locais em que houver sinalização semafórica de controle de passagem será dada preferência aos pedestres que não tenham concluído a travessia, mesmo em caso de mudança do semáforo liberando a passagem dos veículos.

Art. 71. O órgão ou entidade com circunscrição sobre a via manterá, obrigatoriamente, as faixas e passagens de pedestres em boas condições de visibilidade, higiene, segurança e sinalização.

CAPÍTULO V
DO CIDADÃO

Art. 72. Todo cidadão ou entidade civil tem o direito de solicitar, por escrito, aos órgãos ou entidades do Sistema Nacional de Trânsito, sinalização, fiscalização e implantação de equipamentos de segurança, bem como sugerir alterações em normas, legislação e outros assuntos pertinentes a este Código.

Art. 73. Os órgãos ou entidades pertencentes ao Sistema Nacional de Trânsito têm o dever de analisar as solicitações e responder, por escrito, dentro de prazos mínimos, sobre a possibilidade ou não de atendimento, esclarecendo ou justificando a análise efetuada, e, se pertinente, informando ao solicitante quando tal evento ocorrerá.

Parágrafo único. As campanhas de trânsito devem esclarecer quais as atribuições dos órgãos e entidades pertencentes ao Sistema Nacional de Trânsito e como proceder a tais solicitações.

CAPÍTULO VI
DA EDUCAÇÃO PARA O TRÂNSITO

Art. 74. A educação para o trânsito é direito de todos e constitui dever prioritário para os componentes do Sistema Nacional de Trânsito.

§ 1º. É obrigatória a existência de coordenação educacional em cada órgão ou entidade componente do Sistema Nacional de Trânsito.

§ 2º. Os órgãos ou entidades executivos de trânsito deverão promover, dentro de sua estrutura organizacional ou mediante convênio, o funcionamento de Escolas Públicas de Trânsito, nos moldes e padrões estabelecidos pelo CONTRAN.

Art. 75. O CONTRAN estabelecerá, anualmente, os temas e os cronogramas das campanhas de âmbito nacional que deverão ser promovidas por todos os órgãos ou entidades do Sistema Nacional de Trânsito, em especial nos períodos referentes às férias escolares, feriados prolongados e à Semana Nacional de Trânsito.

§ 1º. Os órgãos ou entidades do Sistema Nacional de Trânsito deverão promover outras campanhas no âmbito de sua circunscrição e de acordo com as peculiaridades locais.

§ 2º. As campanhas de que trata este artigo são de caráter permanente, e os serviços de rádio e difusão sonora de sons e imagens explorados pelo Poder Público são obrigados a difundi-las gratuitamente, com a frequência recomendada pelos órgãos competentes do Sistema Nacional de Trânsito.

Art. 76. A educação para o trânsito será promovida na pré-escola e nas escolas de 1º, 2º e 3º graus, por meio de planejamento e ações coordenadas entre os órgãos e entidades do Sistema Nacional de Trânsito e de Educação, da União, dos Estados, do Distrito Federal e dos Municípios, nas respectivas áreas de atuação.

Parágrafo único. Para a finalidade prevista neste artigo, o Ministério da Educação e do Desporto, mediante proposta do CONTRAN e do Conselho de Reitores das Universidades brasileiras, diretamente ou mediante convênio, promoverá:

I – a adoção, em todos os níveis de ensino, de um currículo interdisciplinar com conteúdo programático sobre segurança de trânsito;

II – a adoção de conteúdos relativos à educação para o trânsito nas escolas de formação para o magistério e o treinamento de professores e multiplicadores;

III – a criação de corpos técnicos interprofissionais para levantamento e análise de dados estatísticos relativos ao trânsito;

IV – a elaboração de planos de redução de acidentes de trânsito junto aos núcleos interdisciplinares universitários de trânsito, com vistas à integração universidades-sociedade na área de trânsito.

Art. 77. No âmbito da educação para o trânsito caberá ao Ministério da Saúde, mediante proposta do CONTRAN, estabelecer campanha nacional esclarecendo condutas a serem seguidas nos primeiros socorros em caso de acidente de trânsito.

Parágrafo único. As campanhas terão caráter permanente por intermédio do Sistema Único de Saúde – SUS, sendo intensificadas nos períodos e na forma estabelecidos no art. 76.

Art. 77-A. São assegurados aos órgãos ou entidades componentes do Sistema Nacional de Trânsito os mecanismos instituídos nos arts. 77-B a 77-E para a veiculação de mensagens educativas de trânsito em todo o território nacional, em caráter suplementar às campanhas previstas nos arts. 75 e 77.

(*) *Art. 77-A acrescido pela Lei nº 12.006, de 29.7.2009.*

Art. 77-B. Toda peça publicitária destinada à divulgação ou promoção, nos meios de comunicação social, de produto oriundo da indústria automobilística ou afim, incluirá, obrigatoriamente, mensagem educativa de trânsito a ser conjuntamente veiculada.

§ 1º. Para os efeitos dos arts. 77-A a 77-E, consideram-se produtos oriundos da indústria automobilística ou afins:

I – os veículos rodoviários automotores de qualquer espécie, incluídos os de passageiros e os de carga;

II – os componentes, as peças e os acessórios utilizados nos veículos mencionados no inciso I.

§ 2º. O disposto no *caput* deste artigo aplica-se à propaganda de natureza comercial, veiculada por iniciativa do fabricante do produto, em qualquer das seguintes modalidades:

I – rádio;

II – televisão;

III – jornal;

IV – revista;

V – *outdoor*.

§ 3º. Para efeito do disposto no § 2º, equiparam-se ao fabricante o montador, o encarroçador, o importador e o revendedor autorizado dos veículos e demais produtos discriminados no § 1º deste artigo.

(*) *Art. 77-B acrescido pela Lei nº 12.006, de 29.7.2009.*

Art. 77-C. Quando se tratar de publicidade veiculada em *outdoor* instalado à margem de rodovia, dentro ou fora da respectiva faixa de domínio, a obrigação prevista no art. 77-B estende-se à propaganda de qualquer tipo de produto e anunciante, inclusive àquela de caráter institucional ou eleitoral.

(*) *Art. 77-C acrescido pela Lei nº 12.006, de 29.7.2009.*

Art. 77-D. O Conselho Nacional de Trânsito (CONTRAN) especificará o conteúdo e o padrão de apresentação das mensagens, bem como os procedimentos envolvidos na respectiva veiculação, em conformidade com as diretrizes fixadas para as campanhas educativas de trânsito a que se refere o art. 75.

(*) *Art. 77-D acrescido pela Lei nº 12.006, de 29.7.2009.*

Art. 77-E. A veiculação de publicidade feita em desacordo com as condições fixadas nos arts. 77-A a 77-D constitui infração punível com as seguintes sanções:

(*) *Art. 77-E,* caput, *acrescido pela Lei nº 12.006, de 29.7.2009.*

I – advertência por escrito;

(*) *Inciso I acrescido pela Lei nº 12.006, de 29.7.2009.*

II – suspensão, nos veículos de divulgação da publicidade, de qualquer outra propaganda do produto, pelo prazo de até 60 (sessenta) dias;

(*) *Inciso II acrescido pela Lei nº 12.006, de 29.7.2009.*

III – multa de R$ 1.627,00 (mil, seiscentos e vinte e sete reais) a R$ 8.135,00 (oito mil, cento e trinta e cinco reais), cobrada do dobro até o quíntuplo em caso de reincidência.

(*) *Inciso III acrescido pela Lei nº 12.006, de 29.7.2009, e com redação dada pela Lei nº 13.281, de 4.5.2016.*

§ 1º. As sanções serão aplicadas isolada ou cumulativamente, conforme dispuser o regulamento.

(*) *§ 1º acrescido pela Lei nº 12.006, de 29.7.2009.*

§ 2º. Sem prejuízo do disposto no *caput* deste artigo, qualquer infração acarretará a imediata suspensão da veiculação da peça publicitária até que sejam cumpridas as exigências fixadas nos arts. 77-A a 77-D.

(*) *§ 2º acrescido pela Lei nº 12.006, de 29.7.2009.*

Art. 78. Os Ministérios da Saúde, da Educação e do Desporto, do Trabalho, dos Transportes e da Justiça, por intermédio do CONTRAN, desenvolverão e implementarão programas destinados à prevenção de acidentes.

Parágrafo único. O percentual de dez por cento do total dos valores arrecadados destinados à Previdência Social, do Prêmio do Seguro Obrigatório de Danos Pessoais causados por Veículos Automotores de Via Terrestre – DPVAT, de que trata a Lei nº 6.194, de 19 de dezembro de 1974, serão repassados mensalmente ao Coordenador do Sistema Nacional de Trânsito para aplicação exclusiva em programas de que trata este artigo.

Art. 79. Os órgãos e entidades executivos de trânsito poderão firmar convênio com os órgãos de educação da União, dos Estados, do Distrito Federal e dos Municípios, objetivando o cumprimento das obrigações estabelecidas neste capítulo.

CAPÍTULO VII
DA SINALIZAÇÃO DE TRÂNSITO

Art. 80. Sempre que necessário, será colocada ao longo da via, sinalização prevista neste Código e em legislação complementar, destinada a condutores e pedestres, vedada a utilização de qualquer outra.

§ 1º. A sinalização será colocada em posição e condições que a tornem perfeitamente visível e legível durante o dia e a noite, em distância compatível com a segurança do trânsito, conforme normas e especificações do CONTRAN.

§ 2º. O CONTRAN poderá autorizar, em caráter experimental e por período prefixado, a utilização de sinalização não prevista neste Código.

§ 3º. A responsabilidade pela instalação da sinalização nas vias internas pertencentes aos condomínios constituídos por unidades autônomas e nas vias e áreas de estacionamento de estabelecimentos privados de uso coletivo é de seu proprietário.

(*) *§ 3º acrescido pela Lei nº 13.281, de 4.5.2016.*

Art. 81. Nas vias públicas e nos imóveis é proibido colocar luzes, publicidade, inscrições, vegetação e mobiliário que possam gerar confusão, interferir na visibilidade da sinalização e comprometer a segurança do trânsito.

Art. 82. É proibido afixar sobre a sinalização de trânsito e respectivos suportes, ou junto a ambos, qualquer tipo de publicidade, inscrições, legendas e símbolos que não se relacionem com a mensagem da sinalização.

Art. 83. A afixação de publicidade ou de quaisquer legendas ou símbolos ao longo das vias condiciona-se à prévia aprovação do órgão ou entidade com circunscrição sobre a via.

Art. 84. O órgão ou entidade de trânsito com circunscrição sobre a via poderá retirar ou determinar a imediata retirada de qualquer elemento que prejudique a visibilidade da sinalização viária e a segurança do trânsito, com ônus para quem o tenha colocado.

Art. 85. Os locais destinados pelo órgão ou entidade de trânsito com circunscrição sobre a via à travessia de pedestres deverão ser sinalizados com faixas ou demarcadas no leito da via.

Art. 86. Os locais destinados a postos de gasolina, oficinas, estacionamentos ou garagens de uso coletivo deverão ter suas entradas e saídas devidamente identificadas, na forma regulamentada pelo CONTRAN.

Art. 86-A. As vagas de estacionamento regulamentado de que trata o inciso XVII do art. 181 desta Lei deverão ser sinalizadas com as respectivas placas indicativas de destinação e com placas informando os dados sobre a infração por estacionamento indevido.

(*) *Art. 86-A acrescido pela Lei nº 13.146, de 6.7.2015.*

Art. 87. Os sinais de trânsito classificam-se em:

I – verticais;

II – horizontais;

III – dispositivos de sinalização auxiliar;

IV – luminosos;

V – sonoros;

VI – gestos do agente de trânsito e do condutor.

Art. 88. Nenhuma via pavimentada poderá ser entregue após sua construção, ou reaberta ao trânsito após a realização de obras ou de manutenção, enquanto não estiver devidamente sinalizada, vertical e horizontalmente, de forma a garantir as condições adequadas de segurança na circulação.

Parágrafo único. Nas vias ou trechos de vias em obras deverá ser afixada sinalização específica e adequada.

Art. 89. A sinalização terá a seguinte ordem de prevalência:

I – as ordens do agente de trânsito sobre as normas de circulação e outros sinais;

II – as indicações do semáforo sobre os demais sinais;

III – as indicações dos sinais sobre as demais normas de trânsito.

Art. 90. Não serão aplicadas as sanções previstas neste Código por inobservância à sinalização quando esta for insuficiente ou incorreta.

§ 1º. O órgão ou entidade de trânsito com circunscrição sobre a via é responsável pela implantação da sinalização, respondendo pela sua falta, insuficiência ou incorreta colocação.

§ 2º. O CONTRAN editará normas complementares no que se refere à interpretação, colocação e uso da sinalização.

CAPÍTULO VIII
DA ENGENHARIA DE TRÁFEGO, DA OPERAÇÃO, DA FISCALIZAÇÃO E DO POLICIAMENTO OSTENSIVO DE TRÂNSITO

Art. 91. O CONTRAN estabelecerá as normas e regulamentos a serem adotados em todo o território nacional quando da implementação das soluções adotadas pela Engenharia de Tráfego, assim como padrões a serem praticados por todos os órgãos e entidades do Sistema Nacional de Trânsito.

Art. 92. (Vetado).

Art. 93. Nenhum projeto de edificação que possa transformar-se em polo atrativo de trânsito poderá ser aprovado sem prévia anuência do órgão ou entidade com circunscrição sobre a via e sem que do projeto conste área para estacionamento e indicação das vias de acesso adequadas.

Art. 94. Qualquer obstáculo à livre circulação e à segurança de veículos e pedestres, tanto na via quanto na calçada, caso não possa ser retirado, deve ser devida e imediatamente sinalizado.

Parágrafo único. É proibida a utilização das ondulações transversais e de sonorizadores como redutores de velocidade, salvo em casos especiais definidos pelo órgão ou entidade competente, nos padrões e critérios estabelecidos pelo CONTRAN.

Art. 95. Nenhuma obra ou evento que possa perturbar ou interromper a livre circulação de veículos e pedestres, ou colocar em risco sua segurança, será iniciada sem permissão prévia do órgão ou entidade de trânsito com circunscrição sobre a via.

§ 1º. A obrigação de sinalizar é do responsável pela execução ou manutenção da obra ou do evento.

§ 2º. Salvo em casos de emergência, a autoridade de trânsito com circunscrição sobre a via avisará à comunidade, por intermédio dos meios de comunicação social, com 48 (quarenta e oito) horas de antecedência, de qualquer interdição da via, indicando-se os caminhos alternativos a serem utilizados.

§ 3º. O descumprimento do disposto neste artigo será punido com multa de R$ 81,35 (oitenta e um reais e trinta e cinco centavos) a R$ 488,10 (quatrocentos e oitenta e oito reais e dez centavos), independentemente das cominações cíveis e penais cabíveis, além de multa diária no mesmo valor até a regularização da situação, a partir do prazo final concedido pela autoridade de trânsito, levando-se em consideração a dimensão da obra ou do evento e o prejuízo causado ao trânsito.

(*) *§ 3º com redação dada pela Lei nº 13.281, de 4.5.2016.*

§ 4º. Ao servidor público responsável pela inobservância de qualquer das normas previstas neste e nos arts. 93 e 94, a autoridade de trânsito aplicará multa diária na base de 50% (cinquenta por cento) do dia de vencimento ou remuneração devida enquanto permanecer a irregularidade.

CAPÍTULO IX
DOS VEÍCULOS

Seção I
Disposições Gerais

Art. 96. Os veículos classificam-se em:

I – quanto à tração:

a) automotor;

b) elétrico;

c) de propulsão humana;

d) de tração animal;

e) reboque ou semirreboque;

II – quanto à espécie:
a) de passageiros:
1 – bicicleta;
2 – ciclomotor;
3 – motoneta;
4 – motocicleta;
5 – triciclo;
6 – quadriciclo;
7 – automóvel;
8 – micro-ônibus;
9 – ônibus;
10 – bonde;
11 – reboque ou semirreboque;
12 – charrete;
b) de carga:
1 – motoneta;
2 – motocicleta;
3 – triciclo;
4 – quadriciclo;
5 – caminhonete;
6 – caminhão;
7 – reboque ou semirreboque;
8 – carroça;
9 – carro de mão;
c) misto:
1 – camioneta;
2 – utilitário;
3 – outros;
d) de competição;
e) de tração:
1 – caminhão-trator;
2 – trator de rodas;
3 – trator de esteiras;
4 – trator misto;

f) especial;

g) de coleção;

III – quanto à categoria:

a) oficial;

b) de representação diplomática, de repartições consulares de carreira ou organismos internacionais acreditados junto ao Governo brasileiro;

c) particular;

d) de aluguel;

e) de aprendizagem.

Art. 97. As características dos veículos, suas especificações básicas, configuração e condições essenciais para registro, licenciamento e circulação serão estabelecidas pelo CONTRAN, em função de suas aplicações.

Art. 98. Nenhum proprietário ou responsável poderá, sem prévia autorização da autoridade competente, fazer ou ordenar que sejam feitas no veículo modificações de suas características de fábrica.

Parágrafo único. Os veículos e motores novos ou usados que sofrerem alterações ou conversões são obrigados a atender aos mesmos limites e exigências de emissão de poluentes e ruído previstos pelos órgãos ambientais competentes e pelo CONTRAN, cabendo à entidade executora das modificações e ao proprietário do veículo a responsabilidade pelo cumprimento das exigências.

Art. 99. Somente poderá transitar pelas vias terrestres o veículo cujo peso e dimensões atenderem aos limites estabelecidos pelo CONTRAN.

§ 1º. O excesso de peso será aferido por equipamento de pesagem ou pela verificação de documento fiscal, na forma estabelecida pelo CONTRAN.

§ 2º. Será tolerado um percentual sobre os limites de peso bruto e peso bruto transmitido por eixo de veículos à superfície das vias, quando aferido por equipamento, na forma estabelecida pelo CONTRAN.

§ 3º. Os equipamentos fixos ou móveis utilizados na pesagem de veículos serão aferidos de acordo com a metodologia e na periodicidade estabelecidas pelo CONTRAN, ouvido o órgão ou entidade de metrologia legal.

(*) *V. art. 231, incisos IV e seguintes, deste Código.*

Art. 100. Nenhum veículo ou combinação de veículos poderá transitar com lotação de passageiros, com peso bruto total, ou com peso bruto total combinado com peso por eixo, superior ao fixado pelo fabricante, nem ultrapassar a capacidade máxima de tração da unidade tratora.

§ 1º. Os veículos de transporte coletivo de passageiros poderão ser dotados de pneus extralargos.

(*) *§ 1º acrescido pela Lei nº 13.281, de 4.5.2016.*

§ 2º. O CONTRAN regulamentará o uso de pneus extralargos para os demais veículos.

(*) *§ 2º acrescido pela Lei nº 13.281, de 4.5.2016.*

§ 3º. É permitida a fabricação de veículos de transporte de passageiros de até 15 m (quinze metros) de comprimento na configuração de chassi 8x2.

(*) *§ 3º acrescido pela Lei nº 13.281, de 4.5.2016.*

Art. 101. Ao veículo ou combinação de veículos utilizado no transporte de carga indivisível, que não se enquadre nos limites de peso e dimensões estabelecidos pelo CONTRAN, poderá ser concedida, pela autoridade com circunscrição sobre a via, autorização especial de trânsito, com prazo certo, válida para cada viagem, atendidas as medidas de segurança consideradas necessárias.

§ 1º. A autorização será concedida mediante requerimento que especificará as características do veículo ou combinação de veículos e de carga, o percurso, a data e o horário do deslocamento inicial.

§ 2º. A autorização não exime o beneficiário da responsabilidade por eventuais danos que o veículo ou a combinação de veículos causar à via ou a terceiros.

§ 3º. Aos guindastes autopropelidos ou sobre caminhões poderá ser concedida, pela autoridade com circunscrição sobre a via, autorização especial de trânsito, com prazo de 6 (seis) meses, atendidas as medidas de segurança consideradas necessárias.

Art. 102. O veículo de carga deverá estar devidamente equipado quando transitar, de modo a evitar o derramamento da carga sobre a via.

Parágrafo único. O CONTRAN fixará os requisitos mínimos e a forma de proteção das cargas de que trata este artigo, de acordo com a sua natureza.

Seção II
Da Segurança dos Veículos

Art. 103. O veículo só poderá transitar pela via quando atendidos os requisitos e condições de segurança estabelecidos neste Código e em normas do CONTRAN.

§ 1º. Os fabricantes, os importadores, os montadores e os encarroçadores de veículos deverão emitir certificado de segurança, indispensável ao cadastramento no RENAVAM, nas condições estabelecidas pelo CONTRAN.

§ 2º. O CONTRAN deverá especificar os procedimentos e a periodicidade para que os fabricantes, os importadores, os montadores e os encarroçadores comprovem o atendimento aos requisitos de segurança veicular, devendo, para isso, manter disponíveis a qualquer tempo os resultados dos testes e ensaios dos sistemas e componentes abrangidos pela legislação de segurança veicular.

Art. 104. Os veículos em circulação terão suas condições de segurança, de controle de emissão de gases poluentes e de ruído avaliadas mediante inspeção, que será obrigatória, na forma e periodicidade estabelecidas pelo CONTRAN para os itens de segurança e pelo CONAMA para emissão de gases poluentes e ruído.

§ 1º. (Vetado).

§ 2º. (Vetado).

§ 3º. (Vetado).

§ 4º. (Vetado).

§ 5º. Será aplicada a medida administrativa de retenção aos veículos reprovados na inspeção de segurança e na de emissão de gases poluentes e ruído.

§ 6º. Estarão isentos da inspeção de que trata o *caput*, durante 3 (três) anos a partir do primeiro licenciamento, os veículos novos classificados na categoria particular, com capacidade para até 7 (sete) passageiros, desde que mantenham suas características originais de fábrica e não se envolvam em acidente de trânsito com danos de média ou grande monta.

(*) *§ 6º acrescido pela Lei nº 13.281, de 4.5.2016.*

§ 7º. Para os demais veículos novos, o período de que trata o § 6º será de 2 (dois) anos, desde que mantenham suas características originais de fábrica e não se envolvam em acidente de trânsito com danos de média ou grande monta.

(*) *§ 7º acrescido pela Lei nº 13.281, de 4.5.2016.*

Art. 105. São equipamentos obrigatórios dos veículos, entre outros a serem estabelecidos pelo CONTRAN:

I – cinto de segurança, conforme regulamentação específica do CONTRAN, com exceção dos veículos destinados ao transporte de passageiros em percursos em que seja permitido viajar em pé;

II – para os veículos de transporte e de condução escolar, os de transporte de passageiros com mais de dez lugares e os de carga com peso bruto total superior a 4.536 kg (quatro mil, quinhentos e trinta e seis quilogramas), equipamento registrador instantâneo inalterável de velocidade e tempo;

III – encosto de cabeça para todos os tipos de veículos automotores, segundo normas estabelecidas pelo CONTRAN;

IV – (vetado);

V – dispositivo destinado ao controle de emissão de gases poluentes e de ruído, segundo normas estabelecidas pelo CONTRAN;

VI – para as bicicletas, a campainha, sinalização noturna dianteira, traseira, lateral e nos pedais, e espelho retrovisor do lado esquerdo;

VII – equipamento suplementar de retenção – *air bag* frontal para o condutor e o passageiro do banco dianteiro.

(*) *Inciso VII acrescido pela Lei nº 11.910, de 18.3.2009.*

§ 1º. O CONTRAN disciplinará o uso dos equipamentos obrigatórios dos veículos e determinará suas especificações técnicas.

§ 2º. Nenhum veículo poderá transitar com equipamento ou acessório proibido, sendo o infrator sujeito às penalidades e medidas administrativas previstas neste Código.

§ 3º. Os fabricantes, os importadores, os montadores, os encarroçadores de veículos e os revendedores devem comercializar os seus veículos com os equipamentos obrigatórios definidos neste artigo, e com os demais estabelecidos pelo CONTRAN.

§ 4º. O CONTRAN estabelecerá o prazo para o atendimento do disposto neste artigo.

§ 5º. A exigência estabelecida no inciso VII do *caput* deste artigo será progressivamente incorporada aos novos projetos de automóveis e dos veículos deles derivados, fabricados, importados, montados ou encarroçados, a partir do 1º (primeiro) ano após a definição pelo CONTRAN das especificações técnicas pertinentes e do respectivo cronograma de implantação e a partir do 5º (quinto) ano, após esta definição, para os demais automóveis zero quilômetro de modelos ou projetos já existentes e veículos deles derivados.

(*) *Art. 5º acrescido pela Lei nº 11.910, de 18.3.2009.*

§ 6º. A exigência estabelecida no inciso VII do *caput* deste artigo não se aplica aos veículos destinados à exportação.

(*) *Art. 6º acrescido pela Lei nº 11.910, de 18.3.2009.*

Art. 106. No caso de fabricação artesanal ou de modificação de veículo ou, ainda, quando ocorrer substituição de equipamento de segurança especificado pelo fabricante, será exigido, para licenciamento e registro, certificado de segurança expedido por instituição técnica credenciada por órgão ou entidade de metrologia legal, conforme norma elaborada pelo CONTRAN.

Art. 107. Os veículos de aluguel, destinados ao transporte individual ou coletivo de passageiros, deverão satisfazer, além das exigências previstas neste Código, às condições técnicas e aos requisitos de segurança, higiene e conforto estabelecidos pelo poder competente para autorizar, permitir ou conceder a exploração dessa atividade.

Art. 108. Onde não houver linha regular de ônibus, a autoridade com circunscrição sobre a via poderá autorizar, a título precário, o transporte de passageiros em veículo de carga ou misto, desde que obedecidas as condições de segurança estabelecidas neste Código e pelo CONTRAN.

Parágrafo único. A autorização citada no *caput* não poderá exceder a doze meses, prazo a partir do qual a autoridade pública responsável deverá implantar o serviço regular de transporte coletivo de passageiros, em conformidade com a legislação pertinente e com os dispositivos deste Código.

(*) *Parágrafo único acrescido pela Lei nº 9.602, de 21.1.1998.*

Art. 109. O transporte de carga em veículos destinados ao transporte de passageiros só pode ser realizado de acordo com as normas estabelecidas pelo CONTRAN.

Art. 110. O veículo que tiver alterada qualquer de suas características para competição ou finalidade análoga só poderá circular nas vias públicas com licença especial da autoridade de trânsito, em itinerário e horário fixados.

Art. 111. É vedado, nas áreas envidraçadas do veículo:

I – (vetado);

II – o uso de cortinas, persianas fechadas ou similares nos veículos em movimento, salvo nos que possuam espelhos retrovisores em ambos os lados;

III – aposição de inscrições, películas refletivas ou não, painéis decorativos ou pinturas, quando comprometer a segurança do veículo, na forma de regulamentação do CONTRAN.

(*) *Inciso III acrescido pela Lei nº 9.602, de 21.1.1998.*

Parágrafo único. É proibido o uso de inscrição de caráter publicitário ou qualquer outra que possa desviar a atenção dos condutores em toda a extensão do para-brisa e da traseira dos veículos, salvo se não colocar em risco a segurança do trânsito.

Art. 112. (Revogado).

(*) *Art. 112 revogado pela Lei nº 9.792, de 14.4.1999.*

Art. 113. Os importadores, as montadoras, as encarroçadoras e fabricantes de veículos e autopeças são responsáveis civil e criminalmente por danos causados aos usuários, a terceiros, e ao meio ambiente, decorrentes de falhas oriundas de projetos e da qualidade dos materiais e equipamentos utilizados na sua fabricação.

Seção III
Da Identificação do Veículo

Art. 114. O veículo será identificado obrigatoriamente por caracteres gravados no chassi ou no monobloco, reproduzidos em outras partes, conforme dispuser o CONTRAN.

§ 1º. A gravação será realizada pelo fabricante ou montador, de modo a identificar o veículo, seu fabricante e as suas características, além do ano de fabricação, que não poderá ser alterado.

§ 2º. As regravações, quando necessárias, dependerão de prévia autorização da autoridade executiva de trânsito e somente serão processadas por estabelecimento por ela credenciado, mediante a comprovação de propriedade do veículo, mantida a mesma identificação anterior, inclusive o ano de fabricação.

§ 3º. Nenhum proprietário poderá, sem prévia permissão da autoridade executiva de trânsito, fazer, ou ordenar que se faça, modificações da identificação de seu veículo.

Art. 115. O veículo será identificado externamente por meio de placas dianteira e traseira, sendo esta lacrada em sua estrutura, obedecidas as especificações e modelos estabelecidos pelo CONTRAN.

§ 1º. Os caracteres das placas serão individualizados para cada veículo e o acompanharão até a baixa do registro, sendo vedado seu reaproveitamento.

§ 2º. As placas com as cores verde e amarela da Bandeira Nacional serão usadas somente pelos veículos de representação pessoal do Presidente e do Vice-Presidente da República, dos Presidentes do Senado Federal e da Câmara dos Deputados, do Presidente e dos Ministros do Supremo Tribunal Federal, dos Ministros de Estado, do Advogado-Geral da União e do Procurador-Geral da República.

§ 3º. Os veículos de representação dos Presidentes dos Tribunais Federais, dos Governadores, Prefeitos, Secretários Estaduais e Municipais, dos Presidentes das Assembleias Legislativas, das Câmaras Municipais, dos Presidentes dos Tribunais Estaduais e do Distrito Federal, e do respectivo Chefe do Ministério Público e ainda dos Oficiais Generais das Forças Armadas terão placas especiais, de acordo com os modelos estabelecidos pelo CONTRAN.

§ 4º. Os aparelhos automotores destinados a puxar ou a arrastar maquinaria de qualquer natureza ou a executar trabalhos de construção ou de pavimentação são sujeitos ao registro na repartição competente, se transitarem em via pública, dispensados o licenciamento e o emplacamento.

(*) *§ 4º com redação dada pela Lei nº 13.154, de 30.7.2015.*

(*) *V. art. 2º da Lei nº 13.154, de 30.7.2015, que dispõe que o registro de que trata este parágrafo somente é exigível para os aparelhos ou máquinas produzidos a partir de 1º.1.2016.*

§ 4º-A. Os tratores e demais aparelhos automotores destinados a puxar ou a arrastar maquinaria agrícola ou a executar trabalhos agrícolas, desde que facultados a transitar em via pública, são sujeitos ao registro único, sem ônus, em cadastro específico do Ministério da Agricultura, Pecuária e Abastecimento, acessível aos componentes do Sistema Nacional de Trânsito.

(*) *§ 4º-A acrescido pela Lei nº 13.154, de 30.7.2015.*

(*) *V. art. 2º da Lei nº 13.154, de 30.7.2015, que dispõe que o registro de que trata este parágrafo somente é exigível para os aparelhos ou máquinas produzidos a partir de 1º.1.2016.*

§ 5º. O disposto neste artigo não se aplica aos veículos de uso bélico.

§ 6º. Os veículos de duas ou três rodas são dispensados da placa dianteira.

§ 7º. Excepcionalmente, mediante autorização específica e fundamentada das respectivas corregedorias e com a devida comunicação aos órgãos de trânsito competentes, os veículos utilizados por membros do Poder Judiciário e do Ministério Público que exerçam competência ou atribuição criminal poderão temporariamente ter placas especiais, de forma a impedir a identificação de seus usuários específicos, na forma de regulamento a ser emitido, conjuntamente, pelo Conselho Nacional de Justiça – CNJ, pelo Conselho Nacional do Ministério Público – CNMP e pelo Conselho Nacional de Trânsito – CONTRAN.

(*) *§ 7º acrescido pela Lei nº 12.694, de 24.7.2012.*

§ 8º. Os veículos artesanais utilizados para trabalho agrícola (jericos), para efeito do registro de que trata o § 4º-A, ficam dispensados da exigência prevista no art. 106.

(*) *§ 8º acrescido pela Lei nº 13.097, de 19.1.2015, e com redação dada pela Lei nº 13.154, de 30.7.2015.*

§ 9º. As placas que possuírem tecnologia que permita a identificação do veículo ao qual estão atreladas são dispensadas da utilização do lacre previsto no *caput*, na forma a ser regulamentada pelo CONTRAN.

(*) *§ 9º acrescido pela Lei nº 13.281, de 4.5.2016.*

Art. 116. Os veículos de propriedade da União, dos Estados e do Distrito Federal, devidamente registrados e licenciados, somente quando estritamente usados em serviço reservado de caráter policial, poderão usar placas particulares, obedecidos os critérios e limites estabelecidos pela legislação que regulamenta o uso de veículo oficial.

Art. 117. Os veículos de transporte de carga e os coletivos de passageiros deverão conter, em local facilmente visível, a inscrição indicativa de sua tara, do peso bruto total (PBT), do peso bruto total combinado (PBTC) ou capacidade máxima de tração (CMT) e de sua lotação, vedado o uso em desacordo com sua classificação.

CAPÍTULO X
DOS VEÍCULOS EM CIRCULAÇÃO INTERNACIONAL

Art. 118. A circulação de veículo no território nacional, independentemente de sua origem, em trânsito entre o Brasil e os países com os quais exista acordo ou tratado internacional, reger-se-á pelas disposições deste Código, pelas convenções e acordos internacionais ratificados.

Art. 119. As repartições aduaneiras e os órgãos de controle de fronteira comunicarão diretamente ao RENAVAM a entrada e saída temporária ou definitiva de veículos.

§ 1º. Os veículos licenciados no exterior não poderão sair do território nacional sem o prévio pagamento ou o depósito, judicial ou administrativo, dos valores correspondentes às infrações de trânsito cometidas e ao ressarcimento de danos que tiverem causado ao patrimônio público ou de particulares, independentemente da fase do processo administrativo ou judicial envolvendo a questão.

(*) *§ 1º, primitivo parágrafo único, renumerado e com redação dada pela Lei nº 13.281, de 4.5.2016.*

§ 2º. Os veículos que saírem do território nacional sem o cumprimento do disposto no § 1º e que posteriormente forem flagrados tentando ingressar ou já em circulação no território nacional serão retidos até a regularização da situação.

(*) *§ 2º acrescido pela Lei nº 13.281, de 4.5.2016.*

CAPÍTULO XI
DO REGISTRO DE VEÍCULOS

Art. 120. Todo veículo automotor, elétrico, articulado, reboque ou semirreboque, deve ser registrado perante o órgão executivo de trânsito do Estado ou do Distrito Federal, no Município de domicílio ou residência de seu proprietário, na forma da lei.

§ 1º. Os órgãos executivos de trânsito dos Estados e do Distrito Federal somente registrarão veículos oficiais de propriedade da administração direta, da União, dos Estados, do Distrito Federal e dos Municípios, de qualquer um dos poderes, com indicação expressa, por pintura nas portas, do nome, sigla ou logotipo do órgão ou entidade em cujo nome o veículo será registrado, excetuando-se os veículos de representação e os previstos no art. 116.

§ 2º. O disposto neste artigo não se aplica ao veículo de uso bélico.

Art. 121. Registrado o veículo, expedir-se-á o Certificado de Registro de Veículo – CRV de acordo com os modelos e especificações estabelecidos pelo CONTRAN, contendo as características e condições de invulnerabilidade à falsificação e à adulteração.

Art. 122. Para a expedição do Certificado de Registro de Veículo o órgão executivo de trânsito consultará o cadastro do RENAVAM e exigirá do proprietário os seguintes documentos:

I – nota fiscal fornecida pelo fabricante ou revendedor, ou documento equivalente expedido por autoridade competente;

II – documento fornecido pelo Ministério das Relações Exteriores, quando se tratar de veículo importado por membro de missões diplomáticas, de repartições consulares de carreira, de representações de organismos internacionais e de seus integrantes;

Art. 123. Será obrigatória a expedição de novo Certificado de Registro de Veículo quando:

I – for transferida a propriedade;

II – o proprietário mudar o Município de domicílio ou residência;

III – for alterada qualquer característica do veículo;

IV – houver mudança de categoria.

§ 1º. No caso de transferência de propriedade, o prazo para o proprietário adotar as providências necessárias à efetivação da expedição do novo Certificado de Registro de Veículo é de trinta dias, sendo que nos demais casos as providências deverão ser imediatas.

§ 2º. No caso de transferência de domicílio ou residência no mesmo Município, o proprietário comunicará o novo endereço num prazo de trinta dias e aguardará o novo licenciamento para alterar o Certificado de Licenciamento Anual.

§ 3º. A expedição do novo certificado será comunicada ao órgão executivo de trânsito que expediu o anterior e ao RENAVAM.

Art. 124. Para a expedição do novo Certificado de Registro de Veículo serão exigidos os seguintes documentos:

I – Certificado de Registro de Veículo anterior;

II – Certificado de Licenciamento Anual;

III – comprovante de transferência de propriedade, quando for o caso, conforme modelo e normas estabelecidas pelo CONTRAN;

IV – Certificado de Segurança Veicular e de emissão de poluentes e ruído, quando houver adaptação ou alteração de características do veículo;

V – comprovante de procedência e justificativa da propriedade dos componentes e agregados adaptados ou montados no veículo, quando houver alteração das características originais de fábrica;

VI – autorização do Ministério das Relações Exteriores, no caso de veículo da categoria de missões diplomáticas, de repartições consulares de carreira, de representações de organismos internacionais e de seus integrantes;

VII – certidão negativa de roubo ou furto de veículo, expedida no Município do registro anterior, que poderá ser substituída por informação do RENAVAM;

VIII – comprovante de quitação de débitos relativos a tributos, encargos e multas de trânsito vinculados ao veículo, independentemente da responsabilidade pelas infrações cometidas;

IX – (revogado);

(*) *Inciso IX revogado pela Lei nº 9.602, de 21.1.1998.*

X – comprovante relativo ao cumprimento do disposto no art. 98, quando houver alteração nas características originais do veículo que afetem a emissão de poluentes e ruído;

XI – comprovante de aprovação de inspeção veicular e de poluentes e ruído, quando for o caso, conforme regulamentações do CONTRAN e do CONAMA.

Art. 125. As informações sobre o chassi, o monobloco, os agregados e as características originais do veículo deverão ser prestadas ao RENAVAM:

I – pelo fabricante ou montadora, antes da comercialização, no caso de veículo nacional;

II – pelo órgão alfandegário, no caso de veículo importado por pessoa física;

III – pelo importador, no caso de veículo importado por pessoa jurídica.

Parágrafo único. As informações recebidas pelo RENAVAM serão repassadas ao órgão executivo de trânsito responsável pelo registro, devendo este comunicar ao RENAVAM, tão logo seja o veículo registrado.

Art. 126. O proprietário de veículo irrecuperável, ou destinado à desmontagem, deverá requerer a baixa do registro, no prazo e forma estabelecidos pelo CONTRAN, vedada a remontagem do veículo sobre o mesmo chassi de forma a manter o registro anterior.

(*) *Art. 126,* caput, *com redação dada pela Lei nº 12.977, de 20.5.2014.*

Parágrafo único. A obrigação de que trata este artigo é da companhia seguradora ou do adquirente do veículo destinado à desmontagem, quando estes sucederem ao proprietário.

Art. 127. O órgão executivo de trânsito competente só efetuará a baixa do registro após prévia consulta ao cadastro do RENAVAM.

Parágrafo único. Efetuada a baixa do registro, deverá ser esta comunicada, de imediato, ao RENAVAM.

Art. 128. Não será expedido novo Certificado de Registro de Veículo enquanto houver débitos fiscais e de multas de trânsito e ambientais, vinculadas ao veículo, independentemente da responsabilidade pelas infrações cometidas.

Art. 129. O registro e o licenciamento dos veículos de propulsão humana e dos veículos de tração animal obedecerão à regulamentação estabelecida em legislação municipal do domicílio ou residência de seus proprietários.

(*) *Art. 129 com redação dada pela Lei nº 13.154, de 30.7.2015.*

Art. 129-A. O registro dos tratores e demais aparelhos automotores destinados a puxar ou a arrastar maquinaria agrícola ou a executar trabalhos agrícolas será efetuado, sem ônus, pelo Ministério da Agricultura, Pecuária e Abastecimento, diretamente ou mediante convênio.

(*) *Art. 129-A acrescido pela Lei nº 13.154, de 30.7.2015.*

CAPÍTULO XII
DO LICENCIAMENTO

Art. 130. Todo veículo automotor, elétrico, articulado, reboque ou semirreboque, para transitar na via, deverá ser licenciado anualmente pela órgão executivo de trânsito do Estado, ou do Distrito Federal, onde estiver registrado o veículo.

§ 1º. O disposto neste artigo não se aplica a veículo de uso bélico.

§ 2º. No caso de transferência de residência ou domicílio, é válido, durante o exercício, o licenciamento de origem.

Art. 131. O Certificado de Licenciamento Anual será expedido ao veículo licenciado, vinculado ao Certificado de Registro, no modelo e especificações estabelecidos pelo CONTRAN.

§ 1º. O primeiro licenciamento será feito simultaneamente ao registro.

§ 2º. O veículo somente será considerado licenciado estando quitados os débitos relativos a tributos, encargos e multas de trânsito e ambientais, vinculados ao veículo, independentemente da responsabilidade pelas infrações cometidas.

§ 3º. Ao licenciar o veículo, o proprietário deverá comprovar sua aprovação nas inspeções de segurança veicular e de controle de emissões de gases poluentes e de ruído, conforme disposto no art. 104.

Art. 132. Os veículos novos não estão sujeitos ao licenciamento e terão sua circulação regulada pelo CONTRAN durante o trajeto entre a fábrica e o Município de destino.

§ 1º. O disposto neste artigo aplica-se, igualmente, aos veículos importados, durante o trajeto entre a alfândega ou entreposto alfandegário e o Município de destino.

(*) *§ 1º, primitivo parágrafo único, renumerado pela Lei nº 13.103, de 2.3.2015.*

§ 2º. (Revogado).

(*) *§ 2º acrescido pela Lei nº 13.103, de 2.3.2015, e revogado pela Lei nº 13.154, de 30.7.2015.*

Art. 133. É obrigatório o porte de Certificado de Licenciamento Anual.

Parágrafo único. O porte será dispensado quando, no momento da fiscalização, for possível ter acesso ao devido sistema informatizado para verificar se o veículo está licenciado.

(*) *Parágrafo único acrescido pela Lei nº 13.281, de 4.5.2016.*

Art. 134. No caso de transferência de propriedade, o proprietário antigo deverá encaminhar ao órgão executivo de trânsito do Estado dentro de um prazo de trinta dias, cópia autenticada do comprovante de transferência de propriedade, devidamente assinado e datado, sob pena de ter que se responsabilizar solidariamente pelas penalidades impostas e suas reincidências até a data da comunicação.

Parágrafo único. O comprovante de transferência de propriedade de que trata o *caput* poderá ser substituído por documento eletrônico, na forma regulamentada pelo CONTRAN.

(*) *Parágrafo único acrescido pela Lei nº 13.154, de 30.7.2015.*

(*) *V. Resolução CONTRAN nº 712, de 25.10.2017.*

Art. 135. Os veículos de aluguel, destinados ao transporte individual ou coletivo de passageiros de linhas regulares ou empregados em qualquer serviço remunerado, para registro, licenciamento e respectivo emplacamento de característica comercial, deverão estar devidamente autorizados pelo poder público concedente.

CAPÍTULO XIII
DA CONDUÇÃO DE ESCOLARES

Art. 136. Os veículos especialmente destinados à condução coletiva de escolares somente poderão circular nas vias com autorização emitida pelo órgão ou entidade executivos de trânsito dos Estados e do Distrito Federal, exigindo-se, para tanto:

I – registro como veículo de passageiros;

II – inspeção semestral para verificação dos equipamentos obrigatórios e de segurança;

III – pintura de faixa horizontal na cor amarela, com 40 cm (quarenta centímetros) de largura, à meia altura, em toda a extensão das partes laterais e traseira da carroçaria, com o dístico ESCOLAR, em preto, sendo que, em caso de veículo de carroçaria pintada na cor amarela, as cores aqui indicadas devem ser invertidas;

IV – equipamento registrador instantâneo inalterável de velocidade e tempo;

V – lanternas de luz branca, fosca ou amarela dispostas nas extremidades da parte superior dianteira e lanternas de luz vermelha dispostas na extremidade superior da parte traseira;

VI – cintos de segurança em número igual à lotação;

VII – outros requisitos e equipamentos obrigatórios estabelecidos pelo CONTRAN.

Art. 137. A autorização a que se refere o artigo anterior deverá ser afixada na parte interna do veículo, em local visível, com inscrição da lotação permitida, sendo vedada a condução de escolares em número superior à capacidade estabelecida pelo fabricante.

Art. 138. O condutor de veículo destinado à condução de escolares deve satisfazer os seguintes requisitos:

I – ter idade superior a 21 (vinte e um) anos;

II – ser habilitado na categoria D;

III – (vetado);

IV – não ter cometido nenhuma infração grave ou gravíssima, ou ser reincidente em infrações médias durante os doze últimos meses;

V – ser aprovado em curso especializado, nos termos da regulamentação do CONTRAN.

Art. 139. O disposto neste Capítulo não exclui a competência municipal de aplicar as exigências previstas em seus regulamentos, para o transporte de escolares.

CAPÍTULO XIII-A
DA CONDUÇÃO DE MOTOFRETE

(*) *Capítulo XIII-A acrescido pela Lei nº 12.009, de 29.7.2009.*

Art. 139-A. As motocicletas e motonetas destinadas ao transporte remunerado de mercadorias – motofrete – somente poderão circular nas vias com autorização emitida pelo órgão ou entidade executivo de trânsito dos Estados e do Distrito Federal, exigindo-se, para tanto:

I – registro como veículo da categoria de aluguel;

II – instalação de protetor de motor mata-cachorro, fixado no chassi do veículo, destinado a proteger o motor e a perna do condutor em caso de tombamento, nos termos de regulamentação do Conselho Nacional de Trânsito – CONTRAN;

III – instalação de aparador de linha antena corta-pipas, nos termos de regulamentação do CONTRAN;

IV – inspeção semestral para verificação dos equipamentos obrigatórios e de segurança.

§ 1º. A instalação ou incorporação de dispositivos para transporte de cargas deve estar de acordo com a regulamentação do CONTRAN.

§ 2º. É proibido o transporte de combustíveis, produtos inflamáveis ou tóxicos e de galões nos veículos de que trata este artigo, com exceção do gás de cozinha e de galões contendo água mineral, desde que com o auxílio de *sidecar*, nos termos de regulamentação do CONTRAN.

(*) *Art. 139-A acrescido pela Lei nº 12.009, de 29.7.2009.*

Art. 139-B. O disposto neste Capítulo não exclui a competência municipal ou estadual de aplicar as exigências previstas em seus regulamentos para as atividades de motofrete no âmbito de suas circunscrições.

(*) *Art. 139-B acrescido pela Lei nº 12.009, de 29.7.2009.*

CAPÍTULO XIV
DA HABILITAÇÃO

Art. 140. A habilitação para conduzir veículo automotor e elétrico será apurada por meio de exames que deverão ser realizados junto ao órgão ou entidade executivos do Estado ou do Distrito Federal, do domicílio ou residência do candidato, ou na sede estadual ou distrital do próprio órgão, devendo o condutor preencher os seguintes requisitos:

I – ser penalmente imputável;

II – saber ler e escrever;

III – possuir Carteira de Identidade ou equivalente.

Parágrafo único. As informações do candidato à habilitação serão cadastradas no RENACH.

Art. 141. O processo de habilitação, as normas relativas à aprendizagem para conduzir veículos automotores e elétricos e à autorização para conduzir ciclomotores serão regulamentados pelo CONTRAN.

§ 1º. A autorização para conduzir veículos de propulsão humana e de tração animal ficará à cargo dos Municípios.

§ 2º. (Vetado).

Art. 142. O reconhecimento de habilitação obtida em outro país está subordinado às condições estabelecidas em convenções e acordos internacionais e à normas do CONTRAN.

Art. 143. Os candidatos poderão habilitar-se nas categorias de A a E, obedecida a seguinte gradação:

I – Categoria A – condutor de veículo motorizado de duas ou três rodas, com ou sem carro lateral;

II – Categoria B – condutor de veículo motorizado, não abrangido pela categoria A, cujo peso bruto total não exceda a 3.500 kg (três mil e quinhentos quilogramas) e cuja lotação não exceda a oito lugares, excluído o do motorista;

III – Categoria C – condutor de veículo motorizado utilizado em transporte de carga, cujo peso bruto total exceda a 3.500 kg (três mil e quinhentos quilogramas);

IV – Categoria D – condutor de veículo motorizado utilizado no transporte de passageiros, cuja lotação exceda a oito lugares, excluído o do motorista;

V – Categoria E – condutor de combinação de veículos em que a unidade tratora se enquadre nas categorias B, C ou D e cuja unidade acoplada, reboque, semirreboque, *trailer* ou articulada tenha 6.000 kg (seis mil quilogramas) ou mais de peso bruto total, ou cuja lotação exceda a 8 (oito) lugares.

(*) *Inciso V com redação dada pela Lei nº 12.452, de 21.7.2011.*

§ 1º. Para habilitar-se na categoria C, o condutor deverá estar habilitado no mínimo há um ano na categoria B e não ter cometido nenhuma infração grave ou gravíssima, ou ser reincidente em infrações médias, durante os últimos doze meses.

§ 2º. São os condutores da categoria B autorizados a conduzir veículo automotor da espécie motor-casa, definida nos termos do Anexo I deste Código, cujo peso não exceda a 6.000 kg (seis mil quilogramas), ou cuja lotação não exceda a 8 (oito) lugares, excluído o do motorista.

(*) *§ 2º acrescido pela Lei nº 12.452, de 21.7.2011.*

§ 3º. Aplica-se o disposto no inciso V ao condutor da combinação de veículos com mais de uma unidade tracionada, independentemente da capacidade de tração ou do peso bruto total.

(*) *§ 3º, primitivo § 2º, renumerado pela Lei nº 12.452, de 21.7.2011.*

Art. 144. O trator de roda, o trator de esteira, o trator misto ou o equipamento automotor destinado à movimentação de cargas ou execução de trabalho agrícola, de terraplenagem, de construção ou de pavimentação só podem ser conduzidos na via pública por condutor habilitado nas categorias C, D ou E.

Parágrafo único. O trator de roda e os equipamentos automotores destinados a executar trabalhos agrícolas poderão ser conduzidos em via pública também por condutor habilitado na categoria B.

(*) *Parágrafo único acrescido pela Lei nº 13.097, de 19.1.2015.*

Art. 145. Para habilitar-se nas categorias D e E ou para conduzir veículo de transporte coletivo de passageiros, de escolares, de emergência ou de produto perigoso, o candidato deverá preencher os seguintes requisitos:

I – ser maior de vinte e um anos;

II – estar habilitado:

a) no mínimo há dois anos na categoria B, ou no mínimo há um ano na categoria C, quando pretender habilitar-se na categoria D; e

b) no mínimo há um ano na categoria C, quando pretender habilitar-se na categoria E;

III – não ter cometido nenhuma infração grave ou gravíssima ou ser reincidente em infrações médias durante os últimos doze meses;

IV – ser aprovado em curso especializado e em curso de treinamento de prática veicular em situação de risco, nos termos da normatização do CONTRAN.

§ 1º. A participação em curso especializado previsto no inciso IV independe da observância do disposto no inciso III.

(*) *§ 1º, primitivo parágrafo único, acrescido pela Lei nº 12.619, de 30.4.2012, e renumerado pela Lei nº 13.154, de 30.7.2015.*

§ 2º. (Vetado).

(*) *§ 2º acrescido pela Lei nº 13.154, de 30.7.2015.*

Art. 145-A. Além do disposto no art. 145, para conduzir ambulâncias, o candidato deverá comprovar treinamento especializado e reciclagem em cursos específicos a cada 5 (cinco) anos, nos termos da normatização do CONTRAN.

(*) *Art. 145-A acrescido pela Lei nº 12.998, de 18.6.2014.*

Art. 146. Para conduzir veículos de outra categoria o condutor deverá realizar exames complementares exigidos para habilitação na categoria pretendida.

Art. 147. O candidato à habilitação deverá submeter-se a exames realizados pelo órgão executivo de trânsito, na seguinte ordem:

(*) *V. Resolução CONTRAN nº 425, de 27.11.2012.*

I – de aptidão física e mental;

II – (vetado);

III – escrito, sobre legislação de trânsito;

IV – de noções de primeiros socorros, conforme regulamentação do CONTRAN;

V – de direção veicular, realizado na via pública, em veículo da categoria para a qual estiver habilitando-se.

§ 1º. Os resultados dos exames e a identificação dos respectivos examinadores serão registrados no RENACH.

(*) *§ 1º, primitivo parágrafo único, renumerado pela Lei nº 9.602, de 21.1.1998.*

§ 2º. O exame de aptidão física e mental será preliminar e renovável a cada cinco anos, ou a cada três anos para os condutores com mais de sessenta e cinco anos de idade, no local de residência ou domicílio do examinado.

(*) *§ 2º acrescido pela Lei nº 9.602, de 21.1.1998.*

§ 3º. O exame previsto no § 2º incluirá avaliação psicológica preliminar e complementar sempre que a ele se submeter o condutor que exerce atividade remunerada ao veículo, incluindo-se esta avaliação para os demais candidatos apenas no exame referente à primeira habilitação.

(*) *§ 3º acrescido pela Lei nº 9.602, de 21.1.1998, e com redação dada pela Lei nº 10.350, de 21.12.2001.*

§ 4º. Quando houver indícios de deficiência física, mental ou de progressividade de doença que possa diminuir a capacidade para conduzir o veículo, o prazo previsto no § 2º poderá ser diminuído por proposta do perito examinador.

(*) *§ 4º acrescido pela Lei nº 9.602, de 21.1.1998.*

§ 5º. O condutor que exerce atividade remunerada ao veículo terá essa informação incluída na sua Carteira Nacional de Habilitação, conforme especificações do Conselho Nacional de Trânsito – CONTRAN.

(*) *§ 5º acrescido pela Lei nº 10.350, de 21.12.2001.*

Art. 147-A. Ao candidato com deficiência auditiva é assegurada acessibilidade de comunicação, mediante emprego de tecnologias assistivas ou de ajudas técnicas em todas as etapas do processo de habilitação.

(*) *Art. 147-A,* caput, *acrescido pela Lei nº 13.146, de 6.7.2015.*

§ 1º. O material didático audiovisual utilizado em aulas teóricas dos cursos que precedem os exames previstos no art. 147 desta Lei deve ser acessível, por meio de subtitulação com legenda oculta associada à tradução simultânea em Libras.

(*) *§ 1º acrescido pela Lei nº 13.146, de 6.7.2015.*

§ 2º. É assegurado também ao candidato com deficiência auditiva requerer, no ato de sua inscrição, os serviços de intérprete da Libras, para acompanhamento em aulas práticas e teóricas.

(*) *§ 2º acrescido pela Lei nº 13.146, de 6.7.2015.*

Art. 148. Os exames de habilitação, exceto os de direção veicular, poderão ser aplicados por entidades públicas ou privadas credenciadas pelo órgão executivo de trânsito dos Estados e do Distrito Federal, de acordo com as normas estabelecidas pelo CONTRAN.

(*) *V. Resolução CONTRAN nº 425, de 27.11.2012.*

§ 1º. A formação de condutores deverá incluir, obrigatoriamente, curso de direção defensiva e de conceitos básicos de proteção ao meio ambiente relacionados com o trânsito.

§ 2º. Ao candidato aprovado será conferida Permissão para Dirigir, com validade de um ano.

§ 3º. A Carteira Nacional de Habilitação será conferida ao condutor no término de um ano, desde que o mesmo não tenha cometido nenhuma infração de natureza grave ou gravíssima ou seja reincidente em infração média.

§ 4º. A não obtenção da Carteira Nacional de Habilitação, tendo em vista a incapacidade de atendimento do disposto no parágrafo anterior, obriga o candidato a reiniciar todo o processo de habilitação.

§ 5º. O Conselho Nacional de Trânsito – CONTRAN poderá dispensar os tripulantes de aeronaves que apresentarem o cartão de saúde expedido pelas Forças Armadas ou pelo Departamento de Aeronáutica Civil, respectivamente, da prestação do exame de aptidão física e mental.

(*) *§ 5º acrescido pela Lei nº 9.602, de 21.1.1998.*

Art. 148-A. Os condutores das categorias C, D e E deverão submeter-se a exames toxicológicos para a habilitação e renovação da Carteira Nacional de Habilitação.

(*) *Art. 148-A,* caput, *acrescido pela Lei nº 13.103, de 2.3.2015.*

§ 1º. O exame de que trata este artigo buscará aferir o consumo de substâncias psicoativas que, comprovadamente, comprometam a capacidade de direção e deverá ter janela de detecção mínima de 90 (noventa) dias, nos termos das normas do CONTRAN.

(*) *§ 1º acrescido pela Lei nº 13.103, de 2.3.2015.*

§ 2º. Os condutores das categorias C, D e E com Carteira Nacional de Habilitação com validade de 5 (cinco) anos deverão fazer o exame previsto no § 1º no prazo de 2 (dois) anos e 6 (seis) meses a contar da realização do disposto no *caput*.

(*) *§ 2º acrescido pela Lei nº 13.103, de 2.3.2015.*

§ 3º. Os condutores das categorias C, D e E com Carteira Nacional de Habilitação com validade de 3 (três) anos deverão fazer o exame previsto no § 1º no prazo de 1 (um) ano e 6 (seis) meses a contar da realização do disposto no *caput*.

(*) *§ 3º acrescido pela Lei nº 13.103, de 2.3.2015.*

§ 4º. É garantido o direito de contraprova e de recurso administrativo no caso de resultado positivo para o exame de que trata o *caput*, nos termos das normas do CONTRAN.

(*) *§ 4º acrescido pela Lei nº 13.103, de 2.3.2015.*

§ 5º. A reprovação no exame previsto neste artigo terá como consequência a suspensão do direito de dirigir pelo período de 3 (três) meses, condicionado o levantamento da suspensão ao resultado negativo em novo exame, e vedada a aplicação de outras penalidades, ainda que acessórias.

(*) *§ 5º acrescido pela Lei nº 13.103, de 2.3.2015.*

§ 6º. O resultado do exame somente será divulgado para o interessado e não poderá ser utilizado para fins estranhos ao disposto neste artigo ou no § 6º do art. 168 da Consolidação das Leis do Trabalho – CLT, aprovada pelo Decreto-Lei nº 5.452, de 1º de maio de 1943.

(*) *§ 6º acrescido pela Lei nº 13.103, de 2.3.2015.*

§ 7º. O exame será realizado, em regime de livre concorrência, pelos laboratórios credenciados pelo Departamento Nacional de Trânsito – DENATRAN, nos termos das normas do CONTRAN, vedado aos entes públicos:

I – fixar preços para os exames;

II – limitar o número de empresas ou o número de locais em que a atividade pode ser exercida; e

III – estabelecer regras de exclusividade territorial.

(*) *§ 7º acrescido pela Lei nº 13.103, de 2.3.2015.*

Art. 149. (Vetado).

Art. 150. Ao renovar os exames previstos no artigo anterior, o condutor que não tenha curso de direção defensiva e primeiros socorros deverá a eles ser submetido, conforme normatização do CONTRAN.

Parágrafo único. A empresa que utiliza condutores contratados para operar a sua frota de veículos é obrigada a fornecer curso de direção defensiva, primeiros socorros e outros conforme normatização do CONTRAN.

Art. 151. No caso de reprovação no exame escrito sobre legislação de trânsito ou de direção veicular, o candidato só poderá repetir o exame depois de decorridos quinze dias da divulgação do resultado.

Art. 152. O exame de direção veicular será realizado perante comissão integrada por 3 (três) membros designados pelo dirigente do órgão executivo local de trânsito.

(*) *Art. 152,* caput*, com redação dada pela Lei nº 13.281, de 4.5.2016.*

§ 1º. Na comissão de exame de direção veicular, pelo menos um membro deverá ser habilitado na categoria igual ou superior à pretendida pelo candidato.

§ 2º. Os militares das Forças Armadas e os policiais e bombeiros dos órgãos de segurança pública da União, dos Estados e do Distrito Federal que possuírem curso de formação de condutor ministrado em suas corporações serão dispensados, para a concessão do documento de habilitação, dos exames aos quais se houverem submetido com aprovação naquele curso, desde que neles sejam observadas as normas estabelecidas pelo CONTRAN.

(*) *§ 2º com redação dada pela Lei nº 13.281, de 4.5.2016.*

§ 3º. O militar, o policial ou o bombeiro militar interessado na dispensa de que trata o § 2º instruirá seu requerimento com ofício do comandante, chefe ou diretor da unidade administrativa onde prestar serviço, do qual constarão o número do registro de identificação, naturalidade, nome, filiação, idade e categoria em que se habilitou a conduzir, acompanhado de cópia das atas dos exames prestados.

(*) *§ 3º com redação dada pela Lei nº 13.281, de 4.5.2016.*

§ 4º. (Vetado).

Art. 153. O candidato habilitado terá em seu prontuário a identificação de seus instrutores e examinadores, que serão passíveis de punição conforme regulamentação a ser estabelecida pelo CONTRAN.

Parágrafo único. As penalidades aplicadas aos instrutores e examinadores serão de advertência, suspensão e cancelamento da autorização para o exercício da atividade, conforme a falta cometida.

Art. 154. Os veículos destinados à formação de condutores serão identificados por uma faixa amarela, de vinte centímetros de largura, pintada ao longo da carroçaria, à meia altura, com inscrição AUTOESCOLA na cor preta.

Parágrafo único. No veículo eventualmente utilizado para aprendizagem, quando autorizado para servir a esse fim, deverá ser afixada ao longo de sua carroçaria, à meia altura, faixa branca removível, de vinte centímetros de largura, com a inscrição AUTOESCOLA na cor preta.

Art. 155. A formação de condutor de veículo automotor e elétrico será realizada por instrutor autorizado pelo órgão executivo de trânsito dos Estados ou do Distrito Federal, pertencente ou não à entidade credenciada.

Parágrafo único. Ao aprendiz será expedida autorização para aprendizagem, de acordo com a regulamentação do CONTRAN, após aprovação nos exames de aptidão física, mental, de primeiros socorros e sobre legislação de trânsito.

(*) *Parágrafo único acrescido pela Lei nº 9.602, de 21.1.1998.*

Art. 156. O CONTRAN regulamentará o credenciamento para prestação de serviço pelas autoescolas e outras entidades destinadas à formação de condutores e às exigências necessárias para o exercício das atividades de instrutor e examinador.

Art. 157. (Vetado).

Art. 158. A aprendizagem só poderá realizar-se:

I – nos termos, horários e locais estabelecidos pelo órgão executivo de trânsito;

II – acompanhado o aprendiz por instrutor autorizado.

§ 1º. Além do aprendiz e do instrutor, o veículo utilizado na aprendizagem poderá conduzir apenas mais um acompanhante.

(*) *§ 1º, primitivo parágrafo único, renumerado pela Lei nº 12.217, de 17.3.2010.*

§ 2º. Parte da aprendizagem será obrigatoriamente realizada durante a noite, cabendo ao CONTRAN fixar-lhe a carga horária mínima correspondente.

(*) *§ 2º acrescido pela Lei nº 12.217, de 17.3.2010.*

Art. 159. A Carteira Nacional de Habilitação, expedida em modelo único e de acordo com as especificações do CONTRAN, atendidos os pré-requisitos estabelecidos neste Código, conterá fotografia, identificação e CPF do condutor, terá fé pública e equivalerá a documento de identidade em todo o território nacional.

§ 1º. É obrigatório o porte da Permissão para Dirigir ou da Carteira Nacional de Habilitação quando o condutor estiver à direção do veículo.

§ 2º. (Vetado).

§ 3º. A emissão de nova via da Carteira de Nacional de Habilitação será regulamentada pelo CONTRAN.

§ 4º. (Vetado).

§ 5º. A Carteira Nacional de Habilitação e a Permissão para Dirigir somente terão validade para a condução de veículo quando apresentada em original.

§ 6º. A identificação da Carteira Nacional de Habilitação expedida e a da autoridade expedidora serão registradas no RENACH.

§ 7º. A cada condutor corresponderá um único registro no RENACH, agregando-se neste todas as informações.

§ 8º. A renovação da validade da Carteira Nacional de Habilitação ou a emissão de uma nova via somente será realizada após quitação de débitos constantes do prontuário do condutor.

§ 9º. (Vetado).

§ 10. A validade da Carteira Nacional de Habilitação está condicionada ao prazo de vigência do exame de aptidão física e mental.

(*) *§ 10 acrescido pela Lei nº 9.602, de 21.1.1998.*

§ 11. A Carteira Nacional de Habilitação, expedida na vigência do Código anterior, será submetida por ocasião do vencimento do prazo para revalidação do exame de aptidão física e mental, ressalvados os casos especiais previstos nesta Lei.

(*) *§ 11 acrescido pela Lei nº 9.602, de 21.1.1998.*

Art. 160. O condutor condenado por delito de trânsito deverá ser submetido a novos exames para que possa voltar a dirigir, de acordo com as normas estabelecidas pelo CONTRAN, independentemente do reconhecimento da prescrição, em face da pena concretizada na sentença.

§ 1º. Em caso de acidente grave, o condutor nele envolvido poderá ser submetido aos exames exigidos neste artigo, a juízo da autoridade executiva estadual de trânsito, assegurada ampla defesa ao condutor.

§ 2º. No caso do parágrafo anterior, a autoridade executiva estadual de trânsito poderá apreender o documento de habilitação do condutor até a sua aprovação nos exames realizados.

(*) *V. Resolução CONTRAN nº 300, de 4.12.2008.*

CAPÍTULO XV
DAS INFRAÇÕES

Art. 161. Constitui infração de trânsito a inobservância de qualquer preceito deste Código, da Legislação Complementar ou das Resoluções do CONTRAN, sendo o infrator sujeito às penalidades e medidas administrativas indicadas em cada artigo, além das punições previstas no Capítulo XIX.

Parágrafo único. As infrações cometidas em relação às Resoluções do CONTRAN terão suas penalidades e medidas administrativas definidas nas próprias Resoluções.

Art. 162. Dirigir veículo:

I – sem possuir Carteira Nacional de Habilitação, Permissão para Dirigir ou Autorização para Conduzir Ciclomotor:

Infração – gravíssima;

Penalidade – multa (três vezes);

Medida administrativa – retenção do veículo até a apresentação de condutor habilitado;

(*) *Inciso I com redação dada pela Lei nº 13.281, de 4.5.2016.*

II – com Carteira Nacional de Habilitação, Permissão para Dirigir ou Autorização para Conduzir Ciclomotor cassada ou com suspensão do direito de dirigir:

Infração – gravíssima;

Penalidade – multa (três vezes);

Medida administrativa – recolhimento do documento de habilitação e retenção do veículo até a apresentação de condutor habilitado;

(*) *Inciso II com redação dada pela Lei nº 13.281, de 4.5.2016.*

III – com Carteira Nacional de Habilitação ou Permissão para Dirigir de categoria diferente da do veículo que esteja conduzindo:

Infração – gravíssima;

Penalidade – multa (duas vezes);

Medida administrativa – retenção do veículo até a apresentação de condutor habilitado;

(*) *Inciso III com redação dada pela Lei nº 13.281, de 4.5.2016.*

IV – (vetado);

V – com validade da Carteira Nacional de Habilitação vencida há mais de trinta dias:

Infração – gravíssima;

Penalidade – multa;

Medida administrativa – recolhimento da Carteira Nacional de Habilitação e retenção do veículo até a apresentação de condutor habilitado;

VI – sem usar lentes corretoras de visão, aparelho auxiliar de audição, de prótese física ou as adaptações do veículo impostas por ocasião da concessão ou da renovação da licença para conduzir:

Infração – gravíssima;

Penalidade – multa;

Medida administrativa – retenção do veículo até o saneamento da irregularidade ou apresentação de condutor habilitado.

Art. 163. Entregar a direção do veículo a pessoa nas condições previstas no artigo anterior:

Infração – as mesmas previstas no artigo anterior;

Penalidade – as mesmas previstas no artigo anterior;

Medida administrativa – a mesma prevista no inciso III do artigo anterior.

Art. 164. Permitir que pessoa nas condições referidas nos incisos do art. 162 tome posse do veículo automotor e passe a conduzi-lo na via:

Infração – as mesmas previstas nos incisos do art. 162;

Penalidade – as mesmas previstas no art. 162;

Medida administrativa – a mesma prevista no inciso III do art. 162.

Art. 165. Dirigir sob a influência de álcool ou de qualquer outra substância psicoativa que determine dependência:

(*) *Art. 165,* caput, *com redação dada pela Lei nº 11.705, de 19.6.2008.*

Infração – gravíssima;

Penalidade – multa (dez vezes) e suspensão do direito de dirigir por 12 (doze) meses.

(*) *Penalidade com redação dada pela Lei nº 12.760, de 20.12.2012.*

Medida administrativa – recolhimento do documento de habilitação e retenção do veículo, observado o disposto no § 4º do art. 270 da Lei nº 9.503, de 23 de setembro de 1997 – do Código de Trânsito Brasileiro.

(*) *Medida administrativa com redação dada pela Lei nº 12.760, de 20.12.2012.*

Parágrafo único. Aplica-se em dobro a multa prevista no *caput* em caso de reincidência no período de até 12 (doze) meses.

(*) *Parágrafo único com redação dada pela Lei nº 12.760, de 20.12.2012.*

Art. 165-A. Recusar-se a ser submetido a teste, exame clínico, perícia ou outro procedimento que permita certificar influência de álcool ou outra substância psicoativa, na forma estabelecida pelo art. 277:

Infração – gravíssima;

Penalidade – multa (dez vezes) e suspensão do direito de dirigir por 12 (doze) meses;

Medida administrativa – recolhimento do documento de habilitação e retenção do veículo, observado o disposto no § 4º do art. 270.

Parágrafo único. Aplica-se em dobro a multa prevista no *caput* em caso de reincidência no período de até 12 (doze) meses.

(*) *Art. 165-A acrescido pela Lei nº 13.281, de 4.5.2016.*

Art. 166. Confiar ou entregar a direção de veículo a pessoa que, mesmo habilitada, por seu estado físico ou psíquico, não estiver em condições de dirigi-lo com segurança:

Infração – gravíssima;

Penalidade – multa.

Art. 167. Deixar o condutor ou passageiro de usar o cinto de segurança, conforme previsto no art. 65:

Infração – grave;

Penalidade – multa;

Medida administrativa – retenção do veículo até colocação do cinto pelo infrator.

Art. 168. Transportar crianças em veículo automotor sem observância das normas de segurança especiais estabelecidas neste Código:

Infração – gravíssima;

Penalidade – multa;

Medida administrativa – retenção do veículo até que a irregularidade seja sanada.

Art. 169. Dirigir sem atenção ou sem os cuidados indispensáveis à segurança:

Infração – leve;

Penalidade – multa.

Art. 170. Dirigir ameaçando os pedestres que estejam atravessando a via pública, ou os demais veículos:

Infração – gravíssima;

Penalidade – multa e suspensão do direito de dirigir;

Medida administrativa – retenção do veículo e recolhimento do documento de habilitação.

Art. 171. Usar o veículo para arremessar, sobre os pedestres ou veículos, água ou detritos:

Infração – média;

Penalidade – multa.

Art. 172. Atirar do veículo ou abandonar na via objetos ou substâncias:

Infração – média;

Penalidade – multa.

Art. 173. Disputar corrida:

(*) *Art. 173,* caput, *com redação dada pela Lei nº 12.971, de 9.5.2014.*

Infração – gravíssima;

Penalidade – multa (dez vezes), suspensão do direito de dirigir e apreensão do veículo;

(*) *Penalidade com redação dada pela Lei nº 12.971, de 9.5.2014.*

Medida administrativa – recolhimento do documento de habilitação e remoção do veículo.

Parágrafo único. Aplica-se em dobro a multa prevista no *caput* em caso de reincidência no período de 12 (doze) meses da infração anterior.

(*) *Parágrafo único acrescido pela Lei nº 12.971, de 9.5.2014.*

Art. 174. Promover, na via, competição, eventos organizados, exibição e demonstração de perícia em manobra de veículo, ou deles participar, como condutor, sem permissão da autoridade de trânsito com circunscrição sobre a via:

(*) *Art. 174,* caput, *com redação dada pela Lei nº 12.971, de 9.5.2014.*

Infração – gravíssima;

Penalidade – multa (dez vezes), suspensão do direito de dirigir e apreensão do veículo;

(*) *Penalidade com redação dada pela Lei nº 12.971, de 9.5.2014.*

Medida administrativa – recolhimento do documento de habilitação e remoção do veículo.

§ 1º. As penalidades são aplicáveis aos promotores e aos condutores participantes.

(*) *§ 1º, primitivo parágrafo único, renumerado pela Lei nº 12.971, de 9.5.2014.*

§ 2º. Aplica-se em dobro a multa prevista no *caput* em caso de reincidência no período de 12 (doze) meses da infração anterior.

(*) *§ 2º acrescido pela Lei nº 12.971, de 9.5.2014.*

Art. 175. Utilizar-se de veículo para demonstrar ou exibir manobra perigosa, mediante arrancada brusca, derrapagem ou frenagem com deslizamento ou arrastamento de pneus:

(*) *Art. 175,* caput, *com redação dada pela Lei nº 12.971, de 9.5.2014.*

Infração – gravíssima;

Penalidade – multa (dez vezes), suspensão do direito de dirigir e apreensão do veículo;

(*) *Penalidade com redação dada pela Lei nº 12.971, de 9.5.2014.*

Medida administrativa – recolhimento do documento de habilitação e remoção do veículo.

Parágrafo único. Aplica-se em dobro a multa prevista no *caput* em caso de reincidência no período de 12 (doze) meses da infração anterior.

(*) *Parágrafo único acrescido pela Lei nº 12.971, de 9.5.2014.*

Art. 176. Deixar o condutor envolvido em acidente com vítima:

I – de prestar ou providenciar socorro à vítima, podendo fazê-lo;

II – de adotar providências, podendo fazê-lo, no sentido de evitar perigo para o trânsito local;

III – de preservar o local, de forma a facilitar os trabalhos da polícia e da perícia;

IV – de adotar providências para remover o veículo do local, quando determinadas por policial ou agente da autoridade de trânsito;

V – de identificar-se ao policial e de lhe prestar informações necessárias à confecção do boletim de ocorrência:

Infração – gravíssima;

Penalidade – multa (cinco vezes) e suspensão do direito de dirigir;

Medida administrativa – recolhimento do documento de habilitação.

Art. 177. Deixar o condutor de prestar socorro à vítima de acidente de trânsito quando solicitado pela autoridade e seus agentes:

Infração – grave;

Penalidade – multa.

Art. 178. Deixar o condutor, envolvido em acidente sem vítima, de adotar providências para remover o veículo do local, quando necessária tal medida para assegurar a segurança e a fluidez do trânsito:

Infração – média;

Penalidade – multa.

Art. 179. Fazer ou deixar que se faça reparo em veículo na via pública, salvo nos casos de impedimento absoluto de sua remoção e em que o veículo esteja devidamente sinalizado:

I – em pista de rolamento de rodovias e vias de trânsito rápido:

Infração – grave;

Penalidade – multa;

Medida administrativa – remoção do veículo;

II – nas demais vias:

Infração – leve;

Penalidade – multa.

Art. 180. Ter seu veículo imobilizado na via por falta de combustível:

Infração – média;

Penalidade – multa;

Medida administrativa – remoção do veículo.

Art. 181. Estacionar o veículo:

I – nas esquinas e a menos de cinco metros do bordo do alinhamento da via transversal:

Infração – média;

Penalidade – multa;

Medida administrativa – remoção do veículo;

II – afastado da guia da calçada (meio-fio) de cinquenta centímetros a um metro:

Infração – leve;

Penalidade – multa;

Medida administrativa – remoção do veículo;

III – afastado da guia da calçada (meio-fio) a mais de um metro:

Infração – grave;

Penalidade – multa;

Medida administrativa – remoção do veículo;

IV – em desacordo com as posições estabelecidas neste Código:

Infração – média;

Penalidade – multa;

Medida administrativa – remoção do veículo;

V – na pista de rolamento das estradas, das rodovias, das vias de trânsito rápido e das vias dotadas de acostamento:

Infração – gravíssima;

Penalidade – multa;

Medida administrativa – remoção do veículo;

VI – junto ou sobre hidrantes de incêndio, registro de água ou tampas de poços de visita de galerias subterrâneas, desde que devidamente identificados, conforme especificações do CONTRAN:

Infração – média;

Penalidade – multa;

Medida administrativa – remoção do veículo;

VII – nos acostamentos, salvo motivo de força maior:

Infração – leve;

Penalidade – multa;

Medida administrativa – remoção do veículo;

VIII – no passeio ou sobre faixa destinada a pedestre, sobre ciclovia ou ciclofaixa, bem como nas ilhas, refúgios, ao lado ou sobre canteiros centrais, divisores de pista de rolamento, marcas de canalização, gramados ou jardim público:

Infração – grave;

Penalidade – multa;

Medida administrativa – remoção do veículo;

IX – onde houver guia de calçada (meio-fio) rebaixada destinada à entrada ou saída de veículos:

Infração – média;

Penalidade – multa;

Medida administrativa – remoção do veículo;

X – impedindo a movimentação de outro veículo:

Infração – média;

Penalidade – multa;

Medida administrativa – remoção do veículo;

XI – ao lado de outro veículo em fila dupla:

Infração – grave;

Penalidade – multa;

Medida administrativa – remoção do veículo;

XII – na área de cruzamentos de vias, prejudicando a circulação de veículos e pedestres:

Infração – grave;

Penalidade – multa;

Medida administrativa – remoção do veículo;

XIII – onde houver sinalização horizontal delimitadora de ponto de embarque ou desembarque de passageiros de transporte coletivo ou, na inexistência desta sinalização, no intervalo compreendido entre dez metros antes e depois do marco do ponto:

Infração – média;

Penalidade – multa;

Medida administrativa – remoção do veículo;

XIV – nos viadutos, pontes e túneis:

Infração – grave;

Penalidade – multa;

Medida administrativa – remoção do veículo;

XV – na contramão de direção:

Infração – média;

Penalidade – multa;

XVI – em aclive ou declive, não estando devidamente freado e sem calço de segurança, quando se tratar de veículo com peso bruto total superior a 3.500 (três mil e quinhentos) quilogramas:

Infração – grave;

Penalidade – multa;

Medida administrativa – remoção do veículo;

XVII – em desacordo com as condições regulamentadas especificamente pela sinalização (placa – Estacionamento Regulamentado):

Infração – grave;

(*) *Infração com redação dada pela Lei nº 13.146, de 6.7.2015.*

Penalidade – multa;

Medida administrativa – remoção do veículo;

XVIII – em locais e horários proibidos especificamente pela sinalização (placa – Proibido Estacionar):

Infração – média;

Penalidade – multa;

Medida administrativa – remoção do veículo;

XIX – em locais e horários de estacionamento e parada proibidos pela sinalização (placa – Proibido Parar e Estacionar):

Infração – grave;

Penalidade – multa;

Medida administrativa – remoção do veículo;

XX – nas vagas reservadas às pessoas com deficiência ou idosos, sem credencial que comprove tal condição:

Infração – gravíssima;

Penalidade – multa;

Medida administrativa – remoção do veículo.

(*) *Inciso XX acrescido pela Lei nº 13.281, de 4.5.2016.*

(*) *V. art. 47, § 3º, da Lei nº 13.146, de 6.7.2015 – Estatuto da Pessoa com Deficiência.*

§ 1º. Nos casos previstos neste artigo, a autoridade de trânsito aplicará a penalidade preferencialmente após a remoção do veículo.

§ 2º. No caso previsto no inciso XVI é proibido abandonar o calço de segurança na via.

Art. 182. Parar o veículo:

I – nas esquinas e a menos de cinco metros do bordo do alinhamento da via transversal:

Infração – média;

Penalidade – multa;

II – afastado da guia da calçada (meio-fio) de cinquenta centímetros a um metro;

Infração – leve;

Penalidade – multa;

III – afastado da guia da calçada (meio-fio) a mais de um metro;

Infração – média;

Penalidade – multa;

IV – em desacordo com as posições estabelecidas neste Código:

Infração – leve;

Penalidade – multa;

V – na pista de rolamento das estradas, das rodovias, das vias de trânsito rápido e das vias dotadas de acostamento:

Infração – grave;

Penalidade – multa;

VI – no passeio ou sobre faixa destinada a pedestres, nas ilhas, refúgios, canteiros centrais e divisores de pista de rolamento e marcas de canalização:

Infração – leve;

Penalidade – multa;

VII – na área de cruzamento de vias, prejudicando a circulação de veículos e pedestres:

Infração – média;

Penalidade – multa;

VIII – nos viadutos, pontes e túneis:

Infração – média;

Penalidade – multa;

IX – na contramão de direção:

Infração – média;

Penalidade – multa;

X – em local e horário proibidos especificamente pela sinalização (placa – Proibido Parar):

Infração – média;

Penalidade – multa.

Art. 183. Parar o veículo sobre a faixa de pedestres na mudança de sinal luminoso:

Infração – média;

Penalidade – multa.

Art. 184. Transitar com o veículo:

I – na faixa ou pista da direita, regulamentada como de circulação exclusiva para determinado tipo de veículo, exceto para acesso a imóveis lindeiros ou conversões à direita:

Infração – leve;

Penalidade – multa;

II – na faixa ou pista da esquerda regulamentada como de circulação exclusiva para determinado tipo de veículo:

Infração – grave;

Penalidade – multa;

III – na faixa ou via de trânsito exclusivo, regulamentada com circulação destinada aos veículos de transporte público coletivo de passageiros, salvo casos de força maior e com autorização do poder público competente:

Infração – gravíssima;

Penalidade – multa e apreensão do veículo;

Medida Administrativa – remoção do veículo.

(*) *Inciso III acrescido pela Lei nº 13.154, de 30.7.2015.*

Art. 185. Quando o veículo estiver em movimento, deixar de conservá-lo:

I – na faixa a ele destinada pela sinalização de regulamentação, exceto em situações de emergência;

II – nas faixas da direita, os veículos lentos e de maior porte:

Infração – média;

Penalidade – multa.

Art. 186. Transitar pela contramão de direção em:

I – vias com duplo sentido de circulação, exceto para ultrapassar outro veículo e apenas pelo tempo necessário, respeitada a preferência do veículo que transita em sentido contrário:

Infração – grave;

Penalidade – multa;

II – vias com sinalização de regulamentação de sentido único de circulação:

Infração – gravíssima;

Penalidade – multa.

Art. 187. Transitar em locais e horários não permitidos pela regulamentação estabelecida pela autoridade competente:

I – para todos os tipos de veículos:

Infração – média;

Penalidade – multa;

II – (revogado).

(*) *Inciso II revogado pela Lei nº 9.602, de 21.1.1998.*

Art. 188. Transitar ao lado de outro veículo, interrompendo ou perturbando o trânsito:

Infração – média;

Penalidade – multa.

Art. 189. Deixar de dar passagem aos veículos precedidos de batedores, de socorro de incêndio e salvamento, de polícia, de operação e fiscalização de trânsito e às ambulâncias, quando em serviço de urgência e devidamente identificados por dispositivos regulamentados de alarme sonoro e iluminação vermelha intermitentes:

Infração – gravíssima;

Penalidade – multa.

Art. 190. Seguir veículo em serviço de urgência, estando este com prioridade de passagem devidamente identificada por dispositivos regulamentares de alarme sonoro e iluminação vermelha intermitentes:

Infração – grave;

Penalidade – multa.

Art. 191. Forçar passagem entre veículos que, transitando em sentidos opostos, estejam na iminência de passar um pelo outro ao realizar operação de ultrapassagem:

Infração – gravíssima;

Penalidade – multa (dez vezes) e suspensão do direito de dirigir.

(*) *Penalidade com redação dada pela Lei nº 12.971, de 9.5.2014.*

Parágrafo único. Aplica-se em dobro a multa prevista no *caput* em caso de reincidência no período de até 12 (doze) meses da infração anterior.

(*) *Parágrafo único acrescido pela Lei nº 12.971, de 9.5.2014.*

Art. 192. Deixar de guardar distância de segurança lateral e frontal entre o seu veículo e os demais, bem como em relação ao bordo da pista, considerando-se, no momento, a velocidade, as condições climáticas do local da circulação e do veículo:

Infração – grave;

Penalidade – multa.

Art. 193. Transitar com o veículo em calçadas, passeios, passarelas, ciclovias, ciclofaixas, ilhas, refúgios, ajardinamentos, canteiros centrais e divisores de pista de rolamento, acostamentos, marcas de canalização, gramados e jardins públicos:

Infração – gravíssima;

Penalidade – multa (três vezes).

Art. 194. Transitar em marcha à ré, salvo na distância necessária a pequenas manobras e de forma a não causar riscos à segurança:

Infração – grave;

Penalidade – multa.

Art. 195. Desobedecer às ordens emanadas da autoridade competente de trânsito ou de seus agentes:

Infração – grave;

Penalidade – multa.

Art. 196. Deixar de indicar com antecedência, mediante gesto regulamentar de braço ou luz indicadora de direção do veículo, o início da marcha, a realização da manobra de parar o veículo, a mudança de direção ou de faixa de circulação:

Infração – grave;

Penalidade – multa.

Art. 197. Deixar de deslocar, com antecedência, o veículo para a faixa mais à esquerda ou mais à direita, dentro da respectiva mão de direção, quando for manobrar para um desses lados:

Infração – média;

Penalidade – multa.

Art. 198. Deixar de dar passagem pela esquerda, quando solicitado:

Infração – média;

Penalidade – multa.

Art. 199. Ultrapassar pela direita, salvo quando o veículo da frente estiver colocado na faixa apropriada e der sinal de que vai entrar à esquerda:

Infração – média;

Penalidade – multa.

Art. 200. Ultrapassar pela direita veículo de transporte coletivo ou de escolares, parado para embarque ou desembarque de passageiros, salvo quando houver refúgio de segurança para o pedestre:

Infração – gravíssima;

Penalidade – multa.

Art. 201. Deixar de guardar a distância lateral de um metro e cinquenta centímetros ao passar ou ultrapassar bicicleta:

Infração – média;

Penalidade – multa.

Art. 202. Ultrapassar outro veículo:

I – pelo acostamento;

II – em interseções e passagens de nível:

Infração – gravíssima;

(*) *Infração com redação dada pela Lei nº 12.971, de 9.5.2014.*

Penalidade – multa (cinco vezes).

(*) *Penalidade com redação dada pela Lei nº 12.971, de 9.5.2014.*

Art. 203. Ultrapassar pela contramão outro veículo:

I – nas curvas, aclives e declives, sem visibilidade suficiente;

II – nas faixas de pedestre;

III – nas pontes, viadutos ou túneis;

IV – parado em fila junto a sinais luminosos, porteiras, cancelas, cruzamentos ou qualquer outro impedimento à livre circulação;

V – onde houver marcação viária longitudinal de divisão de fluxos opostos do tipo linha dupla contínua ou simples contínua amarela:

Infração – gravíssima;

Penalidade – multa (cinco vezes).

(*) *Penalidade com redação dada pela Lei nº 12.971, de 9.5.2014.*

Parágrafo único. Aplica-se em dobro a multa prevista no *caput* em caso de reincidência no período de até 12 (doze) meses da infração anterior.

(*) *Parágrafo único com redação dada pela Lei nº 12.971, de 9.5.2014.*

Art. 204. Deixar de parar o veículo no acostamento à direita, para aguardar a oportunidade de cruzar a pista ou entrar à esquerda, onde não houver local apropriado para operação de retorno:

Infração – grave;

Penalidade – multa.

Art. 205. Ultrapassar veículos em movimento que integrem cortejo, préstito, desfile e formações militares, salvo com autorização da autoridade de trânsito ou de seus agentes:

Infração – leve;

Penalidade – multa.

Art. 206. Executar operação de retorno:

I – em locais proibidos pela sinalização;

II – nas curvas, aclives, declives, pontes, viadutos e túneis;

III – passando por cima de calçada, passeio, ilhas, ajardinamento ou canteiros de divisões de pista de rolamento, refúgios e faixas de pedestres e nas de veículos não motorizados;

IV – nas interseções, entrando na contramão de direção da via transversal;

V – com prejuízo da livre circulação ou da segurança, ainda que em locais permitidos:

Infração – gravíssima;

Penalidade – multa.

Art. 207. Executar operação de conversão à direita ou à esquerda em locais proibidos pela sinalização:

Infração – grave;

Penalidade – multa.

Art. 208. Avançar o sinal vermelho do semáforo ou o de parada obrigatória:

Infração – gravíssima;

Penalidade – multa.

Art. 209. Transpor, sem autorização, bloqueio viário com ou sem sinalização ou dispositivos auxiliares, deixar de adentrar às áreas destinadas à pesagem de veículos ou evadir-se para não efetuar o pagamento do pedágio:

Infração – grave;

Penalidade – multa.

Art. 210. Transpor, sem autorização, bloqueio viário policial:

Infração – gravíssima;

Penalidade – multa, apreensão do veículo e suspensão do direito de dirigir;

Medida administrativa – remoção do veículo e recolhimento do documento de habilitação.

Art. 211. Ultrapassar veículos em fila, parados em razão de sinal luminoso, cancela, bloqueio viário parcial ou qualquer outro obstáculo, com exceção dos veículos não motorizados:

Infração – grave;

Penalidade – multa.

Art. 212. Deixar de parar o veículo antes de transpor linha férrea:

Infração – gravíssima;

Penalidade – multa.

Art. 213. Deixar de parar o veículo sempre que a respectiva marcha for interceptada:

I – por agrupamento de pessoas, como préstitos, passeatas, desfiles e outros:

Infração – gravíssima;

Penalidade – multa;

II – por agrupamento de veículos, como cortejos, formações militares e outros:

Infração – grave;

Penalidade – multa.

Art. 214. Deixar de dar preferência de passagem a pedestre e a veículo não motorizado:

I – que se encontre na faixa a ele destinada;

II – que não haja concluído a travessia mesmo que ocorra sinal verde para o veículo;

III – portadores de deficiência física, crianças, idosos e gestantes:

Infração – gravíssima;

Penalidade – multa;

IV – quando houver iniciado a travessia mesmo que não haja sinalização a ele destinada;

V – que esteja atravessando a via transversal para onde se dirige o veículo:

Infração – grave;

Penalidade – multa.

Art. 215. Deixar de dar preferência de passagem:

I – em interseção não sinalizada:

a) a veículo que estiver circulando por rodovia ou rotatória;

b) a veículo que vier da direita;

II – nas interseções com sinalização de regulamentação de *Dê a Preferência*:

Infração – grave;

Penalidade – multa.

Art. 216. Entrar ou sair de áreas lindeiras sem estar adequadamente posicionado para ingresso na via e sem as precauções com a segurança de pedestres e de outros veículos:

Infração – média;

Penalidade – multa.

Art. 217. Entrar ou sair de fila de veículos estacionados sem dar preferência de passagem a pedestres e a outros veículos:

Infração – média;

Penalidade – multa.

Art. 218. Transitar em velocidade superior à máxima permitida para o local, medida por instrumento ou equipamento hábil, em rodovias, vias de trânsito rápido, vias arteriais e demais vias:

(*) *Art. 218,* caput, *com redação dada pela Lei nº 11.334, de 25.7.2006.*

I – quando a velocidade for superior à máxima em até 20% (vinte por cento):

Infração – média;

Penalidade – multa;

(*) *Inciso I com redação dada pela Lei nº 11.334, de 25.7.2006.*

II – quando a velocidade for superior à máxima em mais de 20% (vinte por cento) até 50% (cinquenta por cento):

Infração – grave;

Penalidade – multa;

(*) *Inciso II com redação dada pela Lei nº 11.334, de 25.7.2006.*

III – quando a velocidade for superior à máxima em mais de 50% (cinquenta por cento):

Infração – gravíssima;

Penalidade – multa [3 (três) vezes], suspensão imediata do direito de dirigir e apreensão do documento de habilitação.

(*) *Inciso III acrescido pela Lei nº 11.334, de 25.7.2006.*

Art. 219. Transitar com veículo em velocidade inferior à metade da velocidade máxima estabelecida para a via, retardando ou obstruindo o trânsito, a menos que as condições de tráfego e meteorológicas não o permitam, salvo se estiver na faixa da direita:

Infração – média;

Penalidade – multa.

Art. 220. Deixar de reduzir a velocidade do veículo de forma compatível com a segurança do trânsito:

I – quando se aproximar de passeatas, aglomerações, cortejos, préstitos e desfiles:

Infração – gravíssima;

Penalidade – multa;

II – nos locais onde o trânsito esteja sendo controlado pelo agente da autoridade de trânsito, mediante sinais sonoros ou gestos;

III – ao aproximar-se da guia da calçada (meio-fio) ou acostamento;

IV – ao aproximar-se de ou passar por interseção não sinalizada;

V – nas vias rurais cuja faixa de domínio não esteja cercada;

VI – nos trechos em curva de pequeno raio;

VII – ao aproximar-se de locais sinalizados com advertência de obras ou trabalhadores na pista;

VIII – sob chuva, neblina, cerração ou ventos fortes;

IX – quando houver má visibilidade;

X – quando o pavimento se apresentar escorregadio, defeituoso ou avariado;

XI – à aproximação de animais na pista;

XII – em declive;

XIII – ao ultrapassar ciclista:

Infração – grave;

Penalidade – multa;

XIV – nas proximidades de escolas, hospitais, estações de embarque e desembarque de passageiros ou onde haja intensa movimentação de pedestres:

Infração – gravíssima;

Penalidade – multa.

Art. 221. Portar no veículo placas de identificação em desacordo com as especificações e modelos estabelecidos pelo CONTRAN:

Infração – média;

Penalidade – multa;

Medida administrativa – retenção do veículo para regularização e apreensão das placas irregulares.

Parágrafo único. Incide na mesma penalidade aquele que confecciona, distribui ou coloca, em veículo próprio ou de terceiros, placas de identificação não autorizadas pela regulamentação.

Art. 222. Deixar de manter ligado, nas situações de atendimento de emergência, o sistema de iluminação vermelha intermitente dos veículos de polícia, de socorro de incêndio e salvamento, de fiscalização de trânsito e das ambulâncias, ainda que parados:

Infração – média;

Penalidade – multa.

Art. 223. Transitar com o farol desregulado ou com o facho de luz alta de forma a perturbar a visão de outro condutor:

Infração – grave;

Penalidade – multa;

Medida administrativa – retenção do veículo para regularização.

Art. 224. Fazer uso do facho de luz alta dos faróis em vias providas de iluminação pública:

Infração – leve;

Penalidade – multa.

Art. 225. Deixar de sinalizar a via, de forma a prevenir os demais condutores e, à noite, não manter acesas as luzes externas ou omitir-se quanto a providências necessárias para tornar visível o local, quando:

I – tiver de remover o veículo da pista de rolamento ou permanecer no acostamento;

II – a carga for derramada sobre a via e não puder ser retirada imediatamente:

Infração – grave;

Penalidade – multa.

Art. 226. Deixar de retirar todo e qualquer objeto que tenha sido utilizado para sinalização temporária da via:

Infração – média;

Penalidade – multa.

Art. 227. Usar buzina:

I – em situação que não a de simples toque breve como advertência ao pedestre ou a condutores de outros veículos;

II – prolongada e sucessivamente a qualquer pretexto;

III – entre as vinte e duas e as seis horas;

IV – em locais e horários proibidos pela sinalização;

V – em desacordo com os padrões e frequências estabelecidas pelo CONTRAN:

Infração – leve;

Penalidade – multa.

Art. 228. Usar no veículo equipamento com som em volume ou frequência que não sejam autorizados pelo CONTRAN:

Infração – grave;

Penalidade – multa.

Medida administrativa – retenção do veículo para regularização.

Art. 229. Usar indevidamente no veículo aparelho de alarme ou que produza sons e ruído que perturbem o sossego público, em desacordo com normas fixadas pelo CONTRAN:

Infração – média;

Penalidade – multa e apreensão do veículo;

Medida administrativa – remoção do veículo.

Art. 230. Conduzir o veículo:

I – com o lacre, a inscrição do chassi, o selo, a placa ou qualquer outro elemento de identificação do veículo violado ou falsificado;

II – transportando passageiros em compartimento de carga, salvo por motivo de força maior, com permissão da autoridade competente e na forma estabelecida pelo CONTRAN;

III – com dispositivo antirradar;

IV – sem qualquer uma das placas de identificação;

V – que não esteja registrado e devidamente licenciado;

VI – com qualquer uma das placas de identificação sem condições de legibilidade e visibilidade:

Infração – gravíssima;

Penalidade – multa e apreensão do veículo;

Medida administrativa – remoção do veículo;

VII – com a cor ou característica alterada;

VIII – sem ter sido submetido à inspeção de segurança veicular, quando obrigatória;

IX – sem equipamento obrigatório ou estando este ineficiente ou inoperante;

X – com equipamento obrigatório em desacordo com o estabelecido pelo CONTRAN;

XI – com descarga livre ou silenciador de motor de explosão defeituoso, deficiente ou inoperante;

XII – com equipamento ou acessório proibido;

XIII – com o equipamento do sistema de iluminação e de sinalização alterados;

XIV – com registrador instantâneo inalterável de velocidade e tempo viciado ou defeituoso, quando houver exigência desse aparelho;

XV – com inscrições, adesivos, legendas e símbolos de caráter publicitário afixados ou pintados no para-brisa e em toda a extensão da parte traseira do veículo, excetuadas as hipóteses previstas neste Código;

XVI – com vidros total ou parcialmente cobertos por películas refletivas ou não, painéis decorativos ou pinturas;

XVII – com cortinas ou persianas fechadas, não autorizadas pela legislação;

XVIII – em mau estado de conservação, comprometendo a segurança, ou reprovado na avaliação de inspeção de segurança e de emissão de poluentes e ruído, prevista no art. 104;

XIX – sem acionar o limpador de para-brisa sob chuva:

Infração – grave;

Penalidade – multa;

Medida administrativa – retenção do veículo para regularização;

XX – sem portar a autorização para condução de escolares, na forma estabelecida no art. 136:

Infração – grave;

Penalidade – multa e apreensão do veículo;

XXI – de carga, com falta de inscrição da tara e demais inscrições previstas neste Código;

XXII – com defeito no sistema de iluminação, de sinalização ou com lâmpadas queimadas:

Infração – média;

Penalidade – multa;

XXIII – em desacordo com as condições estabelecidas no art. 67-C, relativamente ao tempo de permanência do condutor ao volante e aos intervalos para descanso, quando se tratar de veículo de transporte de carga ou coletivo de passageiros:

Infração – média;

Penalidade – multa;

Medida administrativa – retenção do veículo para cumprimento do tempo de descanso aplicável.

(*) *Inciso XXIII acrescido pela Lei nº 12.619, de 30.4.2012, e com redação dada pela Lei nº 13.103, de 2.3.2015.*

XXIV – (vetado).

(*) *Inciso XXIV acrescido pela Lei nº 12.619, de 30.4.2012.*

§ 1º. Se o condutor cometeu infração igual nos últimos 12 (doze) meses, será convertida, automaticamente, a penalidade disposta no inciso XXIII em infração grave.

(*) *§ 1º acrescido pela Lei nº 13.103, de 2.3.2015.*

§ 2º. Em se tratando de condutor estrangeiro, a liberação do veículo fica condicionada ao pagamento ou ao depósito, judicial ou administrativo, da multa.

(*) *§ 2º acrescido pela Lei nº 13.103, de 2.3.2015.*

Art. 231. Transitar com o veículo:

I – danificando a via, suas instalações e equipamentos;

II – derramando, lançando ou arrastando sobre a via:

a) carga que esteja transportando;

b) combustível ou lubrificante que esteja utilizando;

c) qualquer objeto que possa acarretar risco de acidente:

Infração – gravíssima;

Penalidade – multa;

Medida administrativa – retenção do veículo para regularização;

III – produzindo fumaça, gases ou partículas em níveis superiores aos fixados pelo CONTRAN;

IV – com suas dimensões ou de sua carga superiores aos limites estabelecidos legalmente ou pela sinalização, sem autorização:

Infração – grave;

Penalidade – multa;

Medida administrativa – retenção do veículo para regularização;

V – com excesso de peso, admitido percentual de tolerância quando aferido por equipamento, na forma a ser estabelecida pelo CONTRAN:

Infração – média;

Penalidade – multa acrescida a cada duzentos quilogramas ou fração de excesso de peso apurado, constante na seguinte tabela:

a) até 600 kg (seiscentos quilogramas) – R$ 5,32 (cinco reais e trinta e dois centavos);

(*) *Alínea "a" com redação dada pela Lei nº 13.281, de 4.5.2016.*

b) de 601 (seiscentos e um) a 800 kg (oitocentos quilogramas) – R$ 10,64 (dez reais e sessenta e quatro centavos);

(*) *Alínea "b" com redação dada pela Lei nº 13.281, de 4.5.2016.*

c) de 801 (oitocentos e um) a 1.000 kg (mil quilogramas) – R$ 21,28 (vinte e um reais e vinte e oito centavos);

(*) *Alínea "c" com redação dada pela Lei nº 13.281, de 4.5.2016.*

d) de 1.001 (mil e um) a 3.000 kg (três mil quilogramas) – R$ 31,92 (trinta e um reais e noventa e dois centavos);

(*) *Alínea "d" com redação dada pela Lei nº 13.281, de 4.5.2016.*

e) de 3.001 (três mil e um) a 5.000 kg (cinco mil quilogramas) – R$ 42,56 (quarenta e dois reais e cinquenta e seis centavos);

(*) *Alínea "e" com redação dada pela Lei nº 13.281, de 4.5.2016.*

f) acima de 5.001 kg (cinco mil e um quilogramas) – R$ 53,20 (cinquenta e três reais e vinte centavos);

(*) *Alínea "f" com redação dada pela Lei nº 13.281, de 4.5.2016.*

(*) *V. art. 22, II, da Lei nº 13.103, de 2.3.2015 (DOU de 3.3.2015), o qual dispõe que ficam convertidas em sanção de advertência as penalidades por violação dispostas neste inciso aplicadas até 2 (dois) anos antes de entrada em vigor da referida Lei.*

VI – em desacordo com a autorização especial, expedida pela autoridade competente para transitar com dimensões excedentes, ou quando a mesma estiver vencida:

Infração – grave;

Penalidade – multa e apreensão do veículo;

Medida administrativa – remoção do veículo;

VII – com lotação excedente;

VIII – efetuando transporte remunerado de pessoas ou bens, quando não for licenciado para esse fim, salvo casos de força maior ou com permissão da autoridade competente:

Infração – média;

Penalidade – multa;

Medida administrativa – retenção do veículo;

IX – desligado ou desengrenado, em declive:

Infração – média;

Penalidade – multa;

Medida administrativa – retenção do veículo;

X – excedendo a capacidade máxima de tração:

Infração – de média a gravíssima, a depender da relação entre o excesso de peso apurado e a capacidade máxima de tração, a ser regulamentada pelo CONTRAN;

Penalidade – multa;

Medida administrativa – retenção do veículo e transbordo de carga excedente.

Parágrafo único. Sem prejuízo das multas previstas nos incisos V e X, o veículo que transitar com excesso de peso ou excedendo à capacidade máxima de tração, não computado o percentual tolerado na forma do disposto na legislação, somente poderá continuar viagem após descarregar o que exceder, segundo critérios estabelecidos na referida legislação complementar.

Art. 232. Conduzir veículo sem os documentos de porte obrigatório referidos neste Código:

Infração – leve;

Penalidade – multa;

Medida administrativa – retenção do veículo até a apresentação do documento.

Art. 233. Deixar de efetuar o registro de veículo no prazo de trinta dias, junto ao órgão executivo de trânsito, ocorridas as hipóteses previstas no art. 123:

Infração – grave;

Penalidade – multa;

Medida administrativa – retenção do veículo para regularização.

Art. 234. Falsificar ou adulterar documento de habilitação e de identificação do veículo:

Infração – gravíssima;

Penalidade – multa e apreensão do veículo;

Medida administrativa – remoção do veículo.

(*) *Sobre responsabilidade penal, v. art. 298 e art. 304 do CP.*

Art. 235. Conduzir pessoas, animais ou carga nas partes externas do veículo, salvo nos casos devidamente autorizados:

Infração – grave;

Penalidade – multa;

Medida administrativa – retenção do veículo para transbordo.

Art. 236. Rebocar outro veículo com cabo flexível ou corda, salvo em casos de emergência:

Infração – média;

Penalidade – multa.

Art. 237. Transitar com o veículo em desacordo com as especificações, e com falta de inscrição e simbologia necessárias à sua identificação, quando exigidas pela legislação:

Infração – grave;

Penalidade – multa;

Medida administrativa – retenção do veículo para regularização.

Art. 238. Recusar-se a entregar à autoridade de trânsito ou a seus agentes, mediante recibo, os documentos de habilitação, de registro, de licenciamento de veículo e outros exigidos por lei, para averiguação de sua autenticidade:

Infração – gravíssima;

Penalidade – multa e apreensão do veículo;

Medida administrativa – remoção do veículo.

Art. 239. Retirar do local veículo legalmente retido para regularização, sem permissão da autoridade competente ou de seus agentes:

Infração – gravíssima;

Penalidade – multa e apreensão do veículo;

Medida administrativa – remoção do veículo.

Art. 240. Deixar o responsável de promover a baixa do registro de veículo irrecuperável ou definitivamente desmontado:

Infração – grave;

Penalidade – multa;

Medida administrativa – recolhimento do Certificado de Registro e do Certificado de Licenciamento Anual.

Art. 241. Deixar de atualizar o cadastro de registro do veículo ou de habilitação do condutor:

Infração – leve;

Penalidade – multa.

Art. 242. Fazer falsa declaração de domicílio para fins de registro, licenciamento ou habilitação:

Infração – gravíssima;

Penalidade – multa.

Art. 243. Deixar a empresa seguradora de comunicar ao órgão executivo de trânsito competente a ocorrência de perda total do veículo e de lhe devolver as respectivas placas e documentos.

Infração – grave;

Penalidade – multa;

Medida administrativa – recolhimento das placas e dos documentos.

Art. 244. Conduzir motocicleta, motoneta e ciclomotor:

I – sem usar capacete de segurança com viseira ou óculos de proteção e vestuário de acordo com as normas e especificações aprovadas pelo CONTRAN;

II – transportando passageiro sem o capacete de segurança, na forma estabelecida no inciso anterior, ou fora do assento suplementar colocado atrás do condutor ou em carro lateral;

III – fazendo malabarismo ou equilibrando-se apenas em uma roda;

IV – com os faróis apagados;

V – transportando criança menor de sete anos ou que não tenha, nas circunstâncias, condições de cuidar de sua própria segurança;

Infração – gravíssima;

Penalidade – multa e suspensão do direito de dirigir;

Medida administrativa – recolhimento do documento de habilitação;

VI – rebocando outro veículo;

VII – sem segurar o guidom com ambas as mãos, salvo eventualmente para indicação de manobras;

VIII – transportando carga incompatível com suas especificações ou em desacordo com o previsto no § 2º do art. 139-A desta Lei;

(*) *Inciso VIII com redação dada pela Lei nº 12.009, de 29.7.2009.*

IX – efetuando transporte remunerado de mercadorias em desacordo com o previsto no art. 139-A desta Lei ou com as normas que regem a atividade profissional dos mototaxistas:

Infração – grave;

Penalidade – multa;

Medida administrativa – apreensão do veículo para regularização.

(*) *Inciso IX acrescido pela Lei nº 12.009, de 29.7.2009.*

§ 1º. Para ciclos aplica-se o disposto nos incisos III, VII e VIII, além de:

a) conduzir passageiro fora da garupa ou assento especial a ele destinado;

b) transitar em vias de trânsito rápido ou rodovias, salvo onde houver acostamento ou faixas de rolamento próprias;

c) transportar crianças que não tenham, nas circunstâncias, condições de cuidar de sua própria segurança.

§ 2º. Aplica-se aos ciclomotores o disposto na alínea "b" do parágrafo anterior:

Infração – média;

Penalidade – multa.

§ 3º. A restrição imposta pelo inciso VI do *caput* deste artigo não se aplica às motocicletas e motonetas que tracionem semirreboques especialmente projetados para esse fim e devidamente homologados pelo órgão competente.

(*) *§ 3º acrescido pela Lei nº 10.517, de 11.7.2002.*

Art. 245. Utilizar a via para depósito de mercadorias, materiais ou equipamentos, sem autorização do órgão ou entidade de trânsito com circunscrição sobre a via:

Infração – grave;

Penalidade – multa;

Medida administrativa – remoção da mercadoria ou do material.

Parágrafo único. A penalidade e a medida administrativa incidirão sobre a pessoa física ou jurídica responsável.

Art. 246. Deixar de sinalizar qualquer obstáculo à livre circulação, à segurança de veículo e pedestres, tanto no leito da via terrestre como na calçada, ou obstaculizar a via indevidamente:

Infração – gravíssima;

Penalidade – multa, agravada em até cinco vezes, a critério da autoridade de trânsito, conforme o risco à segurança.

Parágrafo único. A penalidade será aplicada à pessoa física ou jurídica responsável pela obstrução, devendo a autoridade com circunscrição sobre a via providenciar a sinalização de emergência, às expensas do responsável, ou, se possível, promover a desobstrução.

Art. 247. Deixar de conduzir pelo bordo da pista de rolamento, em fila única, os veículos de tração ou propulsão humana e os de tração animal, sempre que não houver acostamento ou faixa a eles destinados;

Infração – média;

Penalidade – multa.

Art. 248. Transportar em veículo destinado ao transporte de passageiros carga excedente em desacordo ao estabelecido no art. 109:

Infração – grave;

Penalidade – multa;

Medida administrativa – retenção para o transbordo.

Art. 249. Deixar de manter acesas, à noite, as luzes de posição, quando o veículo estiver parado, para fins de embarque ou desembarque de passageiros e carga ou descarga de mercadorias:

Infração – média;

Penalidade – multa.

Art. 250. Quando o veículo estiver em movimento:

I – deixar de manter acesa a luz baixa:

a) durante a noite;

b) de dia, nos túneis providos de iluminação pública e nas rodovias;

(*) *Alínea "b" com redação dada pela Lei nº 13.290, de 23.5.2016.*

c) de dia e de noite, tratando-se de veículo de transporte coletivo de passageiros, circulando em faixas ou pistas a eles destinadas;

d) de dia e de noite, tratando-se de ciclomotores;

II – deixar de manter acesas pelo menos as luzes de posição sob chuva forte, neblina ou cerração;

III – deixar de manter a placa traseira iluminada, à noite:

Infração – média;

Penalidade – multa.

Art. 251. Utilizar as luzes do veículo:

I – o pisca-alerta, exceto em imobilizações ou situações de emergência;

II – baixa e alta de forma intermitente, exceto nas seguintes situações:

a) a curtos intervalos, quando for conveniente advertir a outro condutor que se tem o propósito de ultrapassá-lo;

b) em imobilizações ou situação de emergência, como advertência, utilizando pisca-alerta;

c) quando a sinalização de regulamentação da via determinar o uso do pisca-alerta:

Infração – média;

Penalidade – multa.

Art. 252. Dirigir o veículo:

I – com o braço do lado de fora;

II – transportando pessoas, animais ou volume à sua esquerda ou entre os braços e pernas;

III – com incapacidade física ou mental temporária que comprometa a segurança do trânsito;

IV – usando calçado que não se firme nos pés ou que comprometa a utilização dos pedais;

V – com apenas uma das mãos, exceto quando deva fazer sinais regulamentares de braço, mudar a marcha do veículo, ou acionar equipamentos e acessórios do veículo;

VI – utilizando-se de fones nos ouvidos conectados a aparelhagem sonora ou de telefone celular;

VII – realizando a cobrança de tarifa com o veículo em movimento:

(*) *Inciso VII acrescido pela Lei nº 13.154, de 30.7.2015.*

Infração – média;

Penalidade – multa;

Parágrafo único. A hipótese prevista no inciso V caracterizar-se-á como infração gravíssima no caso de o condutor estar segurando ou manuseando telefone celular.

(*) *Parágrafo único acrescido pela Lei nº 13.281, de 4.5.2016.*

Art. 253. Bloquear a via com veículo:

Infração – gravíssima;

Penalidade – multa e apreensão do veículo;

Medida administrativa – remoção do veículo.

Art. 253-A. Usar qualquer veículo para, deliberadamente, interromper, restringir ou perturbar a circulação na via sem autorização do órgão ou entidade de trânsito com circunscrição sobre ela:

Infração – gravíssima;

Penalidade – multa (vinte vezes) e suspensão do direito de dirigir por 12 (doze) meses;

Medida administrativa – remoção do veículo.

(*) *Art. 253-A,* caput, *acrescido pela Medida Provisória nº 699, de 10.11.2015, e com redação dada pela Lei nº 13.281, de 4.5.2016.*

(*) *V. art. 4º da Lei nº 13.281, de 4.5.2016.*

§ 1º. Aplica-se a multa agravada em 60 (sessenta) vezes aos organizadores da conduta prevista no *caput*.

(*) *§ 1º acrescido pela Medida Provisória nº 699, de 10.11.2015, e com redação dada pela Lei nº 13.281, de 4.5.2016.*

§ 2º. Aplica-se em dobro a multa em caso de reincidência no período de 12 (doze) meses.

(*) *§ 2º acrescido pela Medida Provisória nº 699, de 10.11.2015, e com redação dada Lei nº 13.281, de 4.5.2016.*

§ 3º. As penalidades são aplicáveis a pessoas físicas ou jurídicas que incorram na infração, devendo a autoridade com circunscrição sobre a via restabelecer de imediato, se possível, as condições de normalidade para a circulação na via.

(*) *§ 3º acrescido pela Lei nº 13.281, de 4.5.2016.*

(*) *V. art. 4º da Lei nº 13.281, de 4.5.2016, que concede anistia às multas e sanções previstas neste art. 253-A aplicadas até a data de entrada* *em vigor desta Lei aos caminhoneiros participantes das manifestações iniciadas no dia 9 de novembro de 2015.*

Art. 254. É proibido ao pedestre:

I – permanecer ou andar nas pistas de rolamento, exceto para cruzá-las onde for permitido;

II – cruzar pistas de rolamento nos viadutos, pontes, ou túneis, salvo onde exista permissão;

III – atravessar a via dentro das áreas de cruzamento, salvo quando houver sinalização para esse fim;

IV – utilizar-se da via em agrupamentos capazes de perturbar o trânsito, ou para a prática de qualquer folguedo, esporte, desfiles e similares, salvo em casos especiais e com a devida licença da autoridade competente;

V – andar fora da faixa própria, passarela, passagem aérea ou subterrânea;

VI – desobedecer à sinalização de trânsito específica:

Infração – leve;

Penalidade – multa, em 50% (cinquenta por cento) do valor da infração de natureza leve;

VII – (vetado).

(*) *Inciso VII acrescido pela Lei nº 13.281, de 4.5.2016.*

§ 1º. (Vetado).

(*) *§ 1º acrescido pela Lei nº 13.281, de 4.5.2016.*

§ 2º. (Vetado).

(*) *§ 2º acrescido pela Lei nº 13.281, de 4.5.2016.*

§ 3º. (Vetado).

(*) *§ 3º acrescido pela Lei nº 13.281, de 4.5.2016.*

Art. 255. Conduzir bicicleta em passeios onde não seja permitida a circulação desta, ou de forma agressiva, em desacordo com o disposto no parágrafo único do art. 59:

Infração – média;

Penalidade – multa;

Medida administrativa – remoção da bicicleta, mediante recibo para o pagamento da multa.

CAPÍTULO XVI
DAS PENALIDADES

Art. 256. A autoridade de trânsito, na esfera das competências estabelecidas neste Código e dentro de sua circunscrição, deverá aplicar, às infrações nele previstas, as seguintes penalidades:

I – advertência por escrito;

II – multa;

III – suspensão do direito de dirigir;

IV – (revogado);

(*) *Inciso IV revogado pela Lei nº 13.281, de 4.5.2016.*

V – cassação da Carteira Nacional de Habilitação;

VI – cassação da Permissão para Dirigir;

VII – frequência obrigatória em curso de reciclagem.

§ 1º. A aplicação das penalidades previstas neste Código não elide as punições originárias de ilícitos penais decorrentes de crimes de trânsito, conforme disposições de lei.

§ 2º. (Vetado).

§ 3º. A imposição da penalidade será comunicada aos órgãos ou entidades executivos de trânsito responsáveis pelo licenciamento do veículo e habilitação do condutor.

Art. 257. As penalidades serão impostas ao condutor, ao proprietário do veículo, ao embarcador e ao transportador, salvo os casos de descumprimento de obrigações e deveres impostos a pessoas físicas ou jurídicas expressamente mencionados neste Código.

§ 1º. Aos proprietários e condutores de veículos serão impostas concomitantemente as penalidades de que trata este Código toda vez que houver responsabilidade solidária em infração dos preceitos que lhes couber observar, respondendo cada um de *per si* pela falta em comum que lhes for atribuída.

§ 2º. Ao proprietário caberá sempre a responsabilidade pela infração referente à prévia regularização e preenchimento das formalidades e condições exigidas para o trânsito de veículo na via terrestre, conservação e inalterabilidade de suas características, componentes, agregados, habilitação legal e compatível de seus condutores, quando esta for exigida, e outras disposições que deva observar.

§ 3º. Ao condutor caberá a responsabilidade pelas infrações decorrentes de atos praticados na direção do veículo.

§ 4º. O embarcador é responsável pela infração relativa ao transporte de carga com excesso de peso nos eixos ou no peso bruto total, quando simultaneamente for o único remetente da carga e o peso declarado na nota fiscal, fatura ou manifesto for inferior àquele aferido.

§ 5º. O transportador é o responsável pela infração relativa ao transporte de carga com excesso de peso nos eixos ou quando a carga proveniente de mais de um embarcador ultrapassar o peso bruto total.

§ 6º. O transportador e o embarcador são solidariamente responsáveis pela infração relativa ao excesso de peso bruto total, se o peso declarado na nota fiscal, fatura ou manifesto for superior ao limite legal.

§ 7º. Não sendo imediata a identificação do infrator, o principal condutor ou o proprietário do veículo terá quinze dias de prazo, após a notificação da autuação, para apresentá-lo, na forma em que dispuser o Conselho Nacional de Trânsito (CONTRAN), ao fim do qual, não o fazendo, será considerado responsável pela infração o principal condutor ou, em sua ausência, o proprietário do veículo.

(*) *§ 7º com redação dada pela Lei nº 13.495, de 24.10.2017.*

§ 8º. Após o prazo previsto no parágrafo anterior, não havendo identificação do infrator e sendo o veículo de propriedade de pessoa jurídica, será lavrada nova multa ao proprietário do veículo, mantida a originada pela infração, cujo valor é o da multa multiplicada pelo número de infrações iguais cometidas no período de doze meses.

§ 9º. O fato de o infrator ser pessoa jurídica não o exime do disposto no § 3º do art. 258 e no art. 259.

§ 10. O proprietário poderá indicar ao órgão executivo de trânsito o principal condutor do veículo, o qual, após aceitar a indicação, terá seu nome inscrito em campo próprio do cadastro do veículo no RENAVAM.

(*) *§ 10 acrescido pela Lei nº 13.495, de 24.10.2017.*

§ 11. O principal condutor será excluído do Renavam:

I – quando houver transferência de propriedade do veículo;

II – mediante requerimento próprio ou do proprietário do veículo;

III – a partir da indicação de outro principal condutor.

(*) *§ 11 acrescido pela Lei nº 13.495, de 24.10.2017.*

Art. 258. As infrações punidas com multa classificam-se, de acordo com sua gravidade, em quatro categorias:

I – infração de natureza gravíssima, punida com multa no valor de R$ 293,47 (duzentos e noventa e três reais e quarenta e sete centavos);

(*) *Inciso I com redação dada pela Lei nº 13.281, de 4.5.2016.*

II – infração de natureza grave, punida com multa no valor de R$ 195,23 (cento e noventa e cinco reais e vinte e três centavos);

(*) *Inciso II com redação dada pela Lei nº 13.281, de 4.5.2016.*

III – infração de natureza média, punida com multa no valor de R$ 130,16 (cento e trinta reais e dezesseis centavos);

(*) *Inciso III com redação dada pela Lei nº 13.281, de 4.5.2016.*

IV – infração de natureza leve, punida com multa no valor de R$ 88,38 (oitenta e oito reais e trinta e oito centavos).

(*) *Inciso IV com redação dada pela Lei nº 13.281, de 4.5.2016.*

§ 1º. (Revogado).

(*) *§ 1º revogado pela Lei nº 13.281, de 4.5.2016.*

§ 2º. Quando se tratar de multa agravada, o fator multiplicador ou índice adicional específico é o previsto neste Código.

§ 3º. (Vetado).

§ 4º. (Vetado).

Art. 259. A cada infração cometida são computados os seguintes números de pontos:

I – gravíssima: sete pontos;

II – grave: cinco pontos;

III – média: quatro pontos;

IV – leve: três pontos.

§ 1º. (Vetado).

§ 2º. (Vetado).

§ 3º. (Vetado).

(*) *§ 3º acrescido pela Lei nº 12.619, de 30.4.2012.*

§ 4º. Ao condutor identificado no ato da infração será atribuída pontuação pelas infrações de sua responsabilidade, nos termos previstos no § 3º do art. 257, excetuando-se aquelas praticadas por passageiros usuários do serviço de transporte rodoviário de passageiros em viagens de longa distância transitando em rodovias com a utilização de ônibus, em linhas regulares intermunicipal, interestadual, internacional e aquelas em viagem de longa distância por fretamento e turismo ou de qualquer modalidade, excetuadas as situações regulamentadas pelo CONTRAN a teor do art. 65 da Lei nº 9.503, de 23 de setembro de 1997 – Código de Trânsito Brasileiro.

(*) *§ 4º acrescido pela Lei nº 13.103, de 2.3.2015.*

Art. 260. As multas serão impostas e arrecadadas pelo órgão ou entidade de trânsito com circunscrição sobre a via onde haja ocorrido a infração, de acordo com a competência estabelecida neste Código.

§ 1º. As multas decorrentes de infração cometida em unidade da Federação diversa da do licenciamento do veículo serão arrecadadas e compensadas na forma estabelecida pelo CONTRAN.

§ 2º. As multas decorrentes de infração cometida em unidade da Federação diversa daquela do licenciamento do veículo poderão ser comunicadas ao órgão ou entidade responsável pelo seu licenciamento, que providenciará a notificação.

§ 3º. (Revogado).

(*) *§ 3º revogado pela Lei nº 9.602, de 21.1.1998.*

§ 4º. Quando a infração for cometida com veículo licenciado no exterior, em trânsito no território nacional, a multa respectiva deverá ser paga antes de sua saída do País, respeitado o princípio de reciprocidade.

Art. 261. A penalidade de suspensão do direito de dirigir será imposta nos seguintes casos:

(*) *Art. 261,* caput, *com redação dada pela Lei nº 13.281, de 4.5.2016.*

I – sempre que o infrator atingir a contagem de 20 (vinte) pontos, no período de 12 (doze) meses, conforme a pontuação prevista no art. 259;

(*) *Inciso I acrescido pela Lei nº 13.281, de 4.5.2016.*

(*) *V. Deliberação CONTRAN nº 163, de 31.10.2017.*

II – por transgressão às normas estabelecidas neste Código, cujas infrações preveem, de forma específica, a penalidade de suspensão do direito de dirigir.

(*) *Inciso II acrescido pela Lei nº 13.281, de 4.5.2016.*

(*) *V. Deliberação CONTRAN nº 163, de 31.10.2017.*

§ 1º. Os prazos para aplicação da penalidade de suspensão do direito de dirigir são os seguintes:

(*) *§ 1º,* caput, *com redação dada pela Lei nº 13.281, de 4.5.2016.*

I – no caso do inciso I do *caput*: de 6 (seis) meses a 1 (um) ano e, no caso de reincidência no período de 12 (doze) meses, de 8 (oito) meses a 2 (dois) anos;

(*) *Inciso I acrescido pela Lei nº 13.281, de 4.5.2016.*

II – no caso do inciso II do *caput*: de 2 (dois) a 8 (oito) meses, exceto para as infrações com prazo descrito no dispositivo infracional, e, no caso de reincidência no período de 12 (doze) meses, de 8 (oito) a 18 (dezoito) meses, respeitado o disposto no inciso II do art. 263.

(*) *Inciso II acrescido pela Lei nº 13.281, de 4.5.2016.*

§ 2º. Quando ocorrer suspensão do direito de dirigir, a Carteira Nacional de Habilitação será devolvida a seu titular imediatamente após cumprida a penalidade e o curso de reciclagem.

§ 3º. A imposição da penalidade de suspensão do direito de dirigir elimina os 20 (vinte) pontos computados para fins de contagem subsequente.

(*) *§ 3º acrescido pela Lei nº 12.547, de 14.12.2011.*

§ 4º. (Vetado).

(*) *§ 4º acrescido pela Lei nº 12.619, de 30.4.2012.*

§ 5º. O condutor que exerce atividade remunerada em veículo, habilitado na categoria C, D ou E, poderá optar por participar de curso preventivo de reciclagem sempre que, no período de 1 (um) ano, atingir 14 (quatorze) pontos, conforme regulamentação do CONTRAN.

(*) *§ 5º acrescido pela Lei nº 13.154, de 30.7.2015, e com redação dada pela Lei nº 13.281, de 4.5.2016.*

(*) *V. Deliberação CONTRAN nº 163, de 31.10.2017.*

§ 6º. Concluído o curso de reciclagem previsto no § 5º, o condutor terá eliminados os pontos que lhe tiverem sido atribuídos, para fins de contagem subsequente.

(*) *§ 6º acrescido pela Lei nº 13.154, de 30.7.2015.*

(*) *V. Deliberação CONTRAN nº 163, de 31.10.2017.*

§ 7º. O motorista que optar pelo curso previsto no § 5º não poderá fazer nova opção no período de 12 (doze) meses.

(*) *§ 7º acrescido pela Lei nº 13.154, de 30.7.2015, e com redação dada pela Lei nº 13.281, de 4.5.2016.*

(*) *V. Deliberação CONTRAN nº 163, de 31.10.2017.*

§ 8º. A pessoa jurídica concessionária ou permissionária de serviço público tem o direito de ser informada dos pontos atribuídos, na forma do art. 259, aos motoristas que integrem seu quadro funcional, exercendo atividade remunerada ao volante, na forma que dispuser o CONTRAN.

(*) *§ 8º acrescido pela Lei nº 13.154, de 30.7.2015.*

§ 9º. Incorrerá na infração prevista no inciso II do art. 162 o condutor que, notificado da penalidade de que trata este artigo, dirigir veículo automotor em via pública.

(*) *§ 9º acrescido pela Lei nº 13.281, de 4.5.2016.*

§ 10. O processo de suspensão do direito de dirigir referente ao inciso II do *caput* deste artigo deverá ser instaurado concomitantemente com o processo de aplicação da penalidade de multa.

(*) *§ 10 acrescido pela Lei nº 13.281, de 4.5.2016.*

§ 11. O CONTRAN regulamentará as disposições deste artigo.

(*) *§ 11 acrescido pela Lei nº 13.281, de 4.5.2016.*

Art. 262. (Revogado).

(*) *Art. 262 revogado pela Lei nº 13.281, de 4.5.2016.*

Art. 263. A cassação do documento de habilitação dar-se-á:

(*) *V. Deliberação CONTRAN nº 163, de 31.10.2017.*

I – quando, suspenso o direito de dirigir, o infrator conduzir qualquer veículo;

II – no caso de reincidência, no prazo de 12 (doze) meses, das infrações previstas no inciso III do art. 162 e nos arts. 163, 164, 165, 173, 174 e 175;

III – quando condenado judicialmente por delito de trânsito, observado o disposto no art. 160.

§ 1º. Constatada, em processo administrativo, a irregularidade na expedição do documento de habilitação, a autoridade expedidora promoverá o seu cancelamento.

§ 2º. Decorridos dois anos da cassação da Carteira Nacional de Habilitação, o infrator poderá requerer sua reabilitação, submetendo-se a todos os exames necessários à habilitação, na forma estabelecida pelo CONTRAN.

Art. 264. (Vetado).

Art. 265. As penalidades de suspensão do direito de dirigir e de cassação do documento de habilitação serão aplicadas por decisão fundamentada da autoridade de trânsito competente, em processo administrativo, assegurado ao infrator amplo direito de defesa.

Art. 266. Quando o infrator cometer, simultaneamente, duas ou mais infrações, ser-lhe-ão aplicadas, cumulativamente, as respectivas penalidades.

Art. 267. Poderá ser imposta a penalidade de advertência por escrito à infração de natureza leve ou média, passível de ser punida com multa, não sendo reincidente o infrator, na mesma infração, nos últimos doze meses, quando a autoridade, considerando o prontuário do infrator, entender esta providência como mais educativa.

§ 1º. A aplicação da advertência por escrito não elide o acréscimo do valor da multa prevista no § 3º do art. 258, imposta por infração posteriormente cometida.

§ 2º. O disposto neste artigo aplica-se igualmente aos pedestres, podendo a multa ser transformada na participação do infrator em cursos de segurança viária, a critério da autoridade de trânsito.

Art. 268. O infrator será submetido a curso de reciclagem, na forma estabelecida pelo CONTRAN:

I – quando, sendo contumaz, for necessário à sua reeducação;

II – quando suspenso do direito de dirigir;

III – quando se envolver em acidente grave para o qual haja contribuído, independentemente de processo judicial;

IV – quando condenado judicialmente por delito de trânsito;

V – a qualquer tempo, se for constatado que o condutor está colocando em risco a segurança do trânsito;

VI – em outras situações a serem definidas pelo CONTRAN.

CAPÍTULO XVII
DAS MEDIDAS ADMINISTRATIVAS

Art. 269. A autoridade de trânsito ou seus agentes, na esfera das competências estabelecidas neste Código e dentro de sua circunscrição, deverá adotar as seguintes medidas administrativas:

I – retenção do veículo;

II – remoção do veículo;

III – recolhimento da Carteira Nacional de Habilitação;

IV – recolhimento da Permissão para Dirigir;

V – recolhimento do Certificado de Registro;

VI – recolhimento do Certificado de Licenciamento Anual;

VII – (vetado);

VIII – transbordo do excesso de carga;

IX – realização de teste de dosagem de alcoolemia ou perícia de substância entorpecente ou que determine dependência física ou psíquica;

X – recolhimento de animais que se encontrem soltos nas vias e na faixa de domínio das vias de circulação, restituindo-os aos seus proprietários, após o pagamento de multas e encargos devidos.

XI – realização de exames de aptidão física, mental, de legislação, de prática de primeiros socorros e de direção veicular.

(*) *Inciso XI acrescido pela Lei nº 9.602, de 21.1.1998.*

§ 1º. A ordem, o consentimento, a fiscalização, as medidas administrativas e coercitivas adotadas pelas autoridades de trânsito e seus agentes terão por objetivo prioritário a proteção à vida e à incolumidade física da pessoa.

§ 2º. As medidas administrativas previstas neste artigo não elidem a aplicação das penalidades impostas por infrações estabelecidas neste Código, possuindo caráter complementar a estas.

§ 3º. São documentos de habilitação a Carteira Nacional de Habilitação e a Permissão para Dirigir.

§ 4º. Aplica-se aos animais recolhidos na forma do inciso X o disposto nos arts. 271 e 328, no que couber.

Art. 270. O veículo poderá ser retido nos casos expressos neste Código.

§ 1º. Quando a irregularidade puder ser sanada no local da infração, o veículo será liberado tão logo seja regularizada a situação.

§ 2º. Não sendo possível sanar a falha no local da infração, o veículo, desde que ofereça condições de segurança para circulação, poderá ser liberado e entregue a condutor regularmente habilitado, mediante recolhimento do Certificado de Licenciamento Anual, contra apresentação de recibo, assinalando-se prazo razoável ao condutor para regularizar a situação, para o que se considerará, desde logo, notificado.

(*) *§ 2º com redação dada pela Lei nº 13.160, de 25.8.2015.*

§ 3º. O Certificado de Licenciamento Anual será devolvido ao condutor no órgão ou entidade aplicadores das medidas administrativas, tão logo o veículo seja apresentado à autoridade devidamente regularizado.

§ 4º. Não se apresentando condutor habilitado no local da infração, o veículo será removido a depósito, aplicando-se neste caso o disposto no art. 271.

(*) *§ 4º com redação dada pela Lei nº 13.281, de 4.5.2016.*

§ 5º. A critério do agente, não se dará a retenção imediata, quando se tratar de veículo de transporte coletivo transportando passageiros ou veículo transportando produto perigoso ou perecível, desde que ofereça condições de segurança para circulação em via pública.

§ 6º. Não efetuada a regularização no prazo a que se refere o § 2º, será feito registro de restrição administrativa no RENAVAM por órgão ou entidade executivo de trânsito dos Estados e do Distrito Federal, que será retirada após comprovada a regularização.

(*) *§ 6º acrescido pela Lei nº 13.160, de 25.8.2015.*

§ 7º. O descumprimento das obrigações estabelecidas no § 2º resultará em recolhimento do veículo ao depósito, aplicando-se, nesse caso, o disposto no art. 271.

(*) *§ 7º acrescido pela Lei nº 13.160, de 25.8.2015.*

Art. 271. O veículo será removido, nos casos previstos neste Código, para o depósito fixado pelo órgão ou entidade competente, com circunscrição sobre a via.

§ 1º. A restituição do veículo removido só ocorrerá mediante prévio pagamento de multas, taxas e despesas com remoção e estada, além de outros encargos previstos na legislação específica.

(*) *§ 1º, primitivo parágrafo único, renumerado pela Lei nº 13.160, de 25.8.2015.*

§ 2º. A liberação do veículo removido é condicionada ao reparo de qualquer componente ou equipamento obrigatório que não esteja em perfeito estado de funcionamento.

(*) *§ 2º acrescido pela Lei nº 13.160, de 25.8.2015.*

§ 3º. Se o reparo referido no § 2º demandar providência que não possa ser tomada no depósito, a autoridade responsável pela remoção liberará o veículo para reparo, na forma transportada, mediante autorização, assinalando prazo para reapresentação.

(*) *§ 3º acrescido pela Lei nº 13.160, de 25.8.2015, e com redação dada pela Lei nº 13.281, de 4.5.2016.*

§ 4º. Os serviços de remoção, depósito e guarda de veículo poderão ser realizados por órgão público, diretamente, ou por particular contratado por licitação pública, sendo o proprietário do veículo o responsável pelo pagamento dos custos desses serviços.

(*) *§ 4º acrescido pela Lei nº 13.160, de 25.8.2015, e com redação dada pela Lei nº 13.281, de 4.5.2016.*

§ 5º. O proprietário ou o condutor deverá ser notificado, no ato de remoção do veículo, sobre as providências necessárias à sua restituição e sobre o disposto no art. 328, conforme regulamentação do CONTRAN.

(*) *§ 5º acrescido pela Lei nº 13.160, de 25.8.2015.*

§ 6º. Caso o proprietário ou o condutor não esteja presente no momento da remoção do veículo, a autoridade de trânsito, no prazo de 10 (dez) dias contado da data da remoção, deverá expedir ao proprietário a notificação prevista no § 5º, por remessa postal ou por outro meio tecnológico hábil que assegure a sua ciência, e, caso reste frustrada, a notificação poderá ser feita por edital.

(*) *§ 6º acrescido pela Lei nº 13.160, de 25.8.2015, e com redação dada pela Lei nº 13.281, de 4.5.2016.*

§ 7º. A notificação devolvida por desatualização do endereço do proprietário do veículo ou por recusa desse de recebê-la será considerada recebida para todos os efeitos.

(*) *§ 7º acrescido pela Lei nº 13.160, de 25.8.2015.*

§ 8º. Em caso de veículo licenciado no exterior, a notificação será feita por edital.

(*) *§ 8º acrescido pela Lei nº 13.160, de 25.8.2015.*

§ 9º. Não caberá remoção nos casos em que a irregularidade puder ser sanada no local da infração.

(*) *§ 9º acrescido pela Lei nº 13.160, de 25.8.2015.*

§ 10. O pagamento das despesas de remoção e estada será correspondente ao período integral, contado em dias, em que efetivamente o veículo permanecer em depósito, limitado ao prazo de 6 (seis) meses.

(*) *§ 10 acrescido pela Lei nº 13.281, de 4.5.2016.*

§ 11. Os custos dos serviços de remoção e estada prestados por particulares poderão ser pagos pelo proprietário diretamente ao contratado.

(*) *§ 11 acrescido pela Lei nº 13.281, de 4.5.2016.*

§ 12. O disposto no § 11 não afasta a possibilidade de o respectivo ente da Federação estabelecer a cobrança por meio de taxa instituída em lei.

(*) *§ 12 acrescido pela Lei nº 13.281, de 4.5.2016.*

§ 13. No caso de o proprietário do veículo objeto do recolhimento comprovar, administrativa ou judicialmente, que o recolhimento foi indevido ou que houve abuso no período de retenção em depósito, é da responsabilidade do ente público a devolução das quantias pagas por força deste artigo, segundo os mesmos critérios da devolução de multas indevidas.

(*) *§ 13 acrescido pela Lei nº 13.281, de 4.5.2016.*

Art. 272. O recolhimento da Carteira Nacional de Habilitação e da Permissão para Dirigir dar-se-á mediante recibo, além dos casos previstos neste Código, quando houver suspeita de sua inautenticidade ou adulteração.

Art. 273. O recolhimento do Certificado de Registro dar-se-á mediante recibo, além dos casos previstos neste Código, quando:

I – houver suspeita de inautenticidade ou adulteração;

II – se, alienado o veículo, não for transferida sua propriedade no prazo de trinta dias.

Art. 274. O recolhimento do Certificado de Licenciamento Anual dar-se-á mediante recibo, além dos casos previstos neste Código, quando:

I – houver suspeita de inautenticidade ou adulteração;

II – se o prazo de licenciamento estiver vencido;

III – no caso de retenção do veículo, se a irregularidade não puder ser sanada no local.

Art. 275. O transbordo da carga com peso excedente é condição para que o veículo possa prosseguir viagem e será efetuado às expensas do proprietário do veículo, sem prejuízo da multa aplicável.

Parágrafo único. Não sendo possível desde logo atender ao disposto neste artigo, o veículo será recolhido ao depósito, sendo liberado após sanada a irregularidade e pagas as despesas de remoção e estada.

Art. 276. Qualquer concentração de álcool por litro de sangue ou por litro de ar alveolar sujeita o condutor às penalidades previstas no art. 165.

(*) *Art. 276,* caput, *com redação dada pela Lei nº 12.760, de 20.12.2012.*

Parágrafo único. O CONTRAN disciplinará as margens de tolerância quando a infração for apurada por meio de aparelho de medição, observada a legislação metrológica.

(*) *Parágrafo único com redação dada pela Lei nº 12.760, de 20.12.2012.*

Art. 277. O condutor de veículo automotor envolvido em acidente de trânsito ou que for alvo de fiscalização de trânsito poderá ser submetido a teste, exame clínico, perícia ou outro procedimento que, por meios técnicos ou científicos, na forma disciplinada pelo CONTRAN, permita certificar influência de álcool ou outra substância psicoativa que determine dependência.

(*) *Art. 277,* caput, *com redação dada pela Lei nº 12.760, de 20.12.2012.*

§ 1º. (Revogado).

(*) *§ 1º, primitivo parágrafo único, renumerado pela Lei nº 11.275, de 7.2.2006, e revogado pela Lei nº 12.760, de 20.12.2012.*

§ 2º. A infração prevista no art. 165 também poderá ser caracterizada mediante imagem, vídeo, constatação de sinais que indiquem, na forma disciplinada pelo CONTRAN, alteração da capacidade psicomotora ou produção de quaisquer outras provas em direito admitidas.

(*) *§ 2º acrescido pela Lei nº 11.275, de 7.2.2006, e com redação dada pela Lei nº 12.760, de 20.12.2012.*

§ 3º. Serão aplicadas as penalidades e medidas administrativas estabelecidas no art. 165-A deste Código ao condutor que se recusar a se submeter a qualquer dos procedimentos previstos no *caput* deste artigo.

(*) *§ 3º acrescido pela Lei nº 11.705, de 19.6.2008, e com redação dada pela Lei nº 13.281, de 4.5.2016.*

Art. 278. Ao condutor que se evadir da fiscalização, não submetendo veículo à pesagem obrigatória nos pontos de pesagem, fixos ou móveis, será aplicada a penalidade prevista no art. 209, além da obrigação de retornar ao ponto de evasão para fim de pesagem obrigatória.

Parágrafo único. No caso de fuga do condutor à ação policial, a apreensão do veículo dar-se-á tão logo seja localizado, aplicando-se, além das penalidades em que incorre, as estabelecidas no art. 210.

Art. 278-A. O condutor que se utilize de veículo para a prática do crime de receptação, descaminho, contrabando, previstos nos arts. 180, 334 e 334-A do Decreto-Lei nº 2.848, de 7 de dezembro de 1940 (Código Penal), condenado por um desses crimes em decisão judicial transitada em julgado, terá cassado seu documento de habilitação ou será proibido de obter a habilitação para dirigir veículo automotor pelo prazo de 5 (cinco) anos.

§ 1º. O condutor condenado poderá requerer sua reabilitação, submetendo-se a todos os exames necessários à habilitação, na forma deste Código.

§ 2º. No caso do condutor preso em flagrante na prática dos crimes de que trata o *caput* deste artigo, poderá o juiz, em qualquer fase da investigação ou da ação penal, se houver necessidade para a garantia da ordem pública, como medida cautelar, de ofício, ou a requerimento do Ministério Público ou ainda mediante representação da autoridade policial, decretar, em decisão motivada, a suspensão da permissão ou da habilitação para dirigir veículo automotor, ou a proibição de sua obtenção.

(*) *Art. 278-A acrescido pela Lei nº 13.804, de 10.1.2019.*

Art. 279. Em caso de acidente com vítima, envolvendo veículo equipado com registrador instantâneo de velocidade e tempo, somente o perito oficial encarregado do levantamento pericial poderá retirar o disco ou unidade armazenadora do registro.

CAPÍTULO XVIII
DO PROCESSO ADMINISTRATIVO

Seção I
Da Autuação

Art. 280. Ocorrendo infração prevista na legislação de trânsito, lavrar-se-á auto de infração, do qual constará:

I – tipificação da infração;

II – local, data e hora do cometimento da infração;

III – caracteres da placa de identificação do veículo, sua marca e espécie, e outros elementos julgados necessários à sua identificação;

IV – o prontuário do condutor, sempre que possível;

V – identificação do órgão ou entidade e da autoridade ou agente autuador ou equipamento que comprovar a infração;

VI – assinatura do infrator, sempre que possível, valendo esta como notificação do cometimento da infração.

§ 1º. (Vetado).

§ 2º. A infração deverá ser comprovada por declaração da autoridade ou do agente da autoridade de trânsito, por aparelho eletrônico ou por equipamento audiovisual, reações químicas ou qualquer outro meio tecnologicamente disponível, previamente regulamentado pelo CONTRAN.

§ 3º. Não sendo possível a autuação em flagrante, o agente de trânsito relatará o fato à autoridade no próprio auto de infração, informando os dados a respeito do veículo, além dos constantes nos incisos I, II e III, para o procedimento previsto no artigo seguinte.

§ 4º. O agente da autoridade de trânsito competente para lavrar o auto de infração poderá ser servidor civil, estatutário ou celetista ou, ainda, policial militar designado pela autoridade de trânsito com jurisdição sobre a via no âmbito de sua competência.

Seção II
Do Julgamento das Autuações e Penalidades

Art. 281. A autoridade de trânsito, na esfera da competência estabelecida neste Código e dentro de sua circunscrição, julgará a consistência do auto de infração e aplicará a penalidade cabível.

Parágrafo único. O auto de infração será arquivado e seu registro julgado insubsistente:

I – se considerado inconsistente ou irregular;

II – se, no prazo máximo de trinta dias, não for expedida a notificação da autuação.

(*) *Inciso II com redação dada pela Lei nº 9.602, de 21.1.1998.*

Art. 282. Aplicada a penalidade, será expedida notificação ao proprietário do veículo ou ao infrator, por remessa postal ou por qualquer outro meio tecnológico hábil, que assegure a ciência da imposição da penalidade.

§ 1º. A notificação devolvida por desatualização do endereço do proprietário do veículo será considerada válida para todos os efeitos.

§ 2º. A notificação a pessoal de missões diplomáticas, de repartições consulares de carreira e de representações de organismos internacionais e de seus integrantes será remetida ao Ministério das Relações Exteriores para as providências cabíveis e cobrança dos valores, no caso de multa.

§ 3º. Sempre que a penalidade de multa for imposta a condutor, à exceção daquela que trata o § 1º do art. 259, a notificação será encaminhada ao proprietário do veículo, responsável pelo seu pagamento.

§ 4º. Da notificação deverá constar a data do término do prazo para apresentação de recurso pelo responsável pela infração, que não será inferior a trinta dias contados da data da notificação da penalidade.

(*) *§ 4º acrescido pela Lei nº 9.602, de 21.1.1998.*

§ 5º. No caso de penalidade de multa, a data estabelecida no parágrafo anterior será a data para o recolhimento de seu valor.

(*) *§ 5º acrescido pela Lei nº 9.602, de 21.1.1998.*

Art. 282-A. O proprietário do veículo ou o condutor autuado poderá optar por ser notificado por meio eletrônico se o órgão do Sistema Nacional de Trânsito responsável pela autuação oferecer essa opção.

§ 1º. O proprietário ou o condutor autuado que optar pela notificação por meio eletrônico deverá manter seu cadastro atualizado no órgão executivo de trânsito do Estado ou do Distrito Federal.

§ 2º. Na hipótese de notificação por meio eletrônico, o proprietário ou o condutor autuado será considerado notificado 30 (trinta) dias após a inclusão da informação no sistema eletrônico.

§ 3º. O sistema previsto no *caput* será certificado digitalmente, atendidos os requisitos de autenticidade, integridade, validade jurídica e interoperabilidade da Infraestrutura de Chaves Públicas Brasileira (ICP-Brasil).

(*) *Art. 282-A acrescido pela Lei nº 13.281, de 4.5.2016.*

Art. 283. (Vetado).

Art. 284. O pagamento da multa poderá ser efetuado até a data do vencimento expressa na notificação, por 80% (oitenta por cento) do seu valor.

(*) *V. art. 23, § 3º, da Resolução do CONTRAN nº 619, de 6.9.2016.*

§ 1º. Caso o infrator opte pelo sistema de notificação eletrônica, se disponível, conforme regulamentação do CONTRAN, e opte por não apresentar defesa prévia nem recurso, reconhecendo o cometimento da infração, poderá efetuar o pagamento da multa por 60% (sessenta por cento) do seu valor, em qualquer fase do processo, até o vencimento da multa.

(*) *§ 1º acrescido pela Lei nº 13.281, de 4.5.2016.*

§ 2º. O recolhimento do valor da multa não implica renúncia ao questionamento administrativo, que pode ser realizado a qualquer momento, respeitado o disposto no § 1º.

(*) *§ 2º acrescido pela Lei nº 13.281, de 4.5.2016.*

§ 3º. Não incidirá cobrança moratória e não poderá ser aplicada qualquer restrição, inclusive para fins de licenciamento e transferência, enquanto não for encerrada a instância administrativa de julgamento de infrações e penalidades.

(*) *§ 3º acrescido pela Lei nº 13.281, de 4.5.2016.*

§ 4º. Encerrada a instância administrativa de julgamento de infrações e penalidades, a multa não paga até o vencimento será acrescida de juros de mora equivalentes à taxa referencial do Sistema Especial de Liquidação e de Custódia (Selic) para títulos federais acumulada mensalmente, calculados a partir do mês subsequente ao da consolidação até o mês anterior ao do pagamento, e de 1% (um por cento) relativamente ao mês em que o pagamento estiver sendo efetuado.

(*) *§ 4º acrescido pela Lei nº 13.281, de 4.5.2016.*

Art. 285. O recurso previsto no art. 283 será interposto perante a autoridade que impôs a penalidade, a qual remetê-lo-á à JARI, que deverá julgá-lo em até trinta dias.

§ 1º. O recurso não terá efeito suspensivo.

§ 2º. A autoridade que impôs a penalidade remeterá o recurso ao órgão julgador, dentro dos dez dias úteis subsequentes à sua apresentação, e, se o entender intempestivo, assinalará o fato no despacho de encaminhamento.

§ 3º. Se, por motivo de força maior, o recurso não for julgado dentro do prazo previsto neste artigo, a autoridade que impôs a penalidade, de ofício, ou por solicitação do recorrente, poderá conceder-lhe efeito suspensivo.

Art. 286. O recurso contra a imposição de multa poderá ser interposto no prazo legal, sem o recolhimento do seu valor.

§ 1º. No caso de não provimento do recurso, aplicar-se-á o estabelecido no parágrafo único do art. 284.

§ 2º. Se o infrator recolher o valor da multa e apresentar recurso, se julgada improcedente a penalidade, ser-lhe-á devolvida a importância paga, atualizada em UFIR ou por índice legal de correção dos débitos fiscais.

Art. 287. Se a infração for cometida em localidade diversa daquela do licenciamento do veículo, o recurso poderá ser apresentado junto ao órgão ou entidade de trânsito da residência ou domicílio do infrator.

Parágrafo único. A autoridade de trânsito que receber o recurso deverá remetê-lo, de pronto, à autoridade que impôs a penalidade acompanhado das cópias dos prontuários necessários ao julgamento.

Art. 288. Das decisões da JARI cabe recurso a ser interposto, na forma do artigo seguinte, no prazo de trinta dias contado da publicação ou da notificação da decisão.

§ 1º. O recurso será interposto, da decisão do não provimento, pelo responsável pela infração, e da decisão de provimento, pela autoridade que impôs a penalidade.

§ 2º. (Revogado).

(*) *§ 2º revogado pela Lei nº 12.249, de 11.6.2010.*

Art. 289. O recurso de que trata o artigo anterior será apreciado no prazo de trinta dias:

I – tratando-se de penalidade imposta pelo órgão ou entidade de trânsito da União:

a) em caso de suspensão do direito de dirigir por mais de seis meses, cassação do documento de habilitação ou penalidade por infrações gravíssimas, pelo CONTRAN;

b) nos demais casos, por colegiado especial integrado pelo Coordenador-Geral da JARI, pelo Presidente da Junta que apreciou o recurso e por mais um Presidente de Junta;

II – tratando-se de penalidade imposta por órgão ou entidade de trânsito estadual, municipal ou do Distrito Federal, pelos CETRAN e CONTRANDIFE, respectivamente.

Parágrafo único. No caso da alínea "b" do inciso I, quando houver apenas uma JARI, o recurso será julgado por seus próprios membros.

Art. 290. Implicam encerramento da instância administrativa de julgamento de infrações e penalidades:

(*) *Art. 290,* caput, *com redação dada pela Lei nº 13.281, de 4.5.2016.*

I – o julgamento do recurso de que tratam os arts. 288 e 289;

(*) *Inciso I acrescido pela Lei nº 13.281, de 4.5.2016.*

II – a não interposição do recurso no prazo legal; e

(*) *Inciso II acrescido pela Lei nº 13.281, de 4.5.2016.*

III – o pagamento da multa, com reconhecimento da infração e requerimento de encerramento do processo na fase em que se encontra, sem apresentação de defesa ou recurso.

(*) *Inciso III acrescido pela Lei nº 13.281, de 4.5.2016.*

Parágrafo único. Esgotados os recursos, as penalidades aplicadas nos termos deste Código serão cadastradas no RENACH.

CAPÍTULO XIX
DOS CRIMES DE TRÂNSITO

Seção I
Disposições Gerais

Art. 291. Aos crimes cometidos na direção de veículos automotores, previstos neste Código, aplicam-se as normas gerais do Código Penal e do Código de Processo Penal, se este Capítulo não dispuser de modo diverso, bem como a Lei nº 9.099, de 26 de setembro de 1995, no que couber.

§ 1º. Aplica-se aos crimes de trânsito de lesão corporal culposa o disposto nos arts. 74, 76 e 88 da Lei nº 9.099, de 26 de setembro de 1995, exceto se o agente estiver:

(*) *§ 1º,* caput, *primitivo parágrafo único, renumerado e com redação dada pela Lei nº 11.705, de 19.6.2008.*

I – sob a influência de álcool ou qualquer outra substância psicoativa que determine dependência;

(*) *Inciso I acrescido pela Lei nº 11.705, de 19.6.2008.*

II – participando, em via pública, de corrida, disputa ou competição automobilística, de exibição ou demonstração de perícia em manobra de veículo automotor, não autorizada pela autoridade competente;

(*) *Inciso II acrescido pela Lei nº 11.705, de 19.6.2008.*

III – transitando em velocidade superior à máxima permitida para a via em 50 km/h (cinquenta quilômetros por hora).

(*) *Inciso III acrescido pela Lei nº 11.705, de 19.6.2008.*

§ 2º. Nas hipóteses previstas no § 1º deste artigo, deverá ser instaurado inquérito policial para a investigação da infração penal.

(*) *§ 2º acrescido pela Lei nº 11.705, de 19.6.2008.*

§ 3º. (Vetado).

(*) *§ 3º acrescido pela Lei nº 13.546, de 19.12.2017.*

§ 4º. O juiz fixará a pena-base segundo as diretrizes previstas no art. 59 do Decreto-Lei nº 2.848, de 7 de dezembro de 1940 (Código Penal), dando especial atenção à culpabilidade do agente e às circunstâncias e consequências do crime.

(*) *§ 4º acrescido pela Lei nº 13.546, de 19.12.2017.*

Art. 292. A suspensão ou a proibição de se obter a permissão ou a habilitação para dirigir veículo automotor pode ser imposta isolada ou cumulativamente com outras penalidades.

(*) *Art. 292 com redação dada pela Lei nº 12.971, de 9.5.2014.*

Art. 293. A penalidade de suspensão ou de proibição de se obter a permissão ou a habilitação para dirigir veículo automotor, tem a duração de dois meses a cinco anos.

§ 1º. Transitada em julgado a sentença condenatória, o réu será intimado a entregar à autoridade judiciária, em quarenta e oito horas, a Permissão para Dirigir ou a Carteira de Habilitação.

§ 2º. A penalidade de suspensão ou de proibição de se obter a permissão ou a habilitação para dirigir veículo automotor não se inicia enquanto o sentenciado, por efeito de condenação penal, estiver recolhido a estabelecimento prisional.

Art. 294. Em qualquer fase da investigação ou da ação penal, havendo necessidade para a garantia da ordem pública, poderá o juiz, como medida cautelar, de ofício, ou a requerimento do Ministério Público ou ainda mediante representação da autoridade policial, decretar, em decisão motivada, a suspensão da permissão ou da habilitação para dirigir veículo automotor, ou a proibição de sua obtenção.

Parágrafo único. Da decisão que decretar a suspensão ou a medida cautelar, ou da que indeferir o requerimento do Ministério Público, caberá recurso em sentido estrito, sem efeito suspensivo.

Art. 295. A suspensão para dirigir veículo automotor ou a proibição de se obter a permissão ou a habilitação será sempre comunicada pela autoridade judiciária ao Conselho Nacional de Trânsito – CONTRAN, e ao órgão de trânsito do Estado em que o indiciado ou réu for domiciliado ou residente.

Art. 296. Se o réu for reincidente na prática de crime previsto neste Código, o juiz aplicará a penalidade de suspensão da permissão ou habilitação para dirigir veículo automotor, sem prejuízo das demais sanções penais cabíveis.

(*) *Art. 296 com redação dada pela Lei nº 11.705, de 19.6.2008.*

Art. 297. A penalidade de multa reparatória consiste no pagamento, mediante depósito judicial em favor da vítima, ou seus sucessores, de quantia calculada com base no disposto no § 1º do art. 49 do Código Penal, sempre que houver prejuízo material resultante do crime.

§ 1º. A multa reparatória não poderá ser superior ao valor do prejuízo demonstrado no processo.

§ 2º. Aplica-se à multa reparatória o disposto nos arts. 50 a 52 do Código Penal.

§ 3º. Na indenização civil do dano, o valor da multa reparatória será descontado.

Art. 298. São circunstâncias que sempre agravam as penalidades dos crimes de trânsito ter o condutor do veículo cometido a infração:

I – com dano potencial para duas ou mais pessoas ou com grande risco de grave dano patrimonial a terceiros;

II – utilizando o veículo sem placas, com placas falsas ou adulteradas;

III – sem possuir Permissão para Dirigir ou Carteira de Habilitação;

IV – com Permissão para Dirigir ou Carteira de Habilitação de categoria diferente da do veículo;

V – quando a sua profissão ou atividade exigir cuidados especiais com o transporte de passageiros ou de carga;

VI – utilizando veículo em que tenham sido adulterados equipamentos ou características que afetem a sua segurança ou o seu funcionamento de acordo com os limites de velocidade prescritos nas especificações do fabricante;

VII – sobre faixa de trânsito temporária ou permanentemente destinada a pedestres.

Art. 299. (Vetado).

Art. 300. (Vetado).

Art. 301. Ao condutor do veículo, nos casos de acidentes de trânsito de que resulte vítima, não se imporá a prisão em flagrante, nem se exigirá fiança, se prestar pronto e integral socorro àquela.

Seção II
Dos Crimes em Espécie

Art. 302. Praticar homicídio culposo na direção de veículo automotor:

Penas – detenção, de dois a quatro anos, e suspensão ou proibição de se obter a permissão ou a habilitação para dirigir veículo automotor.

§ 1º. No homicídio culposo cometido na direção de veículo automotor, a pena é aumentada de 1/3 (um terço) à metade, se o agente:

(*) *§ 1º, primitivo parágrafo único, renumerado pela Lei nº 12.971, de 9.5.2014.*

I – não possuir Permissão para Dirigir ou Carteira de Habilitação;

II – praticá-lo em faixa de pedestres ou na calçada;

III – deixar de prestar socorro, quando possível fazê-lo sem risco pessoal, à vítima do acidente;

IV – no exercício de sua profissão ou atividade, estiver conduzindo veículo de transporte de passageiros;

V – (revogado).

(*) *Inciso V acrescido pela Lei nº 11.275, de 7.2.2006, e revogado pela Lei nº 11.705, de 19.6.2008.*

§ 2º. (Revogado).

(*) *§ 2º acrescido pela Lei nº 12.971, de 9.5.2014, e revogado pela Lei nº 13.281, de 4.5.2016.*

§ 3º. Se o agente conduz veículo automotor sob a influência de álcool ou de qualquer outra substância psicoativa que determine dependência:

Penas – reclusão, de cinco a oito anos, e suspensão ou proibição do direito de se obter a permissão ou a habilitação para dirigir veículo automotor.

(*) *§ 3º acrescido pela Lei nº 13.546, de 19.12.2017.*

Penas – reclusão, de 2 (dois) a 4 (quatro) anos, e suspensão ou proibição de se obter a permissão ou a habilitação para dirigir veículo automotor.

(*) *Penalidade acrescida pela Lei nº 12.971, de 9.5.2014.*

Art. 303. Praticar lesão corporal culposa na direção de veículo automotor:

Penas – detenção, de seis meses a dois anos e suspensão ou proibição de se obter a permissão ou habilitação para dirigir veículo automotor.

§ 1º. Aumenta-se a pena de 1/3 (um terço) à metade, se ocorrer qualquer das hipóteses do § 1º do art. 302.

(*) *§ 1º, primitivo parágrafo único, com redação dada pela Lei nº 12.971, de 9.5.2014, e renumerado pela Lei nº 13.546 de 19.12.2017.*

§ 2º. A pena privativa de liberdade é de reclusão de dois a cinco anos, sem prejuízo das outras penas previstas neste artigo, se o agente conduz o veículo com capacidade psicomotora alterada em razão da influência de álcool ou de outra substância psicoativa que determine dependência, e se do crime resultar lesão corporal de natureza grave ou gravíssima.

(*) *§ 2º acrescido pela Lei nº 13.546 de 19.12.2017.*

Art. 304. Deixar o condutor do veículo, na ocasião do acidente, de prestar imediato socorro à vítima, ou, não podendo fazê-lo diretamente, por justa causa, deixar de solicitar auxílio da autoridade pública:

Penas – detenção, de seis meses a um ano, ou multa, se o fato não constituir elemento de crime mais grave.

Parágrafo único. Incide nas penas previstas neste artigo o condutor do veículo, ainda que a sua omissão seja suprida por terceiros ou que se trate de vítima com morte instantânea ou com ferimentos leves.

Art. 305. Afastar-se o condutor do veículo do local do acidente, para fugir à responsabilidade penal ou civil que lhe possa ser atribuída:

Penas – detenção, de seis meses a um ano, ou multa.

Art. 306. Conduzir veículo automotor com capacidade psicomotora alterada em razão da influência de álcool ou de outra substância psicoativa que determine dependência:

(*) *Art. 306,* caput, *com redação dada pela Lei nº 12.760, de 20.12.2012.*

Penas – detenção, de seis meses a três anos, multa e suspensão ou proibição de se obter a permissão ou a habilitação para dirigir veículo automotor.

§ 1º. As condutas previstas no *caput* serão constatadas por:

(*) *§ 1º,* caput, *acrescido pela Lei nº 12.760, de 20.12.2012.*

I – concentração igual ou superior a 6 decigramas de álcool por litro de sangue ou igual ou superior a 0,3 miligrama de álcool por litro de ar alveolar; ou

(*) *Inciso I acrescido pela Lei nº 12.760, de 20.12.2012.*

II – sinais que indiquem, na forma disciplinada pelo CONTRAN, alteração da capacidade psicomotora.

(*) *Inciso II acrescido pela Lei nº 12.760, de 20.12.2012.*

§ 2º. A verificação do disposto neste artigo poderá ser obtida mediante teste de alcoolemia ou toxicológico, exame clínico, perícia, vídeo, prova testemunhal ou outros meios de prova em direito admitidos, observado o direito à contraprova.

(*) *§ 2º acrescido pela Lei nº 12.760, de 20.12.2012, e com redação dada pela Lei nº 12.971, de 9.5.2014.*

§ 3º. O CONTRAN disporá sobre a equivalência entre os distintos testes de alcoolemia ou toxicológicos para efeito de caracterização do crime tipificado neste artigo.

(*) *§ 3º acrescido pela Lei nº 12.760, de 20.12.2012, e com redação dada pela Lei nº 12.971, de 9.5.2014.*

Art. 307. Violar a suspensão ou a proibição de se obter a permissão ou a habilitação para dirigir veículo automotor imposta com fundamento neste Código:

Penas – detenção, de seis meses a um ano e multa, com nova imposição adicional de idêntico prazo de suspensão ou de proibição.

Parágrafo único. Nas mesmas penas incorre o condenado que deixa de entregar, no prazo estabelecido no § 1º do art. 293, a Permissão para Dirigir ou a Carteira de Habilitação.

Art. 308. Participar, na direção de veículo automotor, em via pública, de corrida, disputa ou competição automobilística ou ainda de exibição ou demonstração de perícia em manobra de veículo automotor, não autorizada pela autoridade competente, gerando situação de risco à incolumidade pública ou privada:

(*) *Art. 308,* caput, *com redação dada pela Lei nº 13.546, de 19.12.2017.*

Penas – detenção, de 6 (seis) meses a 3 (três) anos, multa e suspensão ou proibição de se obter a permissão ou a habilitação para dirigir veículo automotor.

(*) *Penalidade com redação dada pela Lei nº 12.971, de 9.5.2014.*

§ 1º. Se da prática do crime previsto no *caput* resultar lesão corporal de natureza grave, e as circunstâncias demonstrarem que o agente não quis o resultado nem assumiu o risco de produzi-lo, a pena privativa de liberdade é de reclusão, de 3 (três) a 6 (seis) anos, sem prejuízo das outras penas previstas neste artigo.

(*) *§ 1º acrescido pela Lei nº 12.971, de 9.5.2014.*

§ 2º. Se da prática do crime previsto no *caput* resultar morte, e as circunstâncias demonstrarem que o agente não quis o resultado nem assumiu o risco de produzi-lo, a pena privativa de liberdade é de reclusão de 5 (cinco) a 10 (dez) anos, sem prejuízo das outras penas previstas neste artigo.

(*) *§ 2º acrescido pela Lei nº 12.971, de 9.5.2014.*

Art. 309. Dirigir veículo automotor, em via pública, sem a devida Permissão para Dirigir ou Habilitação ou, ainda, se cassado o direito de dirigir, gerando perigo de dano:

Penas – detenção, de seis meses a um ano, ou multa.

Art. 310. Permitir, confiar ou entregar a direção de veículo automotor a pessoa não habilitada, com habilitação cassada ou com o direito de dirigir suspenso, ou, ainda, a quem, por seu estado de saúde, física ou mental, ou por embriaguez, não esteja em condições de conduzi-lo com segurança:

Penas – detenção, de seis meses a um ano, ou multa.

Art. 310-A. (Vetado).

(*) *Art. 310-A acrescido pela Lei nº 12.619, de 30.4.2012.*

Art. 311. Trafegar em velocidade incompatível com a segurança nas proximidades de escolas, hospitais, estações de embarque e desembarque de passageiros, logradouros estreitos, ou onde haja grande movimentação ou concentração de pessoas, gerando perigo de dano:

Penas – detenção, de seis meses a um ano, ou multa.

Art. 312. Inovar artificiosamente, em caso de acidente automobilístico com vítima, na pendência do respectivo procedimento policial preparatório, inquérito policial ou processo penal, o estado de lugar, de coisa ou de pessoa, a fim de induzir a erro o agente policial, o perito, ou juiz:

Penas – detenção, de seis meses a um ano, ou multa.

Parágrafo único. Aplica-se o disposto neste artigo, ainda que não iniciados, quando da inovação, o procedimento preparatório, o inquérito ou o processo aos quais se refere.

Art. 312-A. Para os crimes relacionados nos arts. 302 a 312 deste Código, nas situações em que o juiz aplicar a substituição de pena privativa de liberdade por pena restritiva de direitos, esta deverá ser de prestação de serviço à comunidade ou a entidades públicas, em uma das seguintes atividades:

I – trabalho, aos fins de semana, em equipes de resgate dos corpos de bombeiros e em outras unidades móveis especializadas no atendimento a vítimas de trânsito;

II – trabalho em unidades de pronto-socorro de hospitais da rede pública que recebem vítimas de acidente de trânsito e politraumatizados;

III – trabalho em clínicas ou instituições especializadas na recuperação de acidentados de trânsito;

IV – outras atividades relacionadas ao resgate, atendimento e recuperação de vítimas de acidentes de trânsito.

(*) *Art. 312-A acrescido pela Lei nº 13.281, de 4.5.2016.*

CAPÍTULO XX
DISPOSIÇÕES FINAIS E TRANSITÓRIAS

Art. 313. O Poder Executivo promoverá a nomeação dos membros do CONTRAN no prazo de 60 (sessenta dias) da publicação deste Código.

Art. 314. O CONTRAN tem o prazo de 240 (duzentos e quarenta) dias, a partir da publicação deste Código, para expedir as resoluções necessárias à sua melhor execução, bem como revisar todas as resoluções anteriores à sua publicação, dando prioridade àquelas que visam a diminuir o número de acidentes e a assegurar a proteção de pedestres.

Parágrafo único. As resoluções do CONTRAN, existentes até a data de publicação deste Código, continuam em vigor naquilo em que não conflitem com ele.

Art. 315. O Ministério da Educação e do Desporto, mediante proposta do CONTRAN, deverá, no prazo de 240 (duzentos e quarenta) dias contados da publicação, estabelecer o currículo com conteúdo programático relativo à segurança e à educação de trânsito, a fim de atender o disposto neste Código.

Art. 316. O prazo de notificação previsto no inciso II do parágrafo único do art. 281 só entrará em vigor após 240 (duzentos e quarenta) dias contados da publicação desta Lei.

Art. 317. Os órgãos e entidades de trânsito concederão prazo de até um ano para a adaptação dos veículos de condução de escolares e de aprendizagem às normas do inciso III do art. 136 e art. 154, respectivamente.

Art. 318. (Vetado).

Art. 319. Enquanto não forem baixadas novas normas pelo CONTRAN, continua em vigor o disposto no art. 92 do Regulamento do Código Nacional de Trânsito – Decreto nº 62.127, de 16 de janeiro de 1968.

Art. 319-A. Os valores de multas constantes deste Código poderão ser corrigidos monetariamente pelo CONTRAN, respeitado o limite da variação do Índice Nacional de Preços ao Consumidor Amplo (IPCA) no exercício anterior.

Parágrafo único. Os novos valores decorrentes do disposto no *caput* serão divulgados pelo CONTRAN com, no mínimo, 90 (noventa) dias de antecedência de sua aplicação.

(*) *Art. 319-A acrescido pela Lei nº 13.281, de 4.5.2016.*

Art. 320. A receita arrecadada com a cobrança das multas de trânsito será aplicada, exclusivamente, em sinalização, engenharia de tráfego, de campo, policiamento, fiscalização e educação de trânsito.

(*) *V. Resolução CONTRAN nº 638, de 30.11.2016.*

§ 1º. O percentual de 5% (cinco por cento) do valor das multas de trânsito arrecadadas será depositado, mensalmente, na conta de fundo de âmbito nacional destinado à segurança e educação de trânsito.

(*) *§ 1º, primitivo parágrafo único, renumerado pela Lei nº 13.281, de 4.5.2016.*

§ 2º. O órgão responsável deverá publicar, anualmente, na rede mundial de computadores (internet), dados sobre a receita arrecadada com a cobrança de multas de trânsito e sua destinação.

(*) *§ 2º acrescido pela Lei nº 13.281, de 4.5.2016.*

Art. 320-A. Os órgãos e as entidades do Sistema Nacional de Trânsito poderão integrar-se para a ampliação e o aprimoramento da fiscalização de trânsito, inclusive por meio do compartilhamento da receita arrecadada com a cobrança das multas de trânsito.

(*) *Art. 320-A acrescido pela Medida Provisória nº 699, de 10.11.2015, e com redação dada pela Lei nº 13.281, de 4.5.2016.*

Art. 321. (Vetado).

Art. 322. (Vetado).

Art. 323. O CONTRAN, em cento e oitenta dias, fixará a metodologia de aferição de peso de veículos, estabelecendo percentuais de tolerância, sendo durante este período suspensa a vigência das penalidades previstas no inciso V do art. 231, aplicando-se a penalidade de 20 (vinte) UFIR por duzentos quilogramas ou fração de excesso.

(*) *Sobre as penalidades, ver inciso V do art. 231 deste Código, com redação dada pela Lei nº 13.281, de 4.5.2016.*

Parágrafo único. Os limites de tolerância a que se refere este artigo, até a sua fixação pelo CONTRAN, são aqueles estabelecidos pela Lei nº 7.408, de 25 de novembro de 1985.

Art. 324. (Vetado).

Art. 325. As repartições de trânsito conservarão por, no mínimo, 5 (cinco) anos os documentos relativos à habilitação de condutores, ao registro e ao licenciamento de veículos e aos autos de infração de trânsito.

(*) *Art. 325,* caput, *com redação dada pela Lei nº 13.281, de 4.5.2016.*

§ 1º. Os documentos previstos no *caput* poderão ser gerados e tramitados eletronicamente, bem como arquivados e armazenados em meio digital, desde que assegurada a autenticidade, a fidedignidade, a confiabilidade e a segurança das informações, e serão válidos para todos os efeitos legais, sendo dispensada, nesse caso, a sua guarda física.

(*) *§ 1º acrescido pela Lei nº 13.281, de 4.5.2016.*

§ 2º. O CONTRAN regulamentará a geração, a tramitação, o arquivamento, o armazenamento e a eliminação de documentos eletrônicos e físicos gerados em decorrência da aplicação das disposições deste Código.

(*) *§ 2º acrescido pela Lei nº 13.281, de 4.5.2016.*

§ 3º. Na hipótese prevista nos §§ 1º e 2º, o sistema deverá ser certificado digitalmente, atendidos os requisitos de autenticidade, integridade, validade jurídica e interoperabilidade da Infraestrutura de Chaves Públicas Brasileira (ICP-Brasil).

(*) *§ 3º acrescido pela Lei nº 13.281, de 4.5.2016.*

Art. 326. A Semana Nacional de Trânsito será comemorada anualmente no período compreendido entre 18 e 25 de setembro.

Art. 326-A. A atuação dos integrantes do Sistema Nacional de Trânsito, no que se refere à política de segurança no trânsito, deverá voltar-se prioritariamente para o cumprimento de metas anuais de redução de índice de mortos por grupo de veículos e de índice de mortos por grupo de habitantes, ambos apurados por Estado e por ano, detalhando-se os dados levantados e as ações realizadas por vias federais, estaduais e municipais.

§ 1º. O objetivo geral do estabelecimento de metas é, ao final do prazo de dez anos, reduzir à metade, no mínimo, o índice nacional de mortos por grupo de veículos e o índice nacional de mortos por grupo de habitantes, relativamente aos índices apurados no ano da entrada em vigor da lei que cria o Plano Nacional de Redução de Mortes e Lesões no Trânsito (Pnatrans).

§ 2º. As metas expressam a diferença a menor, em base percentual, entre os índices mais recentes, oficialmente apurados, e os índices que se pretende alcançar.

§ 3º. A decisão que fixar as metas anuais estabelecerá as respectivas margens de tolerância.

§ 4º. As metas serão fixadas pelo CONTRAN para cada um dos Estados da Federação e para o Distrito Federal, mediante propostas fundamentadas dos CETRAN, do CONTRANDIFE e do Departamento de Polícia Rodoviária Federal, no âmbito das respectivas circunscrições.

§ 5º. Antes de submeterem as propostas ao CONTRAN, os CETRAN, o CONTRANDIFE e o Departamento de Polícia Rodoviária Federal realizarão consulta ou audiência pública para manifestação da sociedade sobre as metas a serem propostas.

§ 6º. As propostas dos CETRAN, do CONTRANDIFE e do Departamento de Polícia Rodoviária Federal serão encaminhadas ao CONTRAN até o dia 1º de agosto de cada ano, acompanhadas de relatório analítico a respeito do cumprimento das metas fixadas para o ano anterior e de exposição de ações, projetos ou programas, com os respectivos orçamentos, por meio dos quais se pretende cumprir as metas propostas para o ano seguinte.

§ 7º. As metas fixadas serão divulgadas em setembro, durante a Semana Nacional de Trânsito, assim como o desempenho, absoluto e relativo, de cada Estado e do Distrito Federal no cumprimento das metas vigentes no ano anterior, detalhados os dados levantados e as ações realizadas por vias federais, estaduais e municipais, devendo tais informações permanecer à disposição do público na rede mundial de computadores, em sítio eletrônico do órgão máximo executivo de trânsito da União.

§ 8º. O CONTRAN, ouvidos o Departamento de Polícia Rodoviária Federal e demais órgãos do Sistema Nacional de Trânsito, definirá as fórmulas para apuração dos índices de que trata este artigo, assim como a metodologia para a coleta e o tratamento dos dados estatísticos necessários para a composição dos termos das fórmulas.

§ 9º. Os dados estatísticos coletados em cada Estado e no Distrito Federal serão tratados e consolidados pelo respectivo órgão ou entidade executivos de trânsito, que os repassará ao órgão máximo executivo de trânsito da União até o dia 1º de março, por meio do sistema de registro nacional de acidentes e estatísticas de trânsito.

§ 10. Os dados estatísticos sujeitos à consolidação pelo órgão ou entidade executivos de trânsito do Estado ou do Distrito Federal compreendem os coletados naquela circunscrição:

I – pela Polícia Rodoviária Federal e pelo órgão executivo rodoviário da União;

II – pela Polícia Militar e pelo órgão ou entidade executivos rodoviários do Estado ou do Distrito Federal;

III – pelos órgãos ou entidades executivos rodoviários e pelos órgãos ou entidades executivos de trânsito dos Municípios.

§ 11. O cálculo dos índices, para cada Estado e para o Distrito Federal, será feito pelo órgão máximo executivo de trânsito da União, ouvidos o Departamento de Polícia Rodoviária Federal e demais órgãos do Sistema Nacional de Trânsito.

§ 12. Os índices serão divulgados oficialmente até o dia 31 de março de cada ano.

§ 13. Com base em índices parciais, apurados no decorrer do ano, o CONTRAN, os CETRAN e o CONTRANDIFE poderão recomendar aos integrantes do Sistema Nacional de Trânsito alterações nas ações, projetos e programas em desenvolvimento ou previstos, com o fim de atingir as metas fixadas para cada um dos Estados e para o Distrito Federal.

§ 14. A partir da análise de desempenho a que se refere o § 7º deste artigo, o CONTRAN elaborará e divulgará, também durante a Semana Nacional de Trânsito:

I – duas classificações ordenadas dos Estados e do Distrito Federal, uma referente ao ano analisado e outra que considere a evolução do desempenho dos Estados e do Distrito Federal desde o início das análises;

II – relatório a respeito do cumprimento do objetivo geral do estabelecimento de metas previsto no § 1º deste artigo.

(*) *Art. 326-A acrescido pela Lei nº 13.614, de 11.1.2018.*

Art. 327. A partir da publicação deste Código, somente poderão ser fabricados e licenciados veículos que obedeçam aos limites de peso e dimensões fixados na forma desta Lei, ressalvados os que vierem a ser regulamentados pelo CONTRAN.

Parágrafo único. (Vetado).

Art. 328. O veículo apreendido ou removido a qualquer título e não reclamado por seu proprietário dentro do prazo de sessenta dias, contado da data de recolhimento, será avaliado e levado a leilão, a ser realizado preferencialmente por meio eletrônico.

(*) *Art. 328,* caput, *com redação dada pela Lei nº 13.160, de 25.8.2015.*

§ 1º. Publicado o edital do leilão, a preparação poderá ser iniciada após trinta dias, contados da data de recolhimento do veículo, o qual será classificado em duas categorias:

I – conservado, quando apresenta condições de segurança para trafegar; e

II – sucata, quando não está apto a trafegar.

(*) *§ 1º acrescido pela Lei nº 13.160, de 25.8.2015.*

§ 2º. Se não houver oferta igual ou superior ao valor da avaliação, o lote será incluído no leilão seguinte, quando será arrematado pelo maior lance, desde que por valor não inferior a cinquenta por cento do avaliado.

(*) *§ 2º acrescido pela Lei nº 13.160, de 25.8.2015.*

§ 3º. Mesmo classificado como conservado, o veículo que for levado a leilão por duas vezes e não for arrematado será leiloado como sucata.

(*) *§ 3º acrescido pela Lei nº 13.160, de 25.8.2015.*

§ 4º. É vedado o retorno do veículo leiloado como sucata à circulação.

(*) *§ 4º acrescido pela Lei nº 13.160, de 25.8.2015.*

§ 5º. A cobrança das despesas com estada no depósito será limitada ao prazo de seis meses.

(*) *§ 5º acrescido pela Lei nº 13.160, de 25.8.2015.*

§ 6º. Os valores arrecadados em leilão deverão ser utilizados para custeio da realização do leilão, dividindo-se os custos entre os veículos arrematados, proporcionalmente ao valor da arrematação, e destinando-se os valores remanescentes, na seguinte ordem, para:

I – as despesas com remoção e estada;

II – os tributos vinculados ao veículo, na forma do § 10;

III – os credores trabalhistas, tributários e titulares de crédito com garantia real, segundo a ordem de preferência estabelecida no art. 186 da Lei nº 5.172, de 25 de outubro de 1966 (Código Tributário Nacional);

IV – as multas devidas ao órgão ou à entidade responsável pelo leilão;

V – as demais multas devidas aos órgãos integrantes do Sistema Nacional de Trânsito, segundo a ordem cronológica; e

VI – os demais créditos, segundo a ordem de preferência legal.

(*) *§ 6º acrescido pela Lei nº 13.160, de 25.8.2015.*

§ 7º. Sendo insuficiente o valor arrecadado para quitar os débitos incidentes sobre o veículo, a situação será comunicada aos credores.

(*) *§ 7º acrescido pela Lei nº 13.160, de 25.8.2015.*

§ 8º. Os órgãos públicos responsáveis serão comunicados do leilão previamente para que formalizem a desvinculação dos ônus incidentes sobre o veículo no prazo máximo de dez dias.

(*) *§ 8º acrescido pela Lei nº 13.160, de 25.8.2015.*

§ 9º. Os débitos incidentes sobre o veículo antes da alienação administrativa ficam dele automaticamente desvinculados, sem prejuízo da cobrança contra o proprietário anterior.

(*) *§ 9º acrescido pela Lei nº 13.160, de 25.8.2015.*

§ 10. Aplica-se o disposto no § 9º inclusive ao débito relativo a tributo cujo fato gerador seja a propriedade, o domínio útil, a posse, a circulação ou o licenciamento de veículo.

(*) *§ 10 acrescido pela Lei nº 13.160, de 25.8.2015.*

§ 11. Na hipótese de o antigo proprietário reaver o veículo, por qualquer meio, os débitos serão novamente vinculados ao bem, aplicando-se, nesse caso, o disposto nos §§ 1º, 2º e 3º do art. 271.

(*) *§ 11 acrescido pela Lei nº 13.160, de 25.8.2015.*

§ 12. Quitados os débitos, o saldo remanescente será depositado em conta específica do órgão responsável pela realização do leilão e ficará à disposição do antigo proprietário, devendo ser expedida notificação a ele, no máximo em trinta dias após a realização do leilão, para o levantamento do valor no prazo de cinco anos, após os quais o valor será transferido, definitivamente, para o fundo a que se refere o parágrafo único do art. 320.

(*) *§ 12 acrescido pela Lei nº 13.160, de 25.8.2015.*

§ 13. Aplica-se o disposto neste artigo, no que couber, ao animal recolhido, a qualquer título, e não reclamado por seu proprietário no prazo de sessenta dias, a contar da data de recolhimento, conforme regulamentação do CONTRAN.

(*) *§ 13 acrescido pela Lei nº 13.160, de 25.8.2015.*

§ 14. Se identificada a existência de restrição policial ou judicial sobre o prontuário do veículo, a autoridade responsável pela restrição será notificada para a retirada do bem do depósito, mediante a quitação das despesas com remoção e estada, ou para a autorização do leilão nos termos deste artigo.

(*) *§ 14 acrescido pela Lei nº 13.160, de 25.8.2015, e com redação dada pela Lei nº 13.281, de 4.5.2016.*

§ 15. Se no prazo de 60 (sessenta) dias, a contar da notificação de que trata o § 14, não houver manifestação da autoridade responsável pela restrição judicial ou policial, estará o órgão de trânsito autorizado a promover o leilão do veículo nos termos deste artigo.

(*) *§ 15 acrescido pela Lei nº 13.281, de 4.5.2016.*

§ 16. Os veículos, sucatas e materiais inservíveis de bens automotores que se encontrarem nos depósitos há mais de 1 (um) ano poderão ser destinados à reciclagem, independentemente da existência de restrições sobre o veículo.

(*) *§ 16 acrescido pela Lei nº 13.281, de 4.5.2016.*

§ 17. O procedimento de hasta pública na hipótese do § 16 será realizado por lote de tonelagem de material ferroso, observando-se, no que couber, o disposto neste artigo, condicionando-se a entrega do material arrematado aos procedimentos necessários à descaracterização total do bem e à destinação exclusiva, ambientalmente adequada, à reciclagem siderúrgica, vedado qualquer aproveitamento de peças e partes.

(*) *§ 17 acrescido pela Lei nº 13.281, de 4.5.2016.*

§ 18. Os veículos sinistrados irrecuperáveis queimados, adulterados ou estrangeiros, bem como aqueles sem possibilidade de regularização perante o órgão de trânsito, serão destinados à reciclagem, independentemente do período em que estejam em depósito, respeitado o prazo previsto no *caput* deste artigo, sempre que a autoridade responsável pelo leilão julgar ser essa a medida apropriada.

(*) *§ 18 acrescido pela Lei nº 13.281, de 4.5.2016.*

Art. 329. Os condutores dos veículos de que tratam os arts. 135 e 136, para exercerem suas atividades, deverão apresentar, previamente, certidão negativa do registro de distribuição criminal relativamente aos crimes de homicídio, roubo, estupro e corrupção de menores, renovável a cada cinco anos, junto ao órgão responsável pela respectiva concessão ou autorização.

Art. 330. Os estabelecimentos onde se executem reformas ou recuperação de veículos e os que comprem, vendam ou desmontem veículos, usados ou não, são obrigados a possuir livros de registro de seu movimento de entrada e saída e de uso de placas de experiência, conforme modelos aprovados e rubricados pelos órgãos de trânsito.

§ 1º. Os livros indicarão:

I – data de entrada do veículo no estabelecimento;

II – nome, endereço e identidade do proprietário ou vendedor;

III – data de saída ou baixa, nos casos de desmontagem;

IV – nome, endereço e identidade do comprador;

V – características do veículo constantes do seu certificado de registro;

VI – número da placa de experiência.

§ 2º. Os livros terão suas páginas numeradas tipograficamente e serão encadernados ou em folhas soltas, sendo que, no primeiro caso, conterão termo de abertura e encerramento lavrados pelo proprietário e rubricados pela repartição de trânsito, enquanto, no segundo, todas as folhas serão autenticadas pela repartição de trânsito.

§ 3º. A entrada e a saída de veículos nos estabelecimentos referidos neste artigo registrar-se-ão no mesmo dia em que se verificarem assinaladas, inclusive, as horas a elas correspondentes, podendo os veículos irregulares lá encontrados ou suas sucatas ser apreendidos ou retidos para sua completa regularização.

§ 4º. As autoridades de trânsito e as autoridades policiais terão acesso aos livros sempre que o solicitarem, não podendo, entretanto, retirá-los do estabelecimento.

§ 5º. A falta de escrituração dos livros, o atraso, a fraude ao realizá-lo e a recusa de sua exibição serão punidas com a multa prevista para as infrações gravíssimas, independente das demais cominações legais cabíveis.

§ 6º. Os livros previstos neste artigo poderão ser substituídos por sistema eletrônico, na forma regulamentada pelo CONTRAN.

(*) *§ 6º acrescido pela Lei nº 13.154, de 30.7.2015.*

Art. 331. Até a nomeação e posse dos membros que passarão a integrar os colegiados destinados ao julgamento dos recursos administrativos previstos na Seção II do Capítulo XVIII deste Código, o julgamento dos recursos ficará a cargo dos órgãos ora existentes.

Art. 332. Os órgãos e entidades integrantes do Sistema Nacional de Trânsito proporcionarão aos membros do CONTRAN, CETRAN e CONTRANDIFE, em serviço, todas as facilidades para o cumprimento de sua missão, fornecendo-lhes as informações que solicitarem, permitindo-lhes inspecionar a execução de quaisquer serviços e deverão atender prontamente suas requisições.

Art. 333. O CONTRAN estabelecerá, em até 120 (cento e vinte) dias após a nomeação de seus membros, as disposições previstas nos arts. 91 e 92, que terão de ser atendidas pelos órgãos e entidades executivos de trânsito e executivos rodoviários de trânsito para exercerem suas competências.

§ 1º. Os órgãos e entidades de trânsito já existentes terão prazo de um ano, após a edição das normas, para se adequarem às novas disposições estabelecidas pelo CONTRAN, conforme disposto neste artigo.

§ 2º. Os órgãos e entidades de trânsito a serem criados exercerão as competências previstas neste Código em cumprimento às exigências estabelecidas pelo CONTRAN, conforme disposto neste artigo, acompanhados pelo respectivo CETRAN, se órgão ou entidade municipal, ou CONTRAN, se órgão ou entidade estadual, do Distrito Federal ou da União, passando a integrar o Sistema Nacional de Trânsito.

Art. 334. As ondulações transversais existentes deverão ser homologadas pelo órgão ou entidade competente no prazo de um ano, a partir da publicação deste Código, devendo ser retiradas em caso contrário.

Art. 335. (Vetado).

Art. 336. Aplicam-se os sinais de trânsito previstos no Anexo II até a aprovação pelo CONTRAN, no prazo de trezentos e sessenta dias da publicação desta Lei, após a manifestação da Câmara Temática de Engenharia, de Vias e Veículos e obedecidos os padrões internacionais.

Art. 337. Os CETRANs terão suporte técnico e financeiro dos Estados e Municípios que o compõem e, o CONTRANDIFE, do Distrito Federal.

Art. 338. As montadoras, encarroçadoras, os importadores e fabricantes, ao comerciarem veículos automotores de qualquer categoria e ciclos, são obrigados a fornecer, no ato da comercialização do respectivo veículo, manual contendo normas de circulação, infrações, penalidades, direção defensiva, primeiros socorros e Anexos do Código de Trânsito Brasileiro.

Art. 339. Fica o Poder Executivo autorizado a abrir crédito especial no valor de R$ 264.954,00 (duzentos e sessenta e quatro mil, novecentos e cinquenta e quatro reais), em favor do ministério ou órgão a que couber a coordenação máxima do Sistema Nacional de Trânsito, para atender às despesas decorrentes da implantação deste Código.

Art. 340. Este Código entra em vigor 120 (cento e vinte) dias após a data de sua publicação.

Art. 341. Ficam revogadas as Leis nºs 5.108, de 21 de setembro de 1966, 5.693, de 16 de agosto de 1971, 5.820, de 10 de novembro de 1972, 6.124, de 25 de outubro de 1974, 6.308, de 15 de dezembro de 1975, 6.369, de 27 de outubro de 1976, 6.731, de 4 de dezembro de 1979, 7.031, de 20 de setembro de 1982, 7.052, de 2 de dezembro de 1982, 8.102, de 10 de dezembro de 1990, os arts. 1º a 6º e 11 do Decreto-Lei nº 237, de 28 de fevereiro de 1967, e os Decretos-Leis nºs 584, de 16 de maio de 1969, 912 de 2 de outubro de 1969, e 2.448, de 21 de julho de 1988.

Brasília, 23 de setembro de 1997; 176º da Independência e 109º da República.

Fernando Henrique Cardoso

DOU de 24.9.1997 – Retificado em 25.9.1997

ANEXOS

Anexo I
DOS CONCEITOS E DEFINIÇÕES

Para efeito deste Código, adotam-se as seguintes definições:

ACOSTAMENTO – parte da via diferenciada da pista de rolamento destinada à parada ou estacionamento de veículos, em caso de emergência, e à circulação de pedestres e bicicletas, quando não houver local apropriado para esse fim.

AGENTE DA AUTORIDADE DE TRÂNSITO – pessoa, civil ou policial militar, credenciada pela autoridade de trânsito para o exercício das atividades de fiscalização, operação, policiamento ostensivo de trânsito ou patrulhamento.

AR ALVEOLAR – ar expirado pela boca de um indivíduo, originário dos alvéolos pulmonares.

(*) *Item acrescido pela Lei nº 12.760, de 20.12.2012.*

AUTOMÓVEL – veículo automotor destinado ao transporte de passageiros, com capacidade para até oito pessoas, exclusive o condutor.

AUTORIDADE DE TRÂNSITO – dirigente máximo de órgão ou entidade executivo integrante do Sistema Nacional de Trânsito ou pessoa por ele expressamente credenciada.

BALANÇO TRASEIRO – distância entre o plano vertical passando pelos centros das rodas traseiras extremas e o ponto mais recuado do veículo, considerando-se todos os elementos rigidamente fixados ao mesmo.

BICICLETA – veículo de propulsão humana, dotado de duas rodas, não sendo, para efeito deste Código, similar à motocicleta, motoneta e ciclomotor.

BICICLETÁRIO – local, na via ou fora dela, destinado ao estacionamento de bicicletas.

BONDE – veículo de propulsão elétrica que se move sobre trilhos.

BORDO DA PISTA – margem da pista, podendo ser demarcada por linhas longitudinais de bordo que delineiam a parte da via destinada à circulação de veículos.

CALÇADA – parte da via, normalmente segregada e em nível diferente, não destinada à circulação de veículos, reservada ao trânsito de pedestres e, quando possível, à implantação de mobiliário urbano, sinalização, vegetação e outros fins.

CAMINHÃO-TRATOR – veículo automotor destinado a tracionar ou arrastar outro.

CAMINHONETE – veículo destinado ao transporte de carga com peso bruto total de até três mil e quinhentos quilogramas.

CAMIONETA – veículo misto destinado ao transporte de passageiros e carga no mesmo compartimento.

CANTEIRO CENTRAL – obstáculo físico construído como separador de duas pistas de rolamento, eventualmente substituído por marcas viárias (canteiro fictício).

CAPACIDADE MÁXIMA DE TRAÇÃO – máximo peso que a unidade de tração é capaz de tracionar, indicado pelo fabricante, baseado em condições sobre suas limitações de geração e multiplicação de momento de força e resistência dos elementos que compõem a transmissão.

CARREATA – deslocamento em fila na via de veículos automotores em sinal de regozijo, de reivindicação, de protesto cívico ou de uma classe.

CARRO DE MÃO – veículo de propulsão humana utilizado no transporte de pequenas cargas.

CARROÇA – veículo de tração animal destinado ao transporte de carga.

CATADIÓPTRICO – dispositivo de reflexão e refração da luz utilizado na sinalização de vias e veículos (olho-de-gato).

CHARRETE – veículo de tração animal destinado ao transporte de pessoas.

CICLO – veículo de pelo menos duas rodas a propulsão humana.

CICLOFAIXA – parte da pista de rolamento destinada à circulação exclusiva de ciclos, delimitada por sinalização específica.

CICLOMOTOR – veículo de duas ou três rodas, provido de um motor de combustão interna, cuja cilindrada não exceda a cinquenta centímetros cúbicos (3,05 polegadas cúbicas) e cuja velocidade máxima de fabricação não exceda a cinquenta quilômetros por hora.

CICLOVIA – pista própria destinada à circulação de ciclos, separada fisicamente do tráfego comum.

CONVERSÃO – movimento em ângulo, à esquerda ou à direita, de mudança da direção original do veículo.

CRUZAMENTO – interseção de duas vias em nível.

DISPOSITIVO DE SEGURANÇA – qualquer elemento que tenha a função específica de proporcionar maior segurança ao usuário da via, alertando-o sobre situações de perigo que possam colocar em risco sua integridade física e dos demais usuários da via, ou danificar seriamente o veículo.

ESTACIONAMENTO – imobilização de veículos por tempo superior ao necessário para embarque ou desembarque de passageiros.

ESTRADA – via rural não pavimentada.

ETILÔMETRO – aparelho destinado à medição do teor alcoólico no ar alveolar.

(*) *Item acrescido pela Lei nº 12.760, de 20.12.2012.*

FAIXAS DE DOMÍNIO – superfície lindeira às vias rurais, delimitada por lei específica e sob responsabilidade do órgão ou entidade de trânsito competente com circunscrição sobre a via.

FAIXAS DE TRÂNSITO – qualquer uma das áreas longitudinais em que a pista pode ser subdividida, sinalizada ou não por marcas viárias longitudinais, que tenham uma largura suficiente para permitir a circulação de veículos automotores.

FISCALIZAÇÃO – ato de controlar o cumprimento das normas estabelecidas na legislação de trânsito, por meio do poder de polícia administrativa de trânsito, no âmbito de circunscrição dos órgãos e entidades executivos de trânsito e de acordo com as competências definidas neste Código.

FOCO DE PEDESTRES – indicação luminosa de permissão ou impedimento de locomoção na faixa apropriada.

FREIO DE ESTACIONAMENTO – dispositivo destinado a manter o veículo imóvel na ausência do condutor ou, no caso de um reboque, se este se encontra desengatado.

FREIO DE SEGURANÇA ou MOTOR – dispositivo destinado a diminuir a marcha do veículo no caso de falha do freio de serviço.

FREIO DE SERVIÇO – dispositivo destinado a provocar a diminuição da marcha do veículo ou pará-lo.

GESTO DE AGENTES – movimentos convencionais de braço, adotados exclusivamente pelos agentes de autoridade de trânsito nas vias, para orientar, indicar o direito de passagem dos veículos ou pedestres ou emitir ordens, sobrepondo-se ou completando outra sinalização ou norma constante deste Código.

GESTOS DE CONDUTORES – movimentos convencionais de braço, adotados exclusivamente pelos condutores, para orientar ou indicar que vão efetuar uma manobra de mudança de direção, redução brusca de velocidade ou parada.

ILHA – obstáculo físico, colocado na pista de rolamento, destinado à ordenação dos fluxos de trânsito em uma interseção.

INFRAÇÃO – inobservância a qualquer preceito da legislação de trânsito, às normas emanadas do Código de Trânsito, do Conselho Nacional de Trânsito e a regulamentação estabelecida pelo órgão ou entidade executiva do trânsito.

INTERSEÇÃO – todo cruzamento em nível, entroncamento ou bifurcação, incluindo as áreas formadas por tais cruzamentos, entroncamentos ou bifurcações.

INTERRUPÇÃO DE MARCHA – imobilização do veículo para atender circunstância momentânea do trânsito.

LICENCIAMENTO – procedimento anual, relativo a obrigações do proprietário de veículo, comprovado por meio de documento específico (Certificado de Licenciamento Anual).

LOGRADOURO PÚBLICO – espaço livre destinado pela municipalidade à circulação, parada ou estacionamento de veículos, ou à circulação de pedestres, tais como calçada, parques, áreas de lazer, calçadões.

LOTAÇÃO – carga útil máxima, incluindo condutor e passageiros, que o veículo transporta, expressa em quilogramas para os veículos de carga, ou número de pessoas, para os veículos de passageiros.

LOTE LINDEIRO – aquele situado ao longo das vias urbanas ou rurais e que com elas se limita.

LUZ ALTA – facho de luz do veículo destinado a iluminar a via até uma grande distância do veículo.

LUZ BAIXA – facho de luz do veículo destinada a iluminar a via diante do veículo, sem ocasionar ofuscamento ou incômodos injustificáveis aos condutores e outros usuários da via que venham em sentido contrário.

LUZ DE FREIO – luz do veículo destinada a indicar aos demais usuários da via, que se encontram atrás do veículo, que o condutor está aplicando o freio de serviço.

LUZ INDICADORA DE DIREÇÃO (pisca-pisca) – luz do veículo destinada a indicar aos demais usuários da via que o condutor tem o propósito de mudar de direção para a direita ou para a esquerda.

LUZ DE MARCHA À RÉ – luz do veículo destinada a iluminar atrás do veículo e advertir aos demais usuários da via que o veículo está efetuando ou a ponto de efetuar uma manobra de marcha à ré.

LUZ DE NEBLINA – luz do veículo destinada a aumentar a iluminação da via em caso de neblina, chuva forte ou nuvens de pó.

LUZ DE POSIÇÃO (lanterna) – luz do veículo destinada a indicar a presença e a largura do veículo.

MANOBRA – movimento executado pelo condutor para alterar a posição em que o veículo está no momento em relação à via.

MARCAS VIÁRIAS – conjunto de sinais constituídos de linhas, marcações, símbolos ou legendas, em tipos e cores diversas, apostos ao pavimento da via.

MICRO-ÔNIBUS – veículo automotor de transporte coletivo com capacidade para até vinte passageiros.

MOTOCICLETA – veículo automotor de duas rodas, com ou sem *sidecar*, dirigido por condutor em posição montada.

MOTONETA – veículo automotor de duas rodas, dirigido por condutor em posição sentada.

MOTOR-CASA (*MOTOR-HOME*) – veículo automotor cuja carroçaria seja fechada e destinada a alojamento, escritório, comércio ou finalidades análogas.

NOITE – período do dia compreendido entre o pôr do sol e o nascer do sol.

ÔNIBUS – veículo automotor de transporte coletivo com capacidade para mais de vinte passageiros, ainda que, em virtude de adaptações com vista à maior comodidade deste, transporte número menor.

OPERAÇÃO DE CARGA E DESCARGA – imobilização do veículo, pelo tempo estritamente necessário ao carregamento ou descarregamento de animais ou carga, na forma disciplinada pelo órgão ou entidade executivo de trânsito competente com circunscrição sobre a via.

OPERAÇÃO DE TRÂNSITO – monitoramento técnico baseado nos conceitos de Engenharia de Tráfego, das condições de fluidez, de estacionamento e parada na via, de forma a reduzir as interferências tais como veículos quebrados, acidentados, estacionados irregularmente atrapalhando o trânsito, prestando socorros imediatos e informações aos pedestres e condutores.

PARADA – imobilização do veículo com a finalidade e pelo tempo estritamente necessário para efetuar embarque ou desembarque de passageiros.

PASSAGEM DE NÍVEL – todo cruzamento de nível entre uma via e uma linha férrea ou trilho de bonde com pista própria.

PASSAGEM POR OUTRO VEÍCULO – movimento de passagem à frente de outro veículo que se desloca no mesmo sentido, em menor velocidade, mas em faixas distintas da via.

PASSAGEM SUBTERRÂNEA – obra de arte destinada à transposição de vias, em desnível subterrâneo, e ao uso de pedestres ou veículos.

PASSARELA – obra de arte destinada à transposição de vias, em desnível aéreo, e ao uso de pedestres.

PASSEIO – parte da calçada ou da pista de rolamento, neste último caso, separada por pintura ou elemento físico separador, livre de interferências, destinada à circulação exclusiva de pedestres e, excepcionalmente, de ciclistas.

PATRULHAMENTO – função exercida pela Polícia Rodoviária Federal com o objetivo de garantir obediência às normas de trânsito, assegurando a livre circulação e evitando acidentes.

PERÍMETRO URBANO – limite entre área urbana e área rural.

PESO BRUTO TOTAL – peso máximo que o veículo transmite ao pavimento, constituído da soma da tara mais a lotação.

PESO BRUTO TOTAL COMBINADO – peso máximo transmitido ao pavimento pela combinação de um caminhão-trator mais seu semirreboque ou do caminhão mais o seu reboque ou reboques.

PISCA-ALERTA – luz intermitente do veículo, utilizada em caráter de advertência, destinada a indicar aos demais usuários da via que o veículo está imobilizado ou em situação de emergência.

PISTA – parte da via normalmente utilizada para a circulação de veículos, identificada por elementos separadores ou por diferença de nível em relação às calçadas, ilhas ou aos canteiros centrais.

PLACAS – elementos colocados na posição vertical, fixados ao lado ou suspensos sobre a pista, transmitindo mensagens de caráter permanente e, eventualmente, variáveis, mediante símbolo ou legendas pré-reconhecidas e legalmente instituídas como sinais de trânsito.

POLICIAMENTO OSTENSIVO DE TRÂNSITO – função exercida pelas Polícias Militares com o objetivo de prevenir e reprimir atos relacionados com a segurança pública e de garantir obediência às normas relativas à segurança de trânsito, assegurando a livre circulação e evitando acidentes.

PONTE – obra de construção civil destinada a ligar margens opostas de uma superfície líquida qualquer.

REBOQUE – veículo destinado a ser engatado atrás de um veículo automotor.

REGULAMENTAÇÃO DA VIA – implantação de sinalização de regulamentação pelo órgão ou entidade competente com circunscrição sobre a via, definindo, entre outros, sentido de direção, tipo de estacionamento, horários e dias.

REFÚGIO – parte da via, devidamente sinalizada e protegida, destinada ao uso de pedestres durante a travessia da mesma.

RENACH – Registro Nacional de Condutores Habilitados.

RENAVAM – Registro Nacional de Veículos Automotores.

RETORNO – movimento de inversão total do sentido da direção original de veículos.

RODOVIA – via rural pavimentada.

SEMIRREBOQUE – veículo de um ou mais eixos que se apoia na sua unidade tratora ou é a ela ligado por meio de articulação.

SINAIS DE TRÂNSITO – elementos de sinalização viária que se utilizam de placas, marcas viárias, equipamentos de controle luminosos, dispositivos auxiliares, apitos e gestos, destinados exclusivamente a ordenar ou dirigir o trânsito dos veículos e pedestres.

SINALIZAÇÃO – conjunto de sinais de trânsito e dispositivos de segurança colocados na via pública com o objetivo de garantir sua utilização adequada, possibilitando melhor fluidez no trânsito e maior segurança dos veículos e pedestres que nela circulam.

SONS POR APITO – sinais sonoros, emitidos exclusivamente pelos agentes da autoridade de trânsito nas vias, para orientar ou indicar o direito de passagem dos veículos ou pedestres, sobrepondo-se ou completando sinalização existente no local ou norma estabelecida neste Código.

TARA – peso próprio do veículo, acrescido dos pesos da carroçaria e equipamento, do combustível, das ferramentas e acessórios, da roda sobressalente, do extintor de incêndio e do fluido de arrefecimento, expresso em quilogramas.

TRAILER – reboque ou semirreboque tipo casa, com duas, quatro, ou seis rodas, acoplado ou adaptado à traseira de automóvel ou camionete, utilizado em geral em atividades turísticas como alojamento, ou para atividades comerciais.

TRÂNSITO – movimentação e imobilização de veículos, pessoas e animais nas vias terrestres.

TRANSPOSIÇÃO DE FAIXAS – passagem de um veículo de uma faixa demarcada para outra.

TRATOR – veículo automotor construído para realizar trabalho agrícola, de construção e pavimentação e tracionar outros veículos e equipamentos.

ULTRAPASSAGEM – movimento de passar à frente de outro veículo que se desloca no mesmo sentido, em menor velocidade e na mesma faixa de tráfego, necessitando sair e retornar à faixa de origem.

UTILITÁRIO – veículo misto caracterizado pela versatilidade do seu uso, inclusive fora de estrada.

VEÍCULO ARTICULADO – combinação de veículos acoplados, sendo um deles automotor.

VEÍCULO AUTOMOTOR – todo veículo a motor de propulsão que circule por seus próprios meios, e que serve normalmente para o transporte viário de pessoas e coisas, ou para a tração viária de veículos utilizados para o transporte de pessoas e coisas. O termo compreende os veículos conectados a uma linha elétrica e que não circulam sobre trilhos (ônibus elétrico).

VEÍCULO DE CARGA – veículo destinado ao transporte de carga, podendo transportar dois passageiros, exclusive o condutor.

VEÍCULO DE COLEÇÃO – aquele que, mesmo tendo sido fabricado há mais de trinta anos, conserva suas características originais de fabricação e possui valor histórico próprio.

VEÍCULO CONJUGADO – combinação de veículos, sendo o primeiro um veículo automotor e os demais reboques ou equipamentos de trabalho agrícola, construção, terraplanagem ou pavimentação.

VEÍCULO DE GRANDE PORTE – veículo automotor destinado ao transporte de carga com peso bruto total máximo superior a dez mil quilogramas e de passageiros, superior a vinte passageiros.

VEÍCULO DE PASSAGEIROS – veículo destinado ao transporte de pessoas e suas bagagens.

VEÍCULO MISTO – veículo automotor destinado ao transporte simultâneo de carga e passageiro.

VIA – superfície por onde transitam veículos, pessoas e animais, compreendendo a pista, a calçada, o acostamento, ilha e canteiro central.

VIA ARTERIAL – aquela caracterizada por interseções em nível, geralmente controlada por semáforo, com acessibilidade aos lotes lindeiros e às vias secundárias e locais, possibilitando o trânsito entre as regiões da cidade.

VIA COLETORA – aquela destinada a coletar e distribuir o trânsito que tenha necessidade de entrar ou sair das vias de trânsito rápido ou arteriais, possibilitando o trânsito dentro das regiões da cidade.

VIA DE TRÂNSITO RÁPIDO – aquela caracterizada por acessos especiais com trânsito livre, sem interseções em nível, sem acessibilidade direta dos lotes lindeiros e sem travessia de pedestres em nível.

VIA LOCAL – aquela caracterizada por interseções em nível não semaforizadas, destinada apenas ao acesso local ou a áreas restritas.

VIA RURAL – estradas e rodovias.

VIA URBANA – ruas, avenidas, vielas, ou caminhos e similares abertos à circulação pública, situados na área urbana, caracterizados principalmente por possuírem imóveis edificados ao longo de sua extensão.

VIADUTO – obra de construção civil destinada a transpor uma depressão de terreno ou servir de passagem superior.

VIAS E ÁREAS DE PEDESTRES – vias ou conjunto de vias destinadas à circulação prioritária de pedestres.

Anexo II

SINALIZAÇÃO

1. SINALIZAÇÃO VERTICAL

É um subsistema da sinalização viária cujo meio de comunicação está na posição vertical, normalmente em placa, fixado ao lado ou suspenso sobre a pista, transmitindo mensagens de caráter permanente e, eventualmente, variáveis, através de legendas e/ou símbolos pré-reconhecidos e legalmente instituídos.

A sinalização vertical é classificada de acordo com sua função, compreendendo os seguintes tipos:

— Sinalização de Regulamentação;
— Sinalização de Advertência;
— Sinalização de Indicação.

1.1. SINALIZAÇÃO DE REGULAMENTAÇÃO

Tem por finalidade informar aos usuários das condições, proibições, obrigações ou restrições no uso das vias. Suas mensagens são imperativas e o desrespeito a elas constitui infração.

1.1.1. Formas e Cores

A forma padrão do sinal de regulamentação é a circular, e as cores são vermelha, preta e branca:

Características dos Sinais de Regulamentação:

<table>
<tr><th colspan="2">Forma</th><th colspan="2">Cor</th></tr>
<tr><td rowspan="5">
OBRIGAÇÃO/
RESTRIÇÃO</td><td rowspan="5">
PROIBIÇÃO</td><td>Fundo</td><td>Branca</td></tr>
<tr><td>Símbolo</td><td>Preta</td></tr>
<tr><td>Tarja</td><td>Vermelha</td></tr>
<tr><td>Orla</td><td>Vermelha</td></tr>
<tr><td>Letras</td><td>Preta</td></tr>
</table>

(*) *Com redação aprovada pela Resolução CONTRAN nº 160, de 22.4.2004, alterada pela Resolução CONTRAN nº 704, de 10.10.2017.*

(*) *Sobre SINALIZAÇÃO, vide: Resolução CONTRAN nº 180, de 26.8.2005; Resolução CONTRAN nº 243, de 22.6.2007; Resolução CONTRAN nº 486, de 7.5.2014; Resolução CONTRAN nº 236, de 11.5.2007; Resolução CONTRAN nº 483, de 9.4.2014; e Resolução CONTRAN nº 690, de 28.9.2017.*

(*) *V. Resolução CONTRAN nº 704, de 10.10.2017, que estabelece padrões e critérios para sinalização semafórica com sinal sonoro para travessia de pedestres com deficiência visual.*

Constituem exceção, quanto à forma, os sinais R-1 – Parada Obrigatória e R-2 – Dê a Preferência, com as características:

Sinal		Cor	
Forma	**Código**		
	R-1	Fundo	Vermelha
		Orla interna	Branca
		Orla externa	Vermelha
		Letras	Branca
	R-2	Fundo	Branca
		Orla	Vermelha

1.1.2. Dimensões Mínimas

Devem ser observadas as dimensões mínimas dos sinais, conforme o ambiente em que são implantados, considerando-se que o aumento no tamanho dos sinais implica em aumento nas dimensões de orlas, tarjas e símbolos.

a) Sinais de forma circular

Via	Diâmetro mínimo (m)	Tarja mínima (m)	Orla mínima (m)
Urbana	0,40	0,040	0,040
Rural (estrada)	0,50	0,050	0,050
Rural (rodovia)	0,75	0,075	0,075
Áreas protegidas por legislação especial (*)	0,30	0,030	0,030

(*) Relativa a patrimônio histórico, artístico, cultural, arquitetônico, arqueológico e natural.

b) Sinal de forma octogonal – R-1

Via	Lado mínimo (m)	Orla interna branca mínima (m)	Orla externa vermelha mínima (m)
Urbana	0,25	0,020	0,010
Rural (estrada)	0,35	0,028	0,014
Rural (rodovia)	0,40	0,032	0,016
Áreas protegidas por legislação especial (*)	0,18	0,015	0,008

(*) Relativa a patrimônio histórico, artístico, cultural, arquitetônico, arqueológico e natural.

c) Sinal de forma triangular – R-2

Via	Lado mínimo (m)	Orla mínima (m)
Urbana	0,75	0,10
Rural (estrada)	0,75	0,10
Rural (rodovia)	0,90	0,15
Áreas protegidas por legislação especial (*)	0,40	0,06

(*) Relativa a patrimônio histórico, artístico, cultural, arquitetônico, arqueológico e natural.

As informações complementares, cujas características são descritas no item 1.1.5, possuem a forma retangular.

1.1.3. Dimensões Recomendadas

a) Sinais de forma circular

Via	Diâmetro (m)	Tarja (m)	Orla (m)
Urbana (de trânsito rápido)	0,75	0,075	0,075
Urbana (demais vias)	0,50	0,050	0,050
Rural (estrada)	0,75	0,075	0,075
Rural (rodovia)	1,00	0,100	0,100

b) Sinal de forma octogonal – R-1

Via	Lado (m)	Orla interna branca (m)	Orla externa vermelha (m)
Urbana	0,35	0,028	0,014
Rural (estrada)	0,35	0,028	0,014
Rural (rodovia)	0,50	0,040	0,020

c) Sinal de forma triangular – R-2

Via	Lado (m)	Tarja (m)
Urbana	0,90	0,15
Rural (estrada)	0,90	0,15
Rural (rodovia)	1,00	0,20

1.1.4. Conjunto de Sinais de Regulamentação

R-1
Parada obrigatória

R-2
Dê a preferência

R-3
Sentido proibido

R-4a
Proibido virar à esquerda

R-4b
Proibido virar à direita

R-5a
Proibido retornar à esquerda

R-5b
Proibido retornar à direita

R-6a
Proibido estacionar

R-6b
Estacionamento regulamentado

R-6c
Proibido parar e estacionar

R-7
Proibido ultrapassar

R-8a
Proibido mudar de faixa ou pista de trânsito da esquerda para direita

R-8b
Proibido mudar de faixa ou pista de trânsito da direita para esquerda

R-9
Proibido trânsito de caminhões

R-10
Proibido trânsito de veículos automotores

R-11
Proibido trânsito de veículos de tração animal

R-12
Proibido trânsito de bicicletas

R-13
Proibido trânsito de tratores e máquinas de obras

R-14
Peso bruto total máximo permitido

R-15
Altura máxima permitida

R-16
Largura máxima permitida

R-17
Peso máximo permitido por eixo

R-18
Comprimento máximo permitido

R-19
Velocidade máxima permitida

R-20
Proibido acionar buzina ou sinal sonoro

R-21
Alfândega

R-22
Uso obrigatório de correntes

R-23
Conserve-se à direita

R-24a
Sentido de circulação da via/pista

R-24b
Passagem obrigatória

R-25a
Vire à esquerda

R-25b
Vire à direita

R-25c
Siga em frente ou à esquerda

R-25d
Siga em frente ou à direita

R-26
Siga em frente

R-27
Ônibus, caminhões e veículos de grande porte mantenham-se à direita

R-28
Duplo sentido de circulação

R-29
Proibido trânsito de pedestres

R-30
Pedestre, ande pela esquerda

R-31
Pedestre, ande pela direita

R-32
Circulação exclusiva de ônibus

R-33
Sentido de circulação na rotatória

R-34
Circulação exclusiva de bicicletas

R-35a
Ciclista, transite à esquerda

R-35b
Ciclista, transite à direita

R-36a
Ciclistas à esquerda, pedestres à direita

R-36b
Pedestres à esquerda, ciclistas à direita

R-37
Proibido trânsito de motocicletas, motonetas e ciclomotores

R-38
Proibido trânsito de ônibus

R-39
Circulação exclusiva de caminhão

R-40
Trânsito proibido a carros de mão

1.1.5. Informações Complementares

Sendo necessário acrescentar informações para complementar os sinais de regulamentação, como período de validade, características e uso do veículo, condições de estacionamento, além de outras, deve ser utilizada uma placa adicional ou incorporada à placa principal, formando um só conjunto, na forma retangular, com as mesmas cores do sinal de regulamentação.

Características das Informações Complementares

Cor	
Fundo	Branca
Orla interna (opcional)	Vermelha
Orla externa	Branca
Tarja	Vermelha
Legenda	Preta

Não se admite acrescentar informação complementar para os sinais R-1 – Parada Obrigatória e R-2 – Dê a Preferência.

Nos casos em que houver símbolos, estes devem ter a forma e cores definidas em legislação específica.

Exemplos:

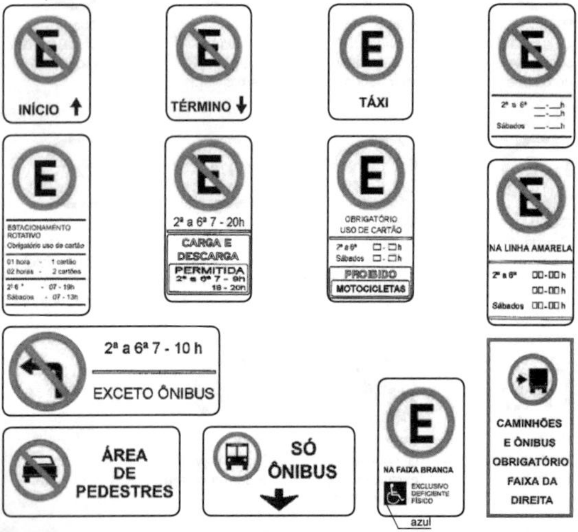

1.2. SINALIZAÇÃO DE ADVERTÊNCIA

Tem por finalidade alertar os usuários da via para condições potencialmente perigosas, indicando sua natureza.

1.2.1. Formas e Cores

A forma padrão dos sinais de advertência é quadrada, devendo uma das diagonais ficar na posição vertical. À sinalização de advertência estão associadas as cores amarela e preta.

Características dos Sinais de Advertência

Forma	Cor	
	Fundo	Amarela
	Símbolo	Preta
	Orla interna	Preta
	Orla externa	Amarela
	Legenda	Preta

Constituem exceções:

• quanto à cor:
— o sinal A-24 – Obras, que possui fundo e orla externa na cor laranja;
— o sinal A-14 – Semáforo à Frente, que possui símbolo nas cores preta, vermelha, amarela e verde;
— todos os sinais que, quando utilizados na sinalização de obras, possuem fundo na cor laranja.

• quanto à forma, os sinais A-26a – Sentido Único, A-26b – Sentido Duplo e A-41 – Cruz de Santo André.

Sinal		Cor	
Forma	**Código**		
	**A-26a A-26b**	Fundo	Amarela
		Orla interna	Preta
		Orla externa	Amarela
		Seta	Preta
	**A-41**	Fundo	Amarela
		Orla interna	Preta
		Orla externa	Amarela

A Sinalização Especial de Advertência e as Informações Complementares, cujas características são descritas nos itens 1.2.4 e 1.2.5, possuem a forma retangular.

1.2.2. Dimensões Mínimas

Devem ser observadas as dimensões mínimas dos sinais, conforme a via em que são implantados, considerando-se que o aumento no tamanho dos sinais implica em aumento nas dimensões de orlas e símbolos.

a) Sinais de forma quadrada

Via	Lado mínimo (m)	Orla externa mínima (m)	Orla interna mínima (m)
Urbana	0,45	0,010	0,020
Rural (estrada)	0,50	0,010	0,020
Rural (rodovia)	0,60	0,010	0,020
Áreas protegidas por legislação especial (*)	0,30	0,006	0,012

(*) Relativa a patrimônio histórico, artístico, cultural, arquitetônico, arqueológico e natural.

Obs.: Nos casos de placas de advertência desenhadas numa placa adicional, o lado mínimo pode ser de 0,300 m.

b) Sinais de forma retangular

Via	Lado maior mínimo (m)	Lado menor mínimo (m)	Orla externa mínima (m)	Orla interna mínima (m)
Urbana	0,50	0,25	0,010	0,020
Rural (estrada)	0,80	0,40	0,010	0,020
Rural (rodovia)	1,00	0,50	0,010	0,020
Áreas protegidas por legislação especial (*)	0,40	0,20	0,006	0,012

(*) Relativa a patrimônio histórico, artístico, cultural, arquitetônico, arqueológico e natural.

c) Cruz de Santo André

Parâmetro	Variação
Relação entre dimensões de largura e comprimento dos braços	de 1:6 a 1:10
Ângulos menores formados entre os dois braços	entre 45° e 55°

1.2.3. Conjunto de Sinais de Advertência

A-1a
Curva acentuada à esquerda

A-1b
Curva acentuada à direita

A-2a
Curva à esquerda

A-2b
Curva à direita

A-3a
Pista sinuosa à esquerda

A-3b
Pista sinuosa à direita

A-4a
Curva acentuada em "S" à esquerda

A-4b
Curva acentuada em "S" à direita

A-5a
Curva em "S" à esquerda

A-5b
Curva em "S" à direita

A-6
Cruzamento de vias

A-7a
Via lateral à esquerda

A-7b
Via lateral à direita

A-8
Interseção em "T"

A-9
Bifurcação em "Y"

A-10a
Entroncamento oblíquo à esquerda

A-10b
Entroncamento oblíquo à direita

A-11a
Junções sucessivas contrárias primeira à esquerda

A-11b
Junções sucessivas contrárias primeira à direita

A-12
Interseção em círculo

A-13a
Confluência à esquerda

A-13b
Confluência à direita

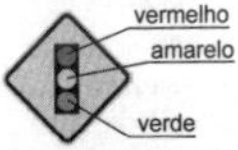

A-14
Semáforo à frente

A-15
Parada obrigatória à frente

A-16
Bonde

A-17
Pista irregular

A-18
Saliência ou lombada

A-19
Depressão

A-20a
Declive acentuado

A-20b
Aclive acentuado

A-21a
Estreitamento de pista ao centro

A-21b
Estreitamento de pista à esquerda

A-21c
Estreitamento de pista à direita

A-21d
Alargamento de pista à esquerda

A-21e
Alargamento de pista à direita

A-22
Ponte estreita

A-23
Ponte móvel

A-24
Obras

A-25
Mão dupla adiante

A-26a
Sentido único

A-26b
Sentido duplo

A-27
Área com desmoronamento

A-28
Pista escorregadia

A-29
Projeção de cascalho

A-30a
Trânsito de ciclistas

A-30b
Passagem sinalizada de ciclistas

A-30c
Trânsito compartilhado por ciclistas e pedestres

A-31
Trânsito de tratores ou maquinária agrícola

A-32a
Trânsito de pedestres

A-32b
Passagem sinalizada de pedestres

A-33a
Área escolar

A-33b
Passagem sinalizada de escolares

A-34
Crianças

A-35
Animais

A-36
Animais selvagens

A-37
Altura limitada

A-38
Largura limitada

A-39
Passagem de nível sem barreira

A-40
Passagem de nível com barreira

A-41
Cruz de Santo André

A-42a
Início de pista dupla

A-42b
Fim de pista dupla

A-42c
Pista dividida

A-43
Aeroporto

A-44
Vento lateral

A-45
Rua sem saída

A-46
Peso bruto total limitado

A-47
Peso limitado por eixo

A-48
Comprimento limitado

1.2.4. Sinalização Especial de Advertência

Estes sinais são empregados nas situações em que não é possível a utilização dos sinais apresentados no item 1.2.3.

O formato adotado é retangular, de tamanho variável em função das informações nelas contidas, e suas cores são amarela e preta.

Características da Sinalização Especial de Advertência

Cor	
Fundo	Amarela
Símbolo	Preta
Orla interna	Preta
Orla externa	Amarela
Legenda	Preta
Tarja	Preta

Na sinalização de obras, o fundo e a orla externa devem ser na cor laranja.

Exemplos:

a) Sinalização Especial para Faixas ou Pistas Exclusivas de Ônibus

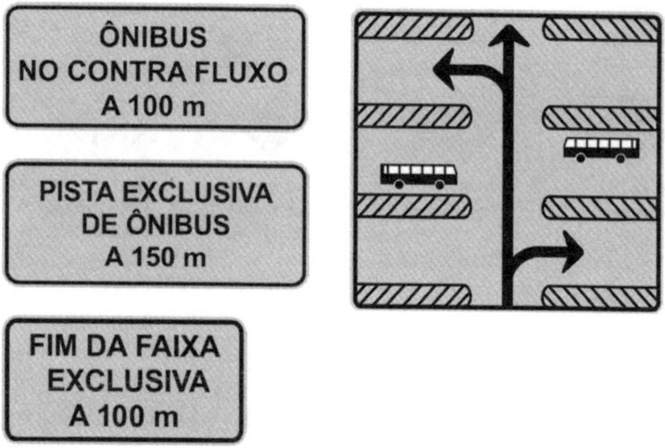

b) Sinalização Especial para Pedestres

c) Sinalização Especial de Advertência somente para rodovias, estradas e vias de trânsito rápido

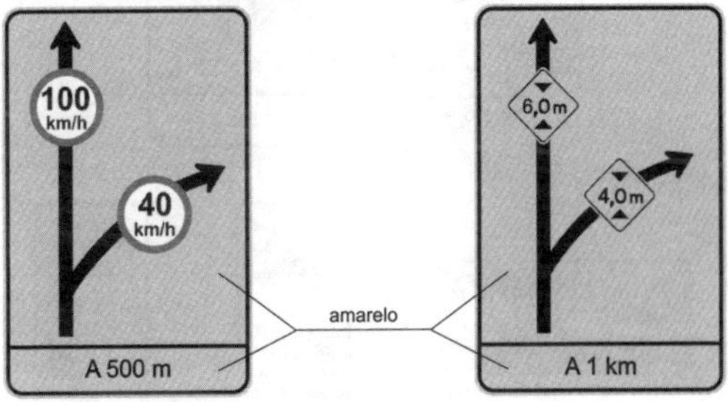

1.2.5. Informações Complementares

Havendo necessidade de fornecer informações complementares aos sinais de advertência, estas devem ser inscritas em placa adicional ou incorporada à placa principal formando um só conjunto, na forma retangular, admitida a exceção para a placa adicional contendo o número de linhas férreas que cruzam a pista. As cores da placa adicional devem ser as mesmas dos sinais de advertência.

Características das Informações Complementares

	Cor
Fundo	Amarela
Orla interna	Preta
Orla externa	Amarela
Legenda	Preta
Tarja	Preta

Exemplos:

fundo amarelo

fundo amarelo

fundo amarelo

fundo amarelo

fundo amarelo

Na sinalização de obras, o fundo e a orla externa devem ser na cor laranja.

1.3. SINALIZAÇÃO DE INDICAÇÃO

Tem por finalidade identificar as vias e os locais de interesse, bem como orientar condutores de veículos quanto aos percursos, os destinos, as distâncias e os serviços auxiliares, podendo também ter como função a educação do usuário. Suas mensagens possuem caráter informativo ou educativo.

As placas de indicação estão divididas nos seguintes grupos:

1.3.1. Placas de Identificação

Posicionam o condutor ao longo do seu deslocamento, ou com relação a distâncias ou ainda aos locais de destino.

a) Placas de Identificação de Rodovias e Estradas

Características das Placas de Identificação de Rodovias e Estradas Pan-Americanas

Forma	Cor	
	Fundo	Branca
	Orla interna	Preta
	Orla externa	Branca
	Legenda	Preta

Dimensões mínimas (m)	
Altura	0,45
Chanfro Inclinado	0,14
Largura Superior	0,44
Largura Inferior	0,41
Orla Interna	0,02
Orla Externa	0,01

Características das Placas de Identificação de Rodovias e Estradas Federais

Forma	Cor	
	Fundo	Branca
	Orla interna	Preta
	Orla externa	Branca
	Tarja	Preta
	Legendas	Preta

Dimensões mínimas (m)	
Largura	0,40
Altura	0,45
Orla interna	0,02
Orla externa	0,01
Tarja	0,02

Exemplos:

Características das Placas de Identificação de Rodovias e Estradas Estaduais

Forma	Cor	
	Fundo	Branca
	Orla interna	Preta
	Orla externa	Branca
	Legendas	Preta

Dimensões mínimas (m)	
Largura	0,51
Altura	0,45
Orla interna	0,02
Orla externa	0,01

Exemplos:

b) Placas de Identificação de Municípios

Características das Placas de Identificação de Municípios

Forma	Cor	
Retangular, com lado maior na horizontal	Fundo	Azul
	Orla interna	Branca
	Orla externa	Azul
	Legenda	Branca

Dimensões mínimas (m)	
Altura das letras	0,20 (*)
Orla interna	0,02
Orla externa	0,01

(*) Áreas protegidas por legislação especial (patrimônio histórico, arquitetônico etc.), podem apresentar altura de letra inferior, desde que atenda os critérios de legibilidade.

Exemplos:

FLORIANÓPOLIS

GOIÂNIA

c) Placas de Identificação de Regiões de Interesse de Tráfego e Logradouros

A parte de cima da placa deve indicar o bairro ou avenida/rua da cidade. A parte de baixo a região ou zona em que o bairro ou avenida/rua estiver situado. Esta parte da placa é opcional.

Características das Placas de Identificação de Regiões de Interesse de Tráfego e Logradouros

Forma	Cor	
Retangular	Fundo	Azul
	Orla interna	Branca
	Orla externa	Azul
	Tarja	Branca
	Legendas	Branca

Dimensões mínimas (m)	
Altura das letras	0,10
Orla interna	0,02
Orla externa	0,01
Tarja	0,01

Exemplos:

Lapa

Boqueirão

Moema / **Zona Sul**

B. Ouro Preto / **Regional Pampulha**

Getúlio Vargas

Av. Navegantes

d) Placas de Identificação Nominal de Pontes, Viadutos, Túneis e Passarelas

Características das Placas de Identificação Nominal de Pontes, Viadutos, Túneis e Passarelas

Forma	Cor	
Retangular, com lado maior na horizontal	Fundo	Azul
	Orla interna	Branca
	Orla externa	Azul
	Tarja	Branca
	Legendas	Branca

Dimensões mínimas (m)	
Altura das letras	0,10
Orla interna	0,02
Orla externa	0,01
Tarja	0,01

Exemplos:

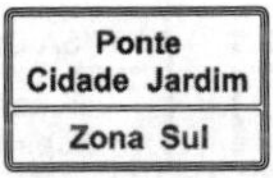

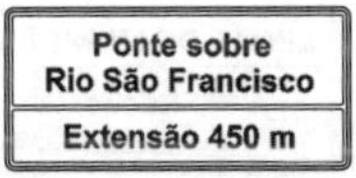

e) Placas de Identificação Quilométrica

Características das Placas de Identificação Quilométrica

Forma	Cor	
Retangular, com lado maior na vertical	Fundo	Azul
	Orla interna	Branca
	Orla externa	Azul
	Tarja	Branca
	Legendas	Branca

Dimensões mínimas (m)	
Altura da letra	0,150
Altura da letra (ponto cardeal)	0,125
Altura do algarismo	0,150
Orla interna	0,020
Orla externa	0,010
Tarja (*)	0,010

(*) Quando separar a informação adicional do ponto cardeal.

Na utilização em vias urbanas as dimensões devem ser determinadas em função do local e do objetivo da sinalização.

Exemplos:

f) Placas de Identificação de Limite de Municípios / Divisa de Estados / Fronteira / Perímetro Urbano

Características das Placas de Identificação de Limite de Municípios / Divisa de Estados / Fronteira / Perímetro Urbano

Forma	Cor	
Retangular, com lado maior na horizontal	Fundo	Azul
	Orla interna	Branca
	Orla externa	Azul
	Tarja	Branca
	Legendas	Branca

Dimensões mínimas (m)	
Altura das letras	0,12
Orla interna	0,02
Orla externa	0,01
Tarja	0,01

Exemplos:

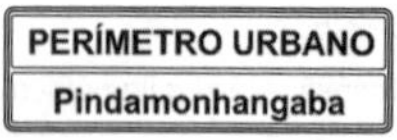

g) Placas de Pedágio

Características das Placas de Pedágio

Forma	Cor	
Retangular, com lado maior na horizontal	Fundo	Azul
	Orla interna	Branca
	Orla externa	Azul
	Tarja	Branca
	Legendas	Branca
	Seta	Branca

Dimensões mínimas (m)	
Altura das letras	0,20
Orla interna	0,02
Orla externa	0,01
Tarja	0,01

Exemplos:

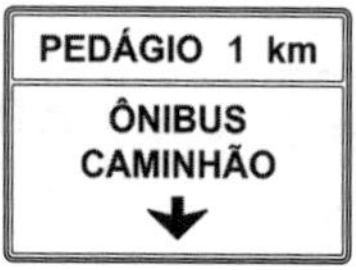

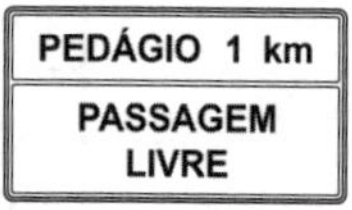

1.3.2. Placas de Orientação de Destino

Indicam ao condutor a direção que o mesmo deve seguir para atingir determinados lugares, orientando seu percurso e/ou distâncias.

a) Placas Indicativas de Sentido (Direção)

Características das Placas Indicativas de Sentido

Forma	Mensagens de Localidades		Mensagens de Nomes de Rodovias/Estradas ou Associadas aos seus Símbolos	
	Cor		Cor	
Retangular, com lado maior na horizontal	Fundo	Verde	Fundo	Azul
	Orla interna	Branca	Orla interna	Branca
	Orla externa	Verde	Orla externa	Azul
	Tarja	Branca	Tarja	Branca
	Legendas	Branca	Legendas	Branca
	Setas	Branca	Setas	Branca
	Símbolos	—	De acordo com a rodovia/estrada	

Dimensões mínimas (m)		
Altura das letras	VIA URBANA	0,125 (*)
	VIA RURAL	0,150 (*)
Orla interna		0,020
Orla externa		0,010
Tarja		0,010

(*) Áreas protegidas por legislação especial (patrimônio histórico, arquitetônico etc.), podem apresentar altura de letra inferior, desde que atenda os critérios de legibilidade.

Exemplos:

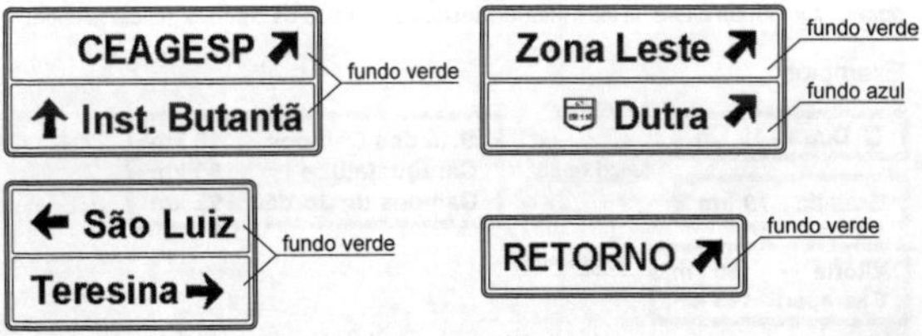

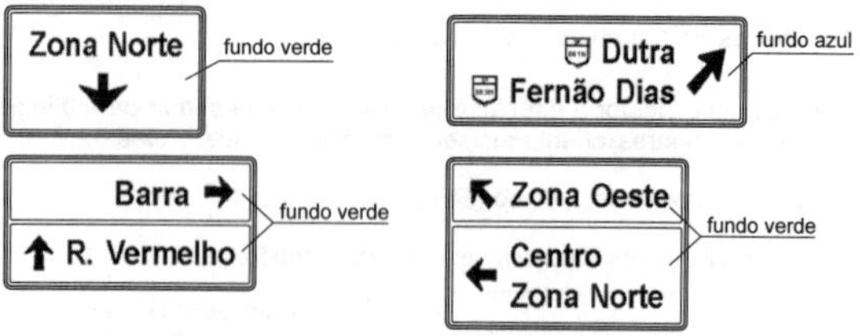

b) Placas Indicativas de Distância

Características das Placas Indicativas de Distância

Forma	Mensagens de Localidades		Mensagens de Nomes de Rodovias/Estradas ou Associadas aos seus Símbolos	
	Cor		Cor	
Retangular, com lado maior na horizontal	Fundo	Verde	Fundo	Azul
	Orla interna	Branca	Orla interna	Branca
	Orla externa	Verde	Orla externa	Azul
	Tarja	Branca	Tarja	Branca
	Legendas	Branca	Legendas	Branca
	Símbolos	—	De acordo com a rodovia/estrada	

Dimensões mínimas (m)		
Altura das letras	VIA URBANA	0,125 (*)
	VIA RURAL	0,150 (*)
Orla interna		0,020
Orla externa		0,010
Tarja		0,010

(*) Áreas protegidas por legislação especial (patrimônio histórico, arquitetônico etc.), podem apresentar altura de letra inferior, desde que atenda os critérios de legibilidade.

Exemplos:

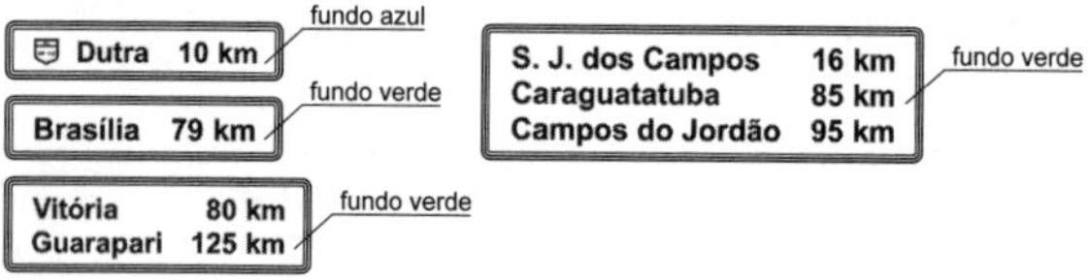

c) Placas Diagramadas

Características das Placas Diagramadas

Forma	Mensagens de Localidades		Mensagens de Nomes de Rodovias/Estradas ou Associadas aos seus Símbolos	
	Cor		Cor	
Retangular, com lado maior na horizontal	Fundo	Verde	Fundo	Azul
	Orla interna	Branca	Orla interna	Branca
	Orla externa	Verde	Orla externa	Azul
	Tarja	Branca	Tarja	Branca
	Legendas	Branca	Legendas	Branca
	Setas	Branca	Setas	Branca
	Símbolos	–	De acordo com a rodovia/estrada	

Dimensões mínimas (m)		
Altura das letras	VIA URBANA	0,125 (*)
	VIA RURAL	0,150 (*)
Orla interna		0,020
Orla externa		0,010
Tarja		0,010

(*) Áreas protegidas por legislação especial (patrimônio histórico, arquitetônico etc.), podem apresentar altura de letra inferior, desde que atenda os critérios de legibilidade.

Exemplos:

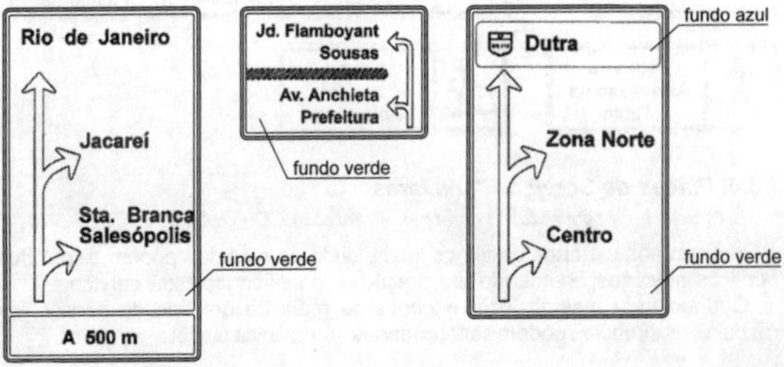

1.3.3. Placas Educativas

Têm a função de educar os usuários da via quanto ao seu comportamento adequado e seguro no trânsito. Podem conter mensagens que reforcem normas gerais de circulação e conduta.

Características das Placas Educativas

Forma	Cor	
Retangular	Fundo	Branca
	Orla interna	Preta
	Orla externa	Branca
	Tarja	Preta
	Legendas	Preta
	Pictograma	Preta

Dimensões mínimas (m)		
Altura da letra (placas para condutores)	VIA URBANA	0,125 (*)
	VIA RURAL	0,150 (*)
Altura das letras (placas para pedestres)		0,050
Orla interna		0,020
Orla externa		0,010
Tarja		0,010
Pictograma		0,200 x 0,200

(*) Áreas protegidas por legislação especial (patrimônio histórico, arquitetônico etc.), podem apresentar altura de letra inferior, desde que atenda os critérios de legibilidade.

Exemplos:

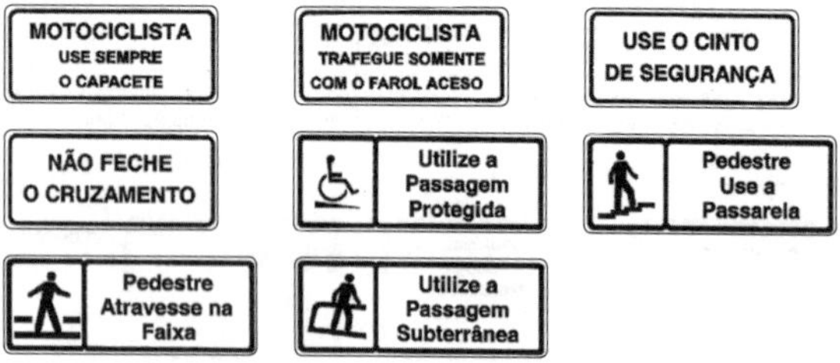

1.3.4. Placas de Serviços Auxiliares

(*) *Item 1.3.4 com redação dada pela Resolução CONTRAN nº 486, de 7.5.2014.*

Indicam aos usuários da via os locais onde os mesmos podem dispor dos serviços indicados, orientando sua direção ou identificando estes serviços.

Quando num mesmo local encontra-se mais de um tipo de serviço, os respectivos símbolos podem ser agrupados numa única placa.

a) Placas para Condutores

Características das Placas de Serviços Auxiliares para Condutores

<table>
<tr><th>Forma</th><th colspan="3">Cor</th></tr>
<tr><td rowspan="6">Placa: retangular

Quadro interno: quadrada</td><td colspan="2">Fundo</td><td>Azul</td></tr>
<tr><td colspan="2">Quadro interno</td><td>Branca</td></tr>
<tr><td colspan="2">Seta</td><td>Branca</td></tr>
<tr><td colspan="2">Legenda</td><td>Branca</td></tr>
<tr><td rowspan="2">Pictograma</td><td>Fundo</td><td>Branca</td></tr>
<tr><td>Figura</td><td>Preta</td></tr>
</table>

Constitui exceção a placa indicativa de "Pronto-Socorro" onde o Símbolo deve ser vermelho.

<table>
<tr><th colspan="3">Dimensões mínimas (m)</th></tr>
<tr><td rowspan="2">Quadro interno</td><td>VIA URBANA</td><td>0,20 x 0,20</td></tr>
<tr><td>VIA RURAL</td><td>0,40 x 0,40</td></tr>
</table>

Exemplos de Pictogramas:

SAU-01
Área de Estacionamento

SAU-02
Informações Turísticas

SAU-03
Câmbio

SAU-04
Correio

SAU-05
Rua 24 horas

SAU-06
Serviço Telefônico

SAU-07
Serviço Mecânico

SAU-08
Borracharia

SAU-09
Abastecimento

SAU-10
Pronto-Socorro

SAU-11
Serviço Sanitário

SAU-12
Restaurante

SAU-13
Hotel

SAU-14
Área de Campismo

SAU-15
Estacionamento de Trailer

SAU-16
Banho

SAU-17
Cemitério

SAU-18
Pedágio

SAU-19
Terminal Rodoviário

SAU-20
Terminal Ferroviário e Metroviário

SAU-21
Aeroporto

SAU-22
Heliporto

SAU-23
Porto

SAU-24
Transporte Sobre Água

SAU-25
Terminal Aquaviário

SAU-26
Ponto de Parada

SAU-27
Cobrança Automática

SAU-28
Fiscalização Eletrônica

SAU-29
Via Monitorada

Exemplos de Placas:

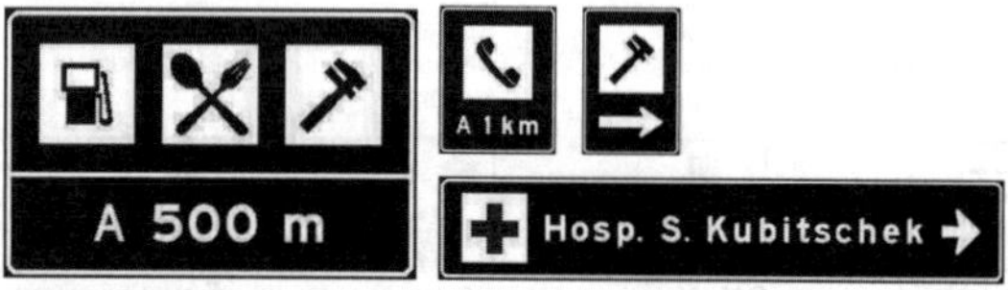

Obs.: Os pictogramas podem ser utilizados opcionalmente nas placas de orientação.

b) Placas para Pedestres

Características das Placas de Serviços Auxiliares para Pedestres

Forma	Cor		
Retangular, lado maior na horizontal	Fundo		Azul
	Orla interna		Branca
	Orla externa		Azul
	Tarja		Branca
	Legendas		Branca
	Seta		Branca
	Pictograma	Fundo	Branca
		Figura	Preta

Dimensões mínimas (m)	
Altura das letras	0,05
Orla interna	0,02
Orla externa	0,01
Tarja	0,01
Pictograma	0,20 x 0,20

Exemplos:

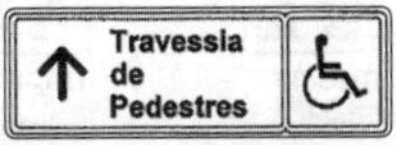

1.3.5. Placas de Atrativos Turísticos

(*) *Item 1.3.5 com redação dada pela Resolução CONTRAN nº 486, de 7.5.2014.*

Indicam aos usuários da via os locais onde os mesmos podem dispor dos atrativos turísticos existentes, orientando sobre sua direção ou identificando estes pontos de interesse.

Exemplos de Pictogramas:

Atrativos Turísticos Naturais

TNA-01
Montanha

TNA-02
Praia

TNA-03
Ilha

TNA-04
Rio, Lago, Lagoa

TNA-05
Cachoeira

TNA-06
Patrimônio Natural

TNA-07
Gruta

TNA-08
Turismo Rural

TNA-09
Estância Hidromineral

Atrativos Históricos e Culturais

THC-01
Arquitetura Religiosa

THC-02
Arquitetura Militar

THC-03
Arquitetura Histórica

THC-04
Monumento

THC-05
Museu

THC-06
Ruína

THC-07
Patrimônio Cultural

THC-08
Sítio Arqueológico

THC-09
Farol

THC-10
Centro de Cultura

THC-11
Biblioteca

Área Para a Prática de Esportes

TAD-01
Esportes

TAD-02
Esportes Equestres

TAD-03
Esportes Automobilísticos

TAD-04
Esportes Náuticos

TAD-05
Mergulho

TAD-06
Voo Livre

TAD-07
Surfe

TAD-08
Canoagem

TAD-09
Pesca Submarina

TAD-10
Pesca Esportiva

TAD-11
Montanhismo

TAD-12
Golfe

TAD-13
Aeroclube

TAD-14
Marina

TAD-15
Futebol

TAD-16
Ciclismo

Área de Recreação

TAR-01
Praça

TAR-02
Barco de Passeio

TAR-03
Parque Urbano

TAR-04
Represa

TAR-05
Teleférico

TAR-06
Mirante

TAR-07
Parque de Diversões

Locais para Atividades de Interesse Turístico

TIT-01
Festas Populares

TIT-02
Teatro

TIT-03
Convenções

TIT-04
Artesanato

TIT-05
Zoológico

TIT-06
Zoossafari

TIT-07
Planetário

TIT-08
Feira Típica

TIT-09
Exposição Agropecuária

TIT-10
Rodeio

TIT-11
Pavilhão de Feiras e Exposições

a) Placas de Identificação de Atrativo Turístico

Características das Placas de Identificação de Atrativo Turístico

Forma	Cor		
Retangular	Fundo		Marrom
	Orla interna		Branca
	Orla externa		Marrom
	Legendas		Branca
	Pictograma	Fundo	Branca
		Figura	Preta

Dimensões mínimas (m)	
Altura das letras	0,10
Pictograma	0,40 x 0,40
Orla interna	0,02
Orla externa	0,01

Exemplos de Placas:

b) Placas Indicativas de Sentido de Atrativo Turístico

Características de Placas Indicativas de Sentido

Forma	Cor		
Retangular	Fundo		Marrom
	Orla interna		Branca
	Orla externa		Marrom
	Tarja		Branca
	Legendas		Branca
	Setas		Branca
	Pictograma	Fundo	Branca
		Figura	Preta

Dimensões mínimas (m)		
Altura da letra (placas para condutores)	VIA URBANA	0,125 (*)
	VIA RURAL	0,150 (*)
Altura da letra (placas para pedestres)		0,050
Pictograma		0,200 x 0,200
Orla interna		0,020
Orla externa		0,010
Tarja		0,010

(*) Áreas protegidas por legislação especial (patrimônio histórico, arquitetônico etc.), podem apresentar altura de letra inferior, desde que atenda os critérios de legibilidade.

Exemplos:

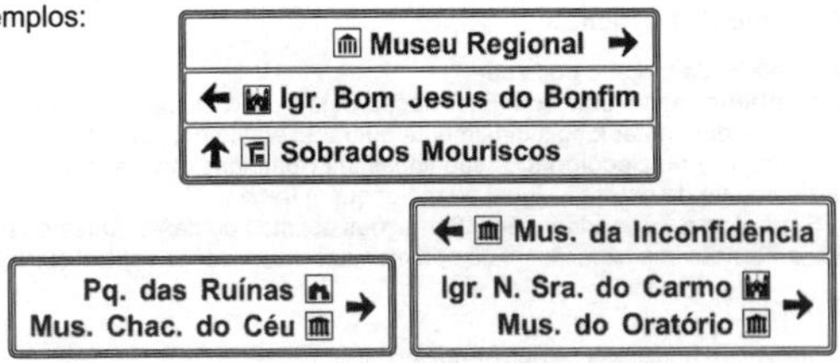

c) Placas Indicativas de Distância de Atrativos Turísticos

Características das Placas Indicativas de Distância de Atrativos Turísticos

Forma	Cor		
Retangular	Fundo		Marrom
	Orla interna		Branca
	Orla externa		Marrom
	Legendas		Branca
	Pictograma	Fundo	Branca
		Figura	Preta

Dimensões mínimas (m)		
Altura da letra (placas para condutores)	VIA URBANA	0,125 (*)
	VIA RURAL	0,150 (*)
Altura da letra (placas para pedestres)		0,050
Pictograma		0,200 x 0,200
Orla interna		0,020
Orla externa		0,010

(*) Áreas protegidas por legislação especial (patrimônio histórico, arquitetônico etc.), podem apresentar altura de letra inferior, desde que atenda os critérios de legibilidade.

Exemplos:

2. SINALIZAÇÃO HORIZONTAL

É um subsistema da sinalização viária que se utiliza de linhas, marcações, símbolos e legendas, pintados ou apostos sobre o pavimento das vias.

Tem como função organizar o fluxo de veículos e pedestres; controlar e orientar os deslocamentos em situações com problemas de geometria, topografia ou frente a obstáculos; complementar os sinais verticais de regulamentação, advertência ou indicação. Em casos específicos, tem poder de regulamentação.

2.1. CARACTERÍSTICAS

A sinalização horizontal mantém alguns padrões cuja mescla e a forma de coloração na via definem os diversos tipos de sinais.

2.1.1. Padrão de Traçado

Seu padrão de traçado pode ser:

— **Contínuo:** são linhas sem interrupção pelo trecho da via onde estão demarcando; podem estar longitudinalmente ou transversalmente apostas à via.

— **Tracejado ou Seccionado:** são linhas interrompidas, com espaçamentos respectivamente de extensão igual ou maior que o traço.

— **Símbolos e Legendas:** são informações escritas ou desenhadas no pavimento, indicando uma situação ou complementando sinalização vertical existente.

2.1.2. Cores

A sinalização horizontal se apresenta em cinco cores:

— **Amarela:** utilizada na regulação de fluxos de sentidos opostos; na delimitação de espaços proibidos para estacionamento e/ou parada e na marcação de obstáculos.

— **Vermelha:** utilizada para proporcionar contraste, quando necessário, entre a marca viária e o pavimento das ciclofaixas e/ou ciclovias, na parte interna destas, associada à linha de bordo branca ou de linha de divisão de fluxo de mesmo sentido e nos símbolos de hospitais e farmácias (cruz).

— **Branca:** utilizada na regulação de fluxos de mesmo sentido; na delimitação de trechos de vias, destinados ao estacionamento regulamentado de veículos em condições especiais; na marcação de faixas de travessias de pedestres, símbolos e legendas.

— **Azul:** utilizada nas pinturas de símbolos de pessoas portadoras de deficiência física, em áreas especiais de estacionamento ou de parada para embarque e desembarque.

— **Preta:** utilizada para proporcionar contraste entre o pavimento e a pintura.

Para identificação da cor, neste documento, é adotada a seguinte convenção:

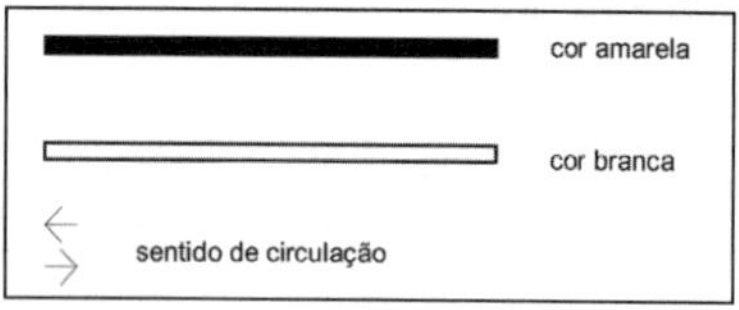

2.2. CLASSIFICAÇÃO

A sinalização horizontal é classificada em:

— marcas longitudinais;

— marcas transversais;

— marcas de canalização;

— marcas de delimitação e controle de estacionamento e/ou parada;

— inscrições no pavimento.

2.2.1. Marcas Longitudinais

Separam e ordenam as correntes de tráfego, definindo a parte da pista destinada normalmente à circulação de veículos, a sua divisão em faixas, a separação de fluxos opostos, faixas de uso exclusivo de um tipo de veículo, reversíveis, além de estabelecer as regras de ultrapassagem e transposição.

De acordo com a sua função, as marcas longitudinais são subdivididas nos seguintes tipos:

a) Linhas de Divisão de Fluxos Opostos

Separam os movimentos veiculares de sentidos contrários e regulamentam a ultrapassagem e os deslocamentos laterais, exceto para acesso à imóvel lindeiro.

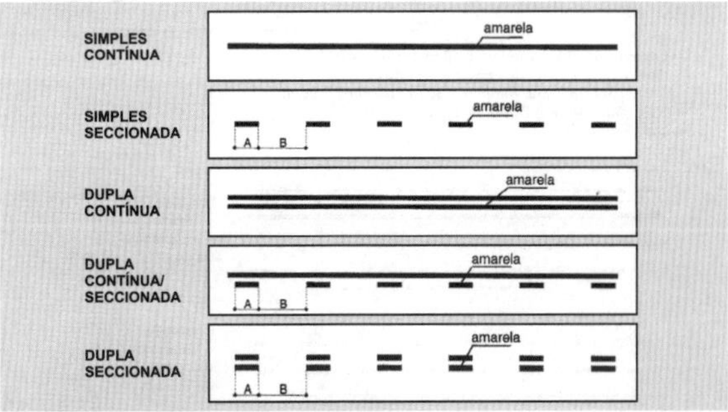

— Largura das linhas: mínima 0,10 m / máxima 0,15 m
— Distância entre as linhas: mínima 0,10 m / máxima 0,15 m
— Relação entre A e B: mínima 1:2 / máxima 1:3
— Cor: amarela

Exemplos de Aplicação:

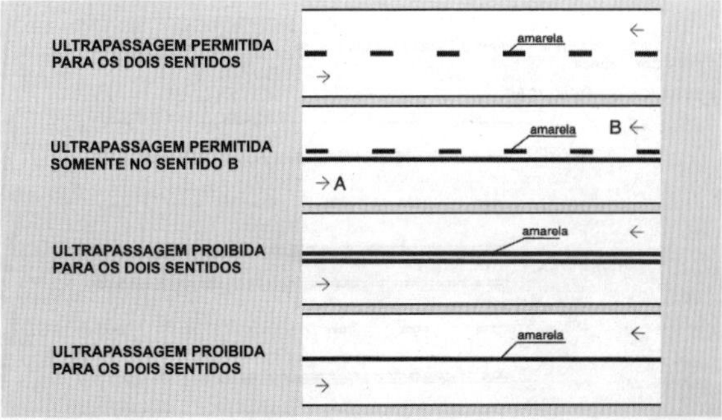

b) Linhas de Divisão de Fluxo de Mesmo Sentido

Separam os movimentos veiculares de mesmo sentido e regulamentam a ultrapassagem e a transposição.

CONTÍNUA

SECCIONADA

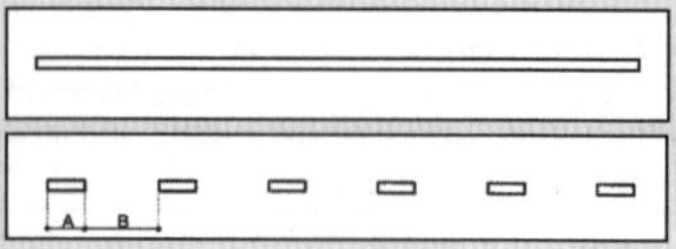

— **Largura da linha: mínima 0,10 m / máxima 0,20 m**
— **Demarcação de faixa exclusiva no fluxo**
Largura da linha: mínima 0,20 m / máxima 0,30 m
— **Relação entre A e B: mínima 1:2 / máxima 1:3**
— **Cor: branca**

Exemplo de Aplicação:

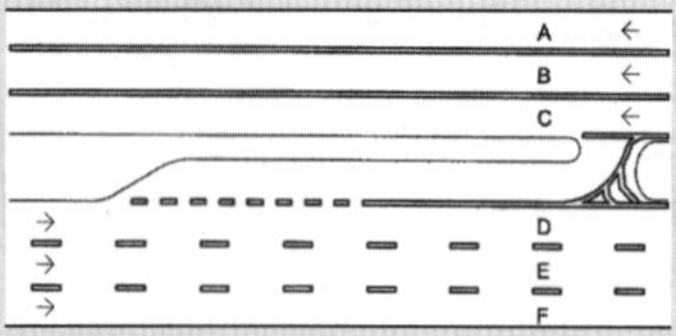

Proibida a ultrapassagem e a transposição de faixa entre A-B-C

Permitida a ultrapassagem e a transposição de faixa entre D-E-F

c) Linha de Bordo

Delimita a parte da pista destinada ao deslocamento de veículos.

CONTÍNUA

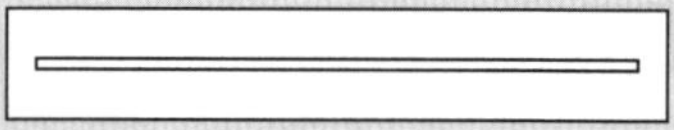

— **Largura da linha: mínima 0,10 m / máxima 0,30 m**
— **Cor: branca**

Exemplos de Aplicação:

PISTA DUPLA

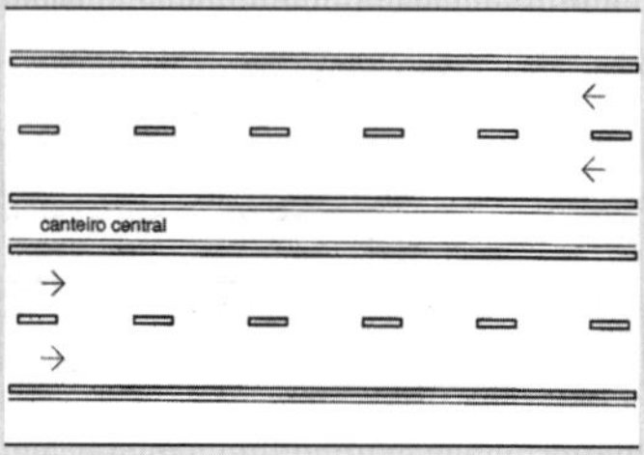

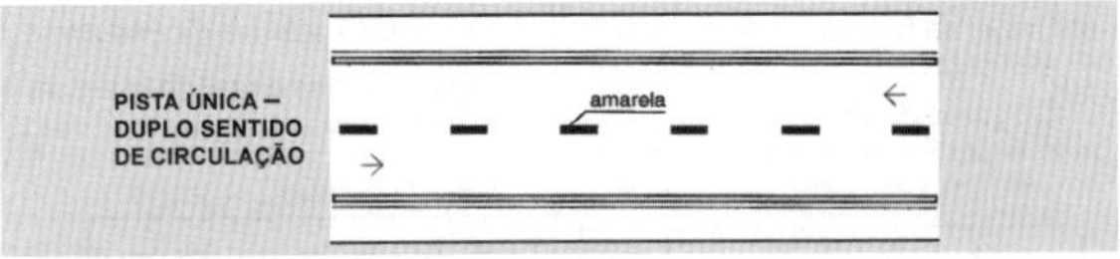

d) Linha de Continuidade

Proporciona continuidade a outras marcações longitudinais, quando há quebra no seu alinhamento visual.

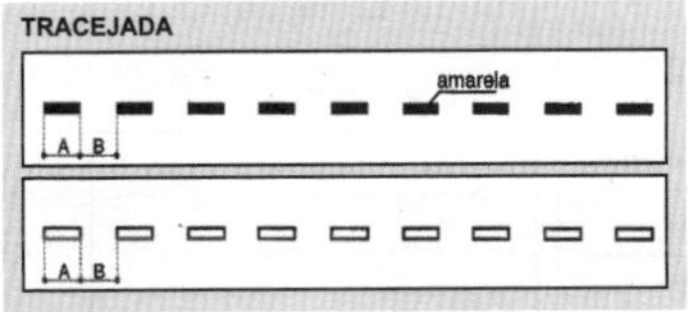

— Largura da linha: a mesma da linha à qual dá continuidade
— Relação entre A e B = 1:1
— Cor branca, quando dá continuidade a linhas brancas; cor amarela, quando dá continuidade a linhas amarelas.

Exemplo de Aplicação:

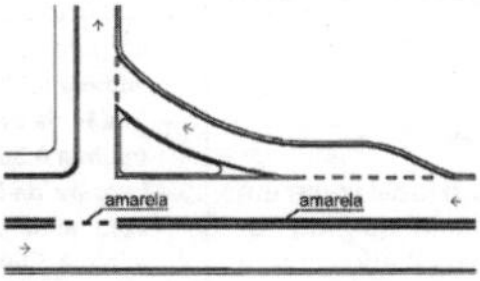

2.2.3. Marcas Transversais*

♦ *Conforme Diário Oficial. Entendemos que a numeração correta seja: 2.2.2.* [N.E.]

Ordenam os deslocamentos frontais dos veículos e os harmonizam com os deslocamentos de outros veículos e dos pedestres, assim como informam os condutores sobre a necessidade de reduzir a velocidade e indicam travessia de pedestres e posições de parada.

Em casos específicos têm poder de regulamentação.

De acordo com a sua função, as marcas transversais são subdivididas nos seguintes tipos:

a) Linha de Retenção

Indica ao condutor o local limite em que deve parar o veículo.

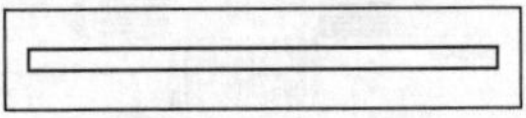

— Largura da linha: mínima 0,30 m
máxima 0,60 m
— Cor: branca

Exemplo de aplicação:

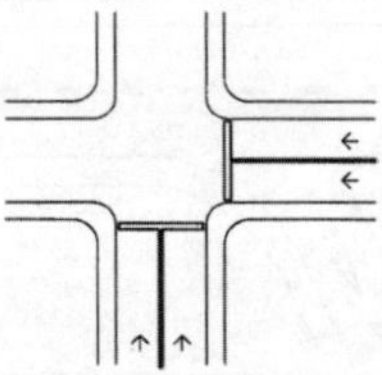

b) Linhas de Estímulo à Redução de Velocidade

Conjunto de linhas paralelas que, pelo efeito visual, induzem o condutor a reduzir a velocidade do veículo.

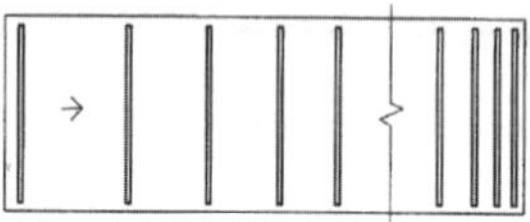

— **Largura da linha: mínima 0,20 m**
  máxima 0,40 m
— **Cor: branca**

Exemplo de Aplicação Antecedendo um Obstáculo Transversal:

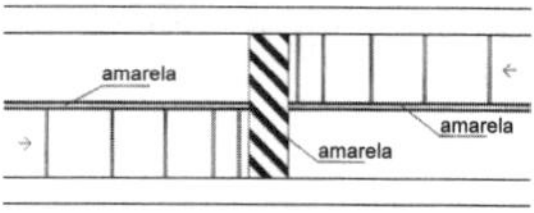

c) Linha de "Dê a Preferência"

Indica ao condutor o local limite em que deve parar o veículo, quando necessário, em locais sinalizados com a placa R-2.

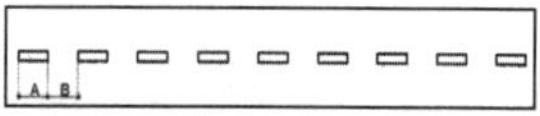

— **Largura da linha:**
  mínima 0,20 m / máxima 0,40 m
— **Relação entre A e B = 1:1**
— **Dimensões recomendadas:**
  A = 0,50 m / B = 0,50 m
— **Cor: branca**

Exemplo de Aplicação:

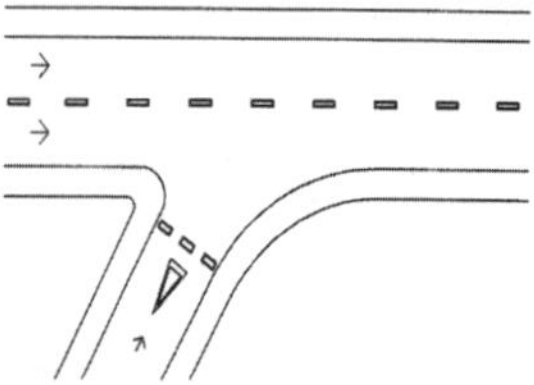

d) Faixas de Travessia de Pedestres

Regulamentam o local de travessia de pedestres.

TIPO ZEBRADA

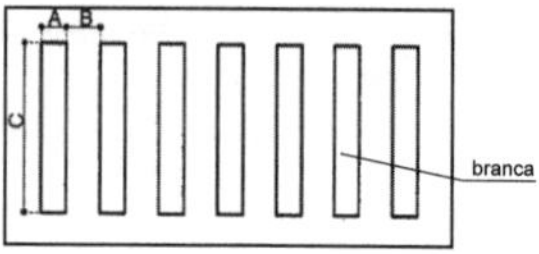

TIPO PARALELA

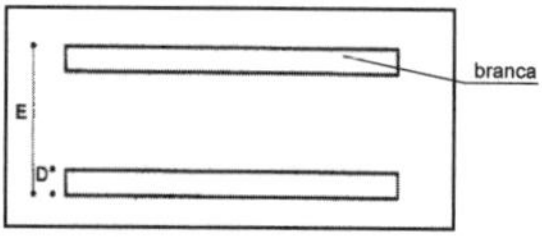

— **Largura da linha - A:**
  mínima 0,30 m / máxima 0,40 m
— **Distância entre as linhas - B:**
  mínima 0,30 m / máxima 0,80 m
— **Largura da faixa - C: em função do volume de pedestres e da visibilidade:**
  mínima 3,00 m / recomendada 4,00 m
— **Largura da linha - D:**
  mínima 0,40 m / máxima 0,60 m
— **Largura da faixa - E:**
  mínima 3,00 m / recomendada 4,00 m
— **Cor: branca**

Exemplos de Aplicação:

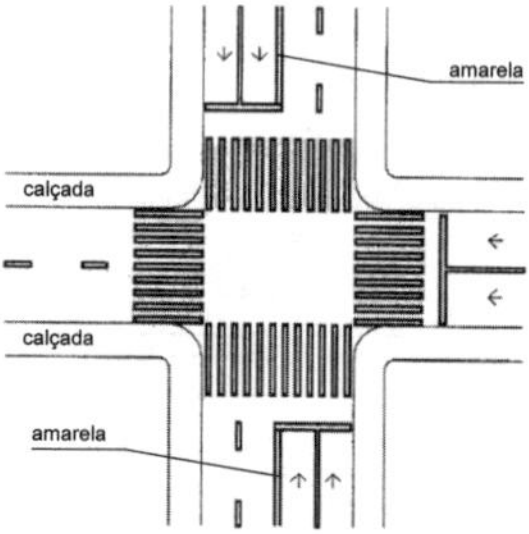

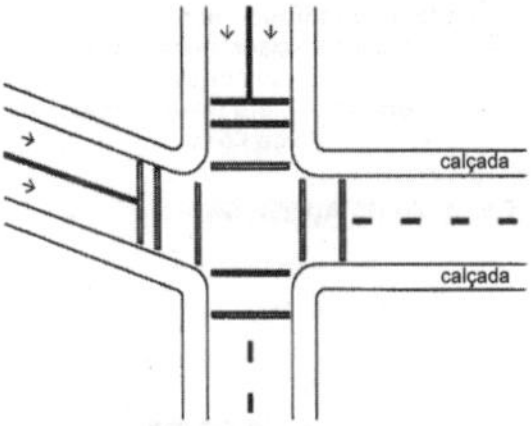

e) Marcação de Cruzamentos Rodocicloviários

Regulamenta o local de travessia de ciclistas.

CRUZAMENTO EM ÂNGULO RETO

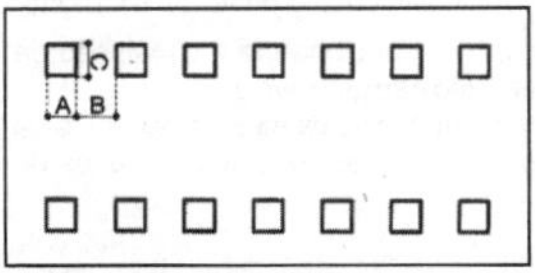

CRUZAMENTO OBLÍQUO

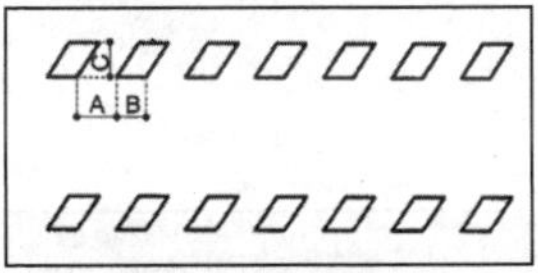

— Lado do quadrado ou losango: mínimo 0,40 m / máximo 0,60 m
— Relação: A = B = C
— Cor: branca

Exemplo de Aplicação:

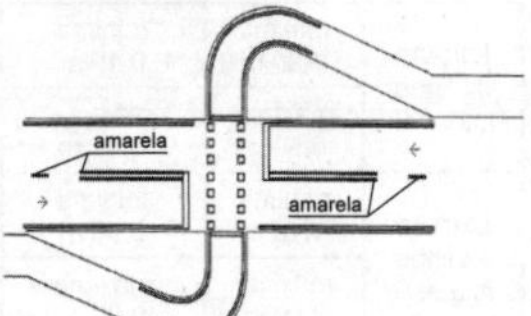

f) Marcação de Área de Conflito

Assinala aos condutores a área da pista em que não devem parar e estacionar os veículos, prejudicando a circulação.

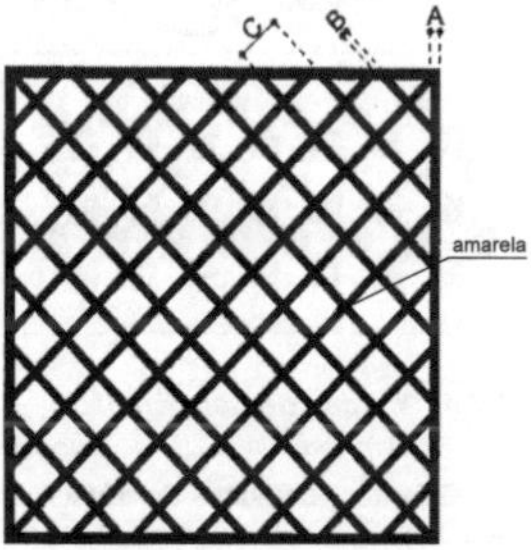

— Largura da linha de borda externa - A: mínima 0,15 m
— Largura das linhas internas - B: mínima 0,10 m
— Espaçamento entre os eixos das linhas internas - C: mínimo 1,00 m
— Cor: amarela

Exemplo de Aplicação:

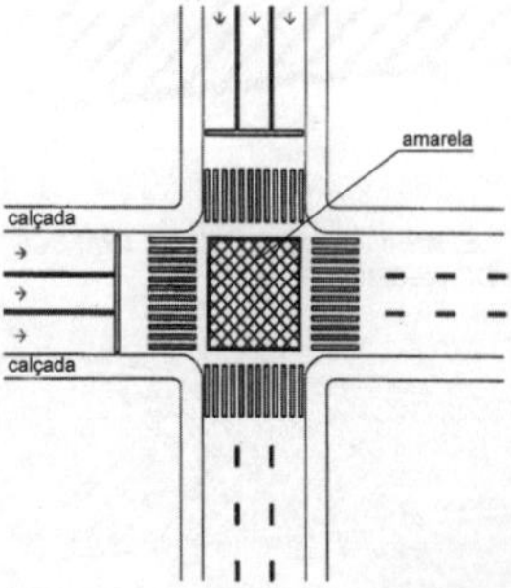

g) Marcação de Área de Cruzamento com Faixa Exclusiva

Indica ao condutor a existência de faixa(s) exclusiva(s).

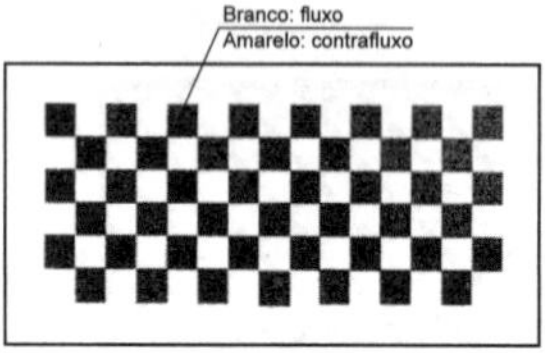

— Lado do quadrado : mínimo 1,00 m
— Cor: amarela – para faixas exclusivas no contrafluxo
branca – para faixas exclusivas no fluxo

Exemplo de Aplicação:

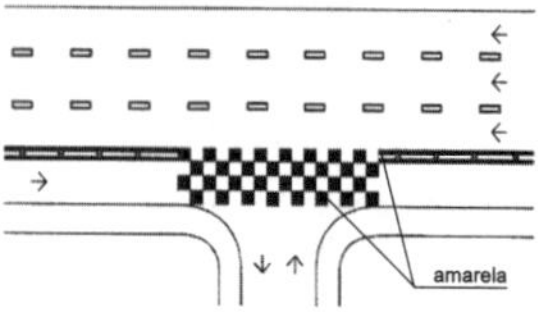

2.2.4. Marcas de Canalização*

♦ *Conforme Diário Oficial. Entendemos que a numeração correta seja: 2.2.3.* [N.E.]

Orientam os fluxos de tráfego em uma via, direcionando a circulação de veículos. Regulamentam as áreas de pavimento não utilizáveis.

Devem ser na cor branca quando direcionam fluxos de mesmo sentido e na proteção de estacionamento e na cor amarela quando direcionam fluxos de sentidos opostos.

SEPARAÇÃO DE FLUXO DE TRÁFEGO DE SENTIDOS OPOSTOS

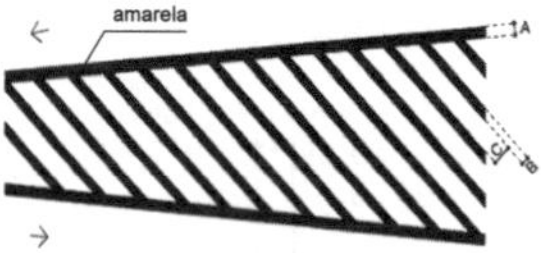

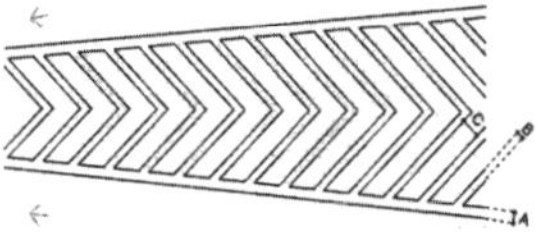

SEPARAÇÃO DE FLUXO DE TRÁFEGO DO MESMO SENTIDO

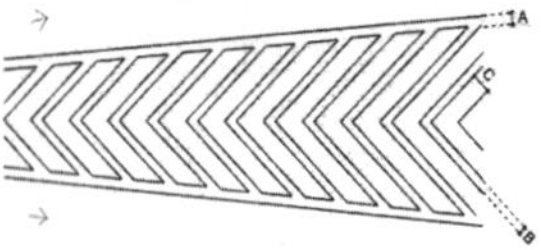

Dimensões	Circulação	Área de proteção de estaciona-mento
Largura da linha lateral A	mínima 0,10 m	mínima 0,10 m
Largura da linha lateral B	mínima 0,30 m	mínima 0,10 m
	máxima 0,50 m	máxima 0,40 m
Largura da linha lateral C	mínima 1,10 m	mínima 0,30 m
	máxima 3,50 m	máxima 0,60 m

Exemplos de Aplicação:

ORDENAÇÃO DE MOVIMENTOS EM TREVOS COM ALÇAS E FAIXAS DE ACELERAÇÃO/DESACELERAÇÃO

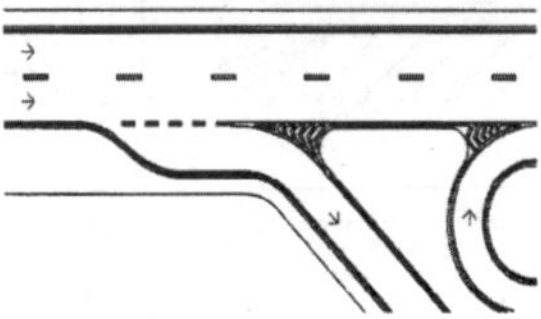

ORDENAÇÃO DE MOVIMENTO EM RETORNOS COM FAIXA ADICIONAL PARA O MOVIMENTO

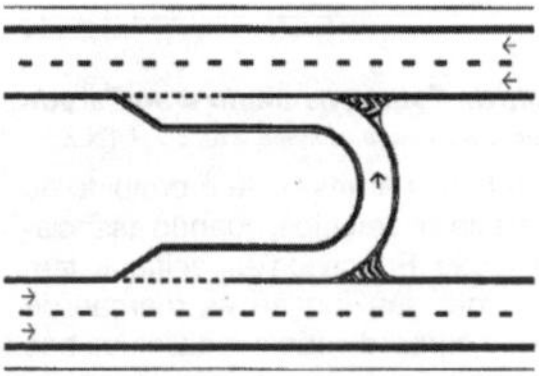

ILHAS DE CANALIZAÇÃO E REFÚGIO PARA PEDESTRES

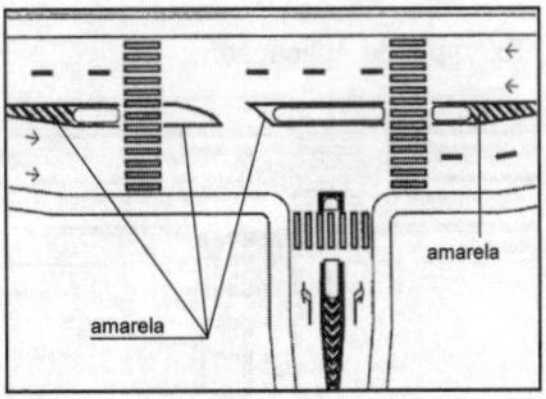

CANTEIRO CENTRAL FORMADO COM MARCAS DE CANALIZAÇÃO COM CONVERSÃO À ESQUERDA

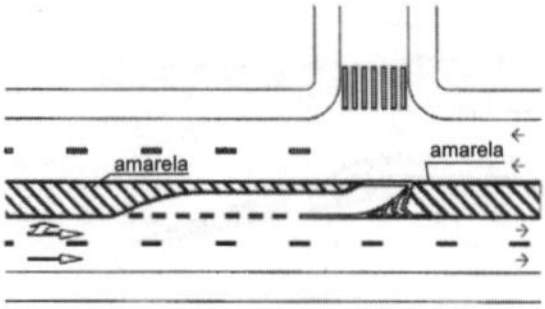

MARCA DE ALTERNÂNCIA DO MOVIMENTO DE FAIXAS POR SENTIDO

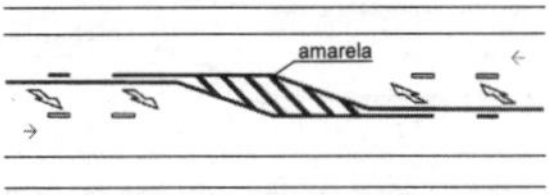

ILHAS DE CANALIZAÇÃO ENVOLVENDO OBSTÁCULOS NA PISTA

SENTIDO ÚNICO

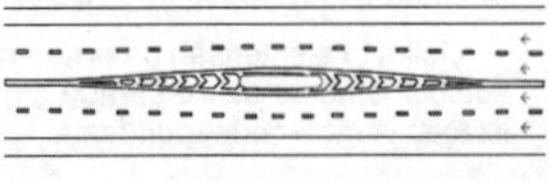

SENTIDO DUPLO

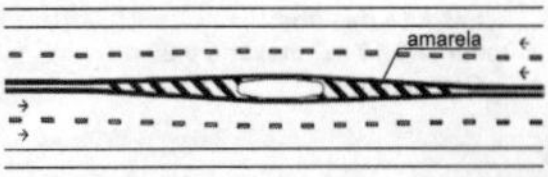

ACOMODAÇÃO PARA INÍCIO DE CANTEIRO CENTRAL

SENTIDO DUPLO

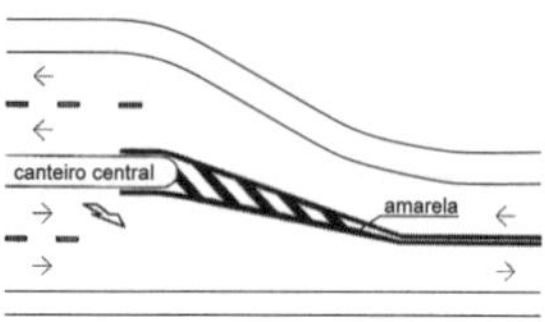

SENTIDO ÚNICO

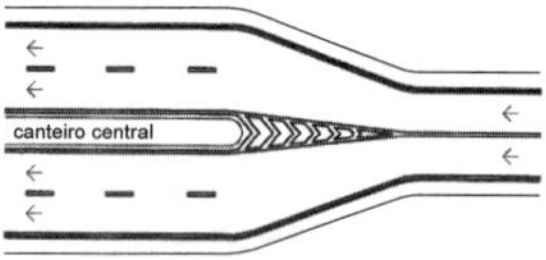

PROTEÇÃO DE ÁREAS DE ESTACIONAMENTO

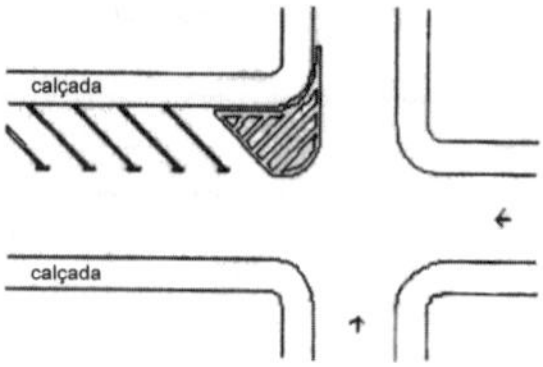

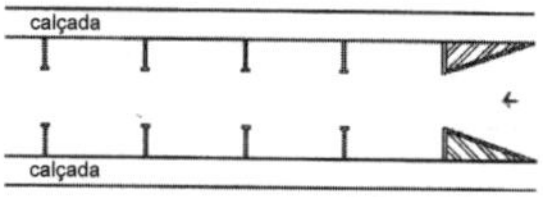

2.2.5. Marcas de Delimitação e Controle de Estacionamento e/ou Parada*

♦ *Conforme Diário Oficial. Entendemos que a numeração correta seja: 2.2.4.* [N.E.]

Delimitam e propiciam melhor controle das áreas onde é proibido ou regulamentado o estacionamento e a parada de veículos, quando associadas à sinalização vertical de regulamentação. Em casos específicos, tem poder de regulamentação. De acordo com sua função as marcas de delimitação e controle de estacionamento e parada são subdivididas nos seguintes tipos:

a) Linha de Indicação de Proibição de Estacionamento e/ou Parada

Delimita a extensão da pista ao longo da qual aplica-se a proibição de estacionamento ou de parada e estacionamento estabelecida pela sinalização vertical correspondente.

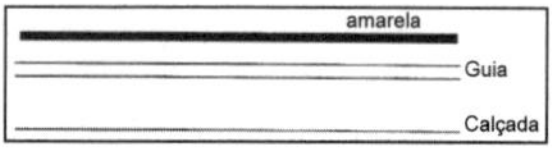

– Largura da linha:
mínima 0,10 m / máxima 0,20 m
– Cor: amarela

Exemplo de Aplicação:

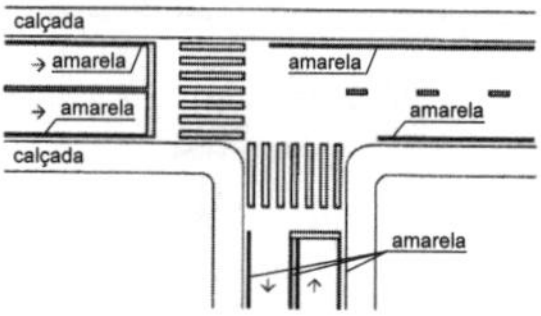

b) Marca Delimitadora de Parada de Veículos Específicos

Delimita a extensão da pista destinada à operação exclusiva de parada. Deve sempre estar associada ao sinal de regulamentação correspondente.

É opcional o uso destas sinalizações quando utilizadas junto ao marco do ponto de parada de transporte coletivo.

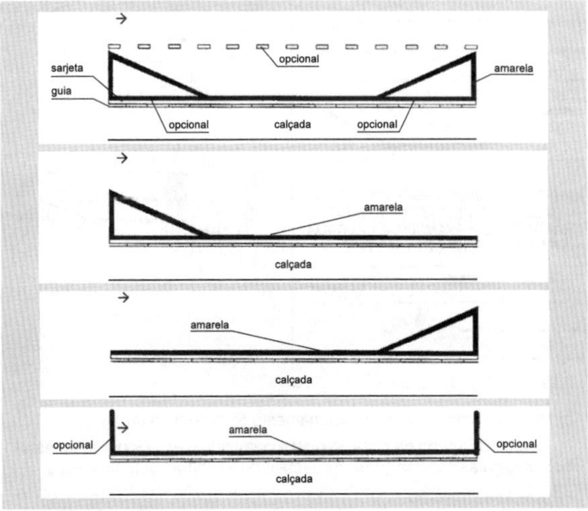

– Largura da linha: mínima 0,10 m / máxima 0,20 m
– Cor: amarela

Exemplos de Aplicação:

MARCA DELIMITADORA PARA PARADA DE ÔNIBUS EM FAIXA DE TRÂNSITO

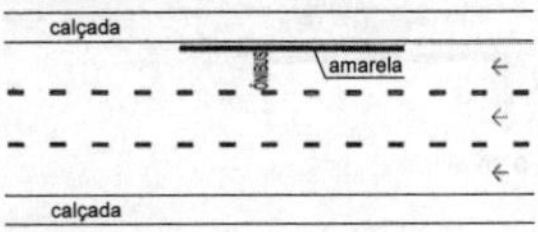

MARCA DELIMITADORA PARA PARADA DE ÔNIBUS EM FAIXA DE ESTACIONAMENTO

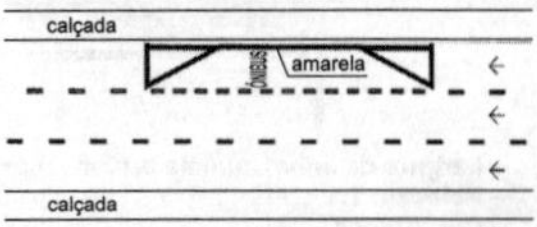

MARCA DELIMITADORA PARA PARADA DE ÔNIBUS FEITA EM REENTRÂNCIA DA CALÇADA

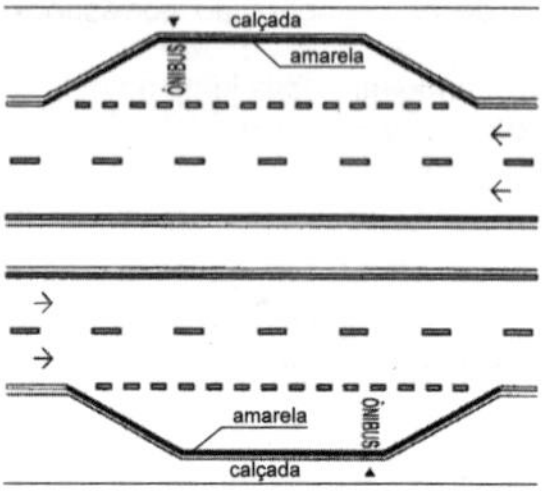

MARCA DELIMITADORA PARA PARADA DE ÔNIBUS EM FAIXA DE TRÂNSITO COM AVANÇO DE CALÇADA NA FAIXA DE ESTACIONAMENTO

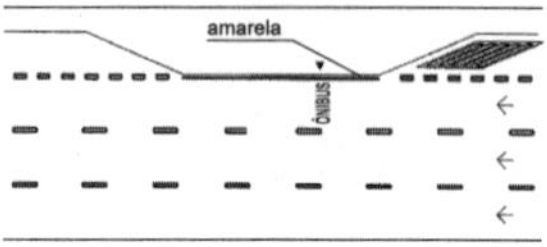

MARCA DELIMITADORA PARA PARADA DE ÔNIBUS COM SUPRESSÃO DE PARTE DA MARCAÇÃO

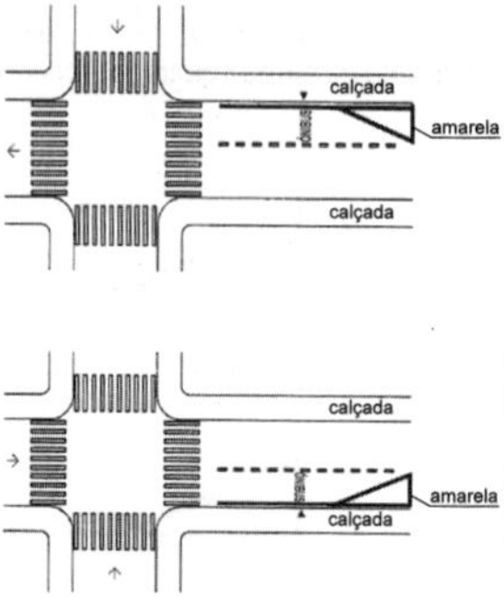

c) Marca Delimitadora de Estacionamento Regulamentado

Delimita o trecho de pista no qual é permitido o estacionamento estabelecido pelas normas gerais de circulação e conduta pelo sinal R-6b.

• Paralelo ao meio-fio:

— Linha simples contínua ou tracejada

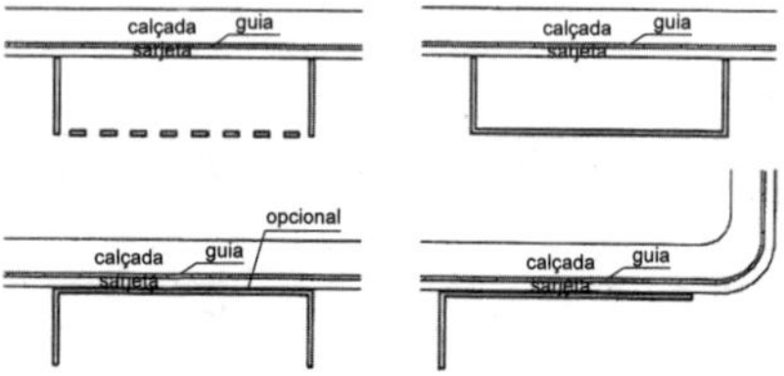

– Largura da linha: mínima 0,10 m / máxima 0,20 m
– Relação: 1:1
– Cor: branca

• Em ângulo

— Linha contínua

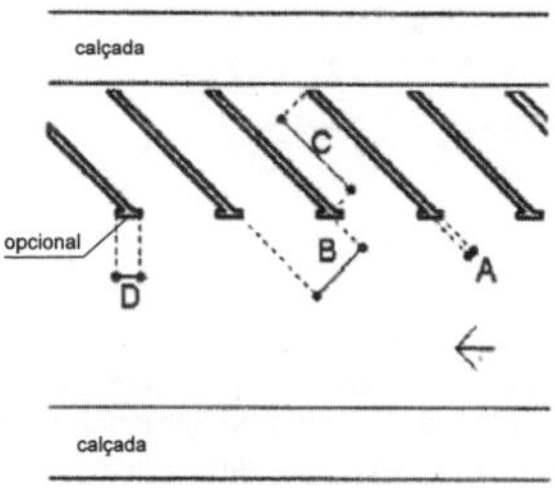

– **Dimensões:**
A = mínima 0,10 m / máxima 0,20 m
B = largura efetiva da vaga
C = comprimento da vaga
D = mínima 0,20 m / máxima 0,30 m
B e C, estabelecidas em função das dimensões dos veículos a utilizar as vagas.

– **Cor: branca**

Exemplos de Aplicação:

ESTACIONAMENTO PARALELO AO MEIO-FIO

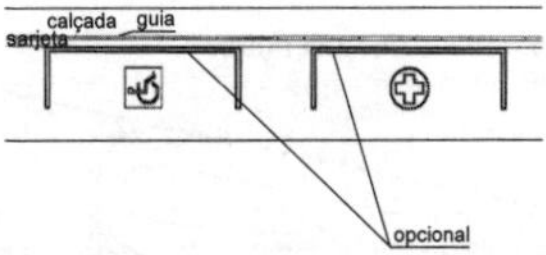

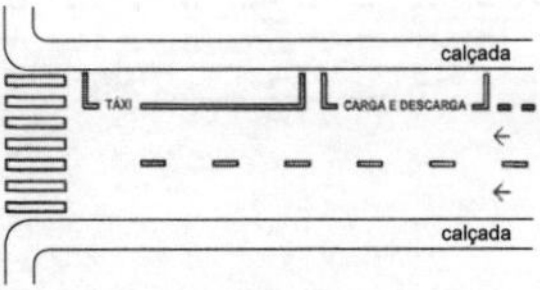

MARCA COM DELIMITAÇÃO DA VAGA

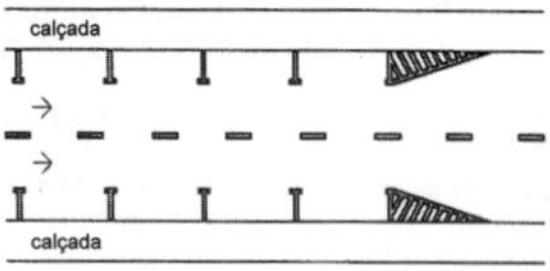

MARCA SEM DELIMITAÇÃO DA VAGA

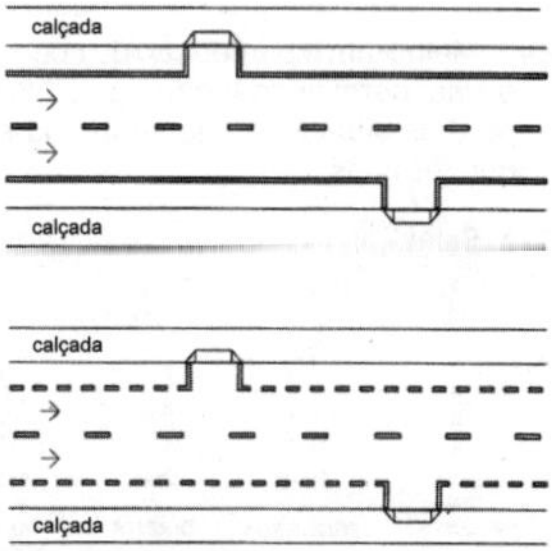

ESTACIONAMENTO EM ÂNGULO

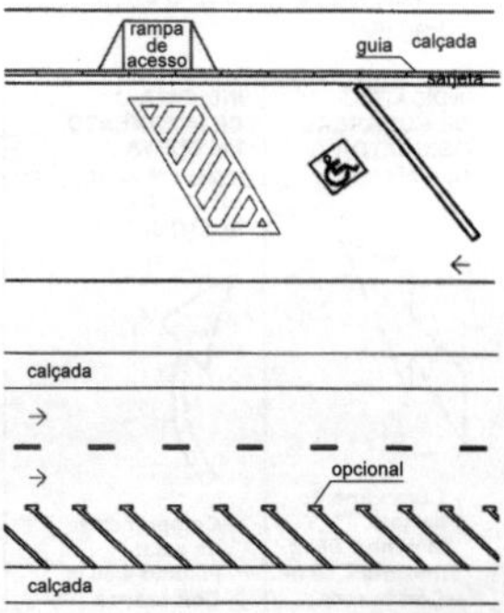

ESTACIONAMENTO EM ÁREAS ISOLADAS

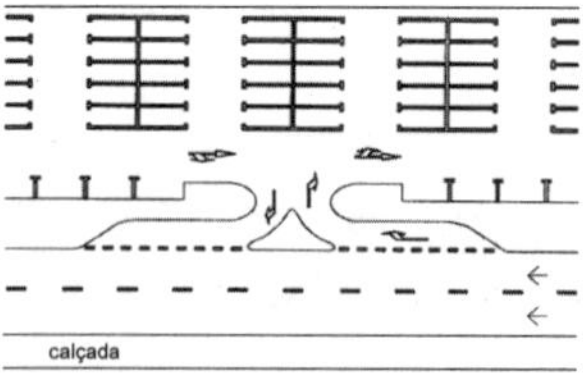

*2.2.6.** *Inscrições no Pavimento*

* *Conforme Diário Oficial. Entendemos que a numeração correta seja: 2.2.5.* [N.E.]

Melhoram a percepção do condutor quanto às condições de operação da via, permitindo-lhe tomar a decisão adequada, no tempo apropriado, para as situações que se lhe apresentarem. São subdivididas nos seguintes tipos:

a) Setas Direcionais

SIGA EM FRENTE | **VIRE À ESQUERDA** | **VIRE À DIREITA** | **SIGA EM FRENTE OU VIRE À ESQUERDA** | **SIGA EM FRENTE OU VIRE À DIREITA** | **RETORNO À ESQUERDA** | **RETORNO À DIREITA**

— Comprimento da seta:
Fluxo veicular: mínimo 5,00 m / máximo 7,50 m
Fluxo pedestre (somente seta "Siga em Frente" com parte da haste suprimida): mínimo 2,00 m / máximo 4,00 m
— Cor: branca

INDICATIVO DE MUDANÇA OBRIGATÓRIA DE FAIXA

— Comprimento da seta: mínimo 5,00 m máximo 7,50 m
— Cor: branca

INDICATIVO DE MOVIMENTO EM CURVA (USO EM SITUAÇÃO DE CURVA ACENTUADA)

— Comprimento da seta: mínimo 4,50 m
— Cor: branca

Exemplos de Aplicação:

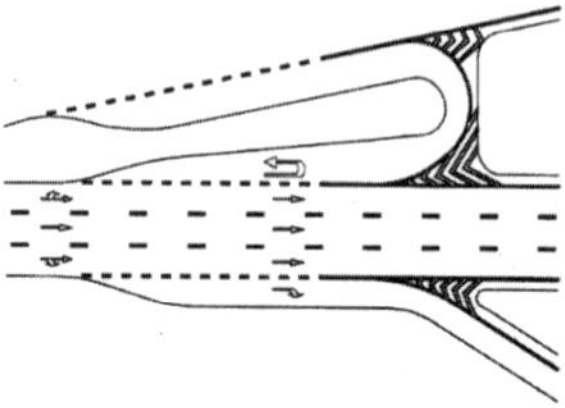

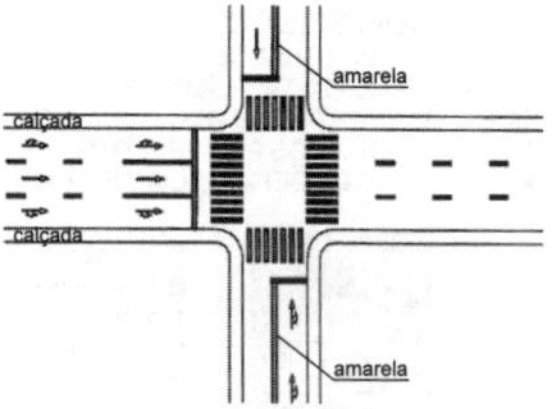

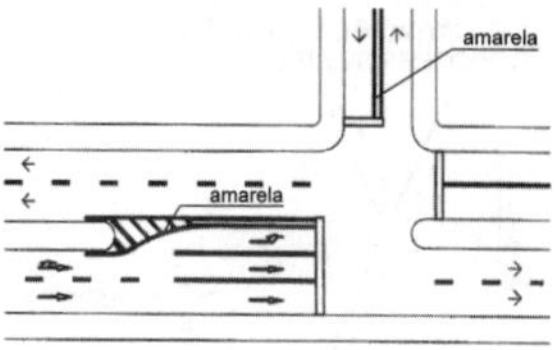

VIA URBANA

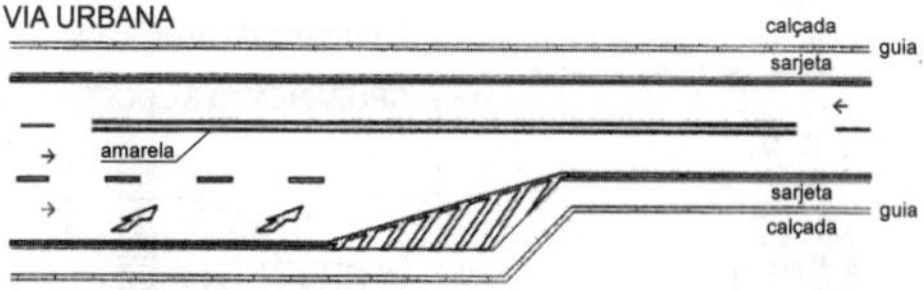

RODOVIA

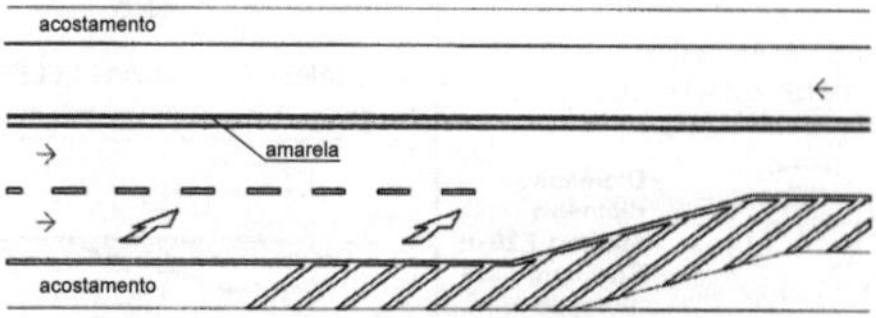

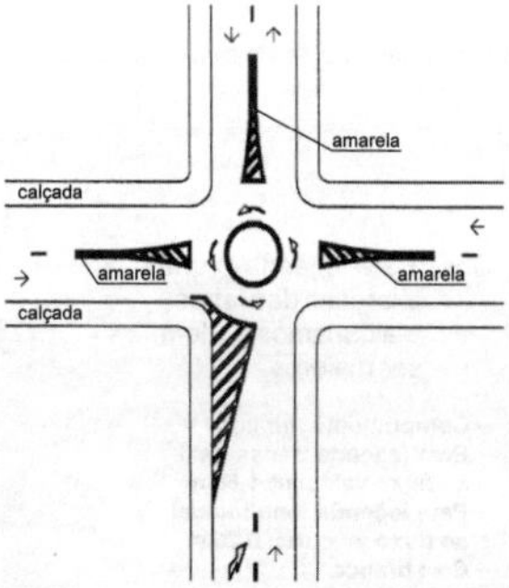

b) Símbolos

Indicam e alertam o condutor sobre situações específicas da via

• "DÊ A PREFERÊNCIA"

INDICATIVO DE INTERSEÇÃO COM VIA QUE TEM PREFERÊNCIA

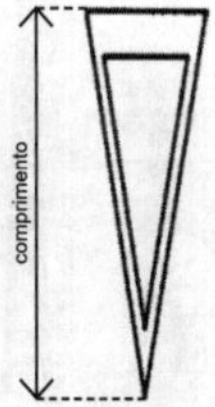

– Dimensões: comprimento mínimo 3,60 m máximo 6,00 m

– Cor: branca

• "CRUZ DE SANTO ANDRÉ"
INDICATIVO DE CRUZAMENTO RODOFERROVIÁRIO

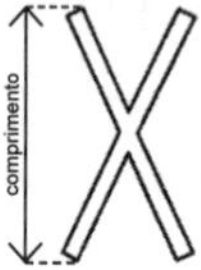

– **Comprimento: 6,00 m**
– **Cor: branca**

• "BICICLETA"
INDICATIVO DE VIA, PISTA OU FAIXA DE TRÂNSITO DE USO DE CICLISTAS

– **Cor: branca**

• "SERVIÇOS DE SAÚDE"
(INDICATIVO DE ÁREA OU LOCAL DE SERVIÇOS DE SAÚDE)

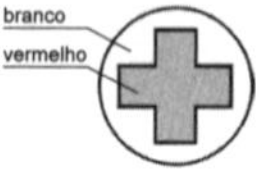

– **Dimensão: diâmetro mínimo 1,20 m**
– **Cor: conforme indicado**

• "DEFICIENTE FÍSICO"
(INDICATIVO DE LOCAL DE ESTACIONAMENTO DE VEÍCULOS QUE TRANSPORTAM OU QUE SEJAM CONDUZIDOS POR PESSOAS PORTADORAS DE DEFICIÊNCIAS FÍSICAS).

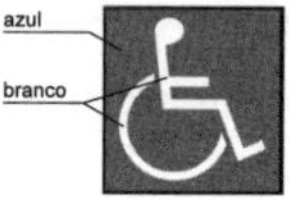

– **Dimensão: lado mínimo 1,20 m**
– **Cor: conforme indicado**

Exemplos de Aplicação:

CRUZAMENTO RODOFERROVIÁRIO

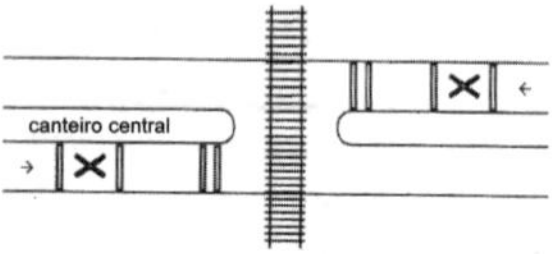

CRUZAMENTO COM VIA PREFERENCIAL

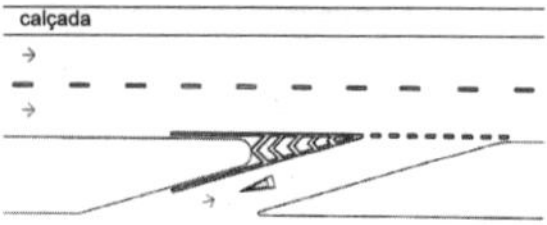

c) Legendas

Advertem acerca de condições particulares de operação da via e complementam os sinais de regulamentação e advertência.

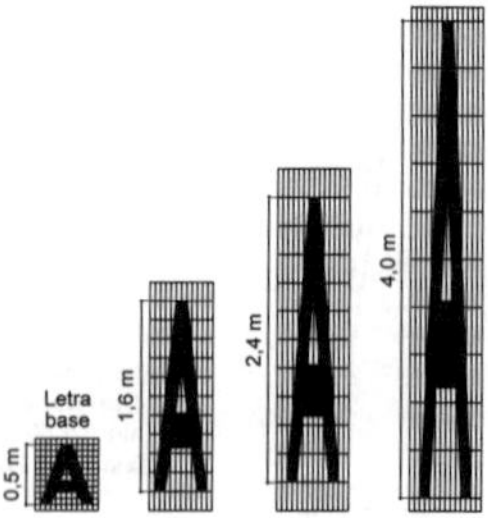

Obs.: Para legendas curtas a largura das letras e algarismos podem ser maiores.

– **Comprimento mínimo:**
Para legenda transversal ao fluxo veicular: 1,60 m
Para legenda longitudinal ao fluxo veicular: 0,25 m
– **Cor: branca**

Exemplos de Legendas:

PARE DEVAGAR

ÔNIBUS ESCOLA

⇦ OLHE ⇨

CARGA E DESCARGA

80 km/h ou km/h 80

3. DISPOSITIVOS AUXILIARES

Dispositivos Auxiliares são elementos aplicados ao pavimento da via, junto a ela, ou nos obstáculos próximos, de forma a tornar mais eficiente e segura a operação da via. São constituídos de materiais, formas e cores diversos, dotados ou não de refletividade, com as funções de:

— incrementar a percepção da sinalização, do alinhamento da via ou de obstáculos à circulação;

— reduzir a velocidade praticada;

— oferecer proteção aos usuários;

— alertar os condutores quanto a situações de perigo potencial ou que requeiram maior atenção.

Os Dispositivos Auxiliares são agrupados, de acordo com suas funções, em:

— Dispositivos Delimitadores;

— Dispositivos de Canalização;

— Dispositivos de Sinalização de Alerta;

— Alterações nas Características do Pavimento;

— Dispositivos de Proteção Contínua;

— Dispositivos Luminosos;

— Dispositivos de Proteção a Áreas de Pedestres e/ou Ciclistas;

— Dispositivos de Uso Temporário.

3.1. DISPOSITIVOS DELIMITADORES

São elementos utilizados para melhorar a percepção do condutor quanto aos limites do espaço destinado ao rolamento e a sua separação em faixas de circulação. São apostos em série no pavimento ou em suportes, reforçando marcas viárias, ou ao longo das áreas adjacentes a elas.

Podem ser mono ou bidirecionais em função de possuírem uma ou duas unidades refletivas. O tipo e a(s) cor(es) das faces refletivas são definidos em função dos sentidos de circulação na via, considerando como referencial um dos sentidos de circulação, ou seja, a face voltada para este sentido.

Tipos de Dispositivos Delimitadores:

- Balizadores – unidades refletivas mono ou bidirecionais, afixadas em suporte.

— Cor do elemento refletivo:

BRANCA – para ordenar fluxos de mesmo sentido;

AMARELA – para ordenar fluxos de sentidos opostos;

VERMELHA – em vias rurais, de pista simples, duplo sentido de circulação, podem ser utilizadas unidades refletivas na cor vermelha, junto ao bordo da pista ou acostamento do sentido oposto.

Exemplo:

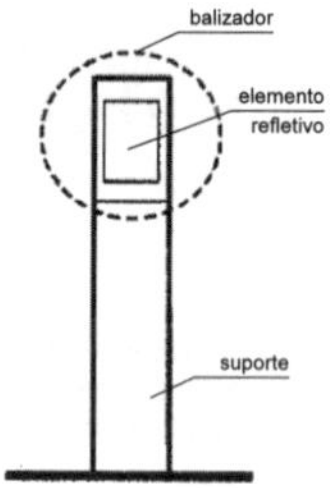

- Balizadores de Pontes, Viadutos, Túneis, Barreiras e Defensas – unidades refletivas afixadas ao longo do guarda-corpo e/ou mureta de obras de arte, de barreiras e defensas.

— Cor do elemento refletivo:
BRANCA – para ordenar fluxos de mesmo sentido;
AMARELA – para ordenar fluxos de sentidos opostos;
VERMELHA – em vias rurais, de pista simples, duplo sentido de circulação, podem ser utilizadas unidades refletivas na cor vermelha, afixados no guarda-corpo ou mureta de obras de arte, barreiras e defensas do sentido oposto.

Exemplo:

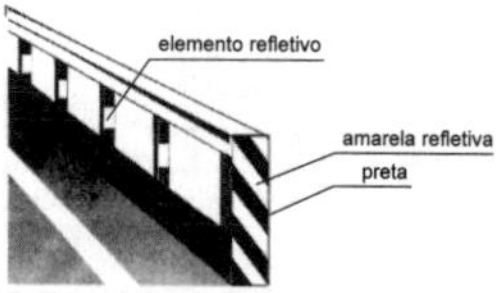

- Tachas – elementos contendo unidades refletivas, aplicados diretamente no pavimento.

— Cor do corpo: branca ou amarela, de acordo com a marca viária que complementa.
— Cor do elemento refletivo:
BRANCA – para ordenar fluxos de mesmo sentido;
AMARELA – para ordenar fluxos de sentidos opostos;
VERMELHA – em rodovias, de pista simples, duplo sentido de circulação, podem ser utilizadas unidades refletivas na cor vermelha, junto à linha de bordo do sentido oposto.

Especificação mínima: Norma ABNT.

Exemplos:

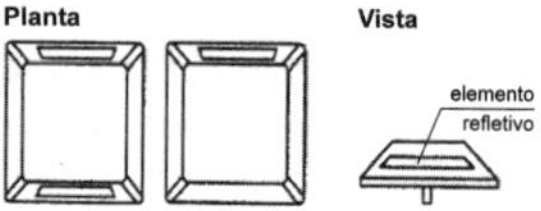

Exemplo de aplicação:

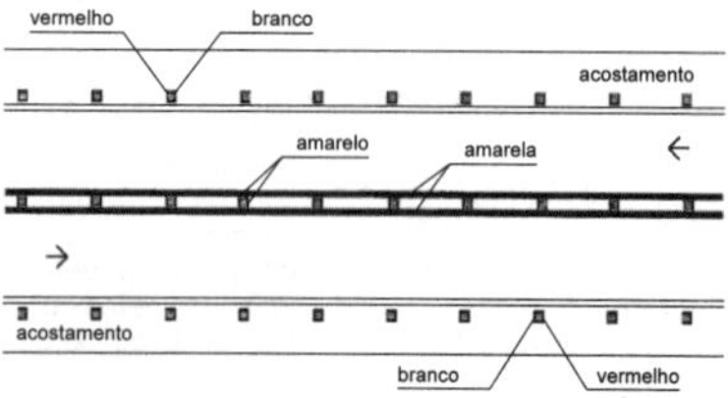

- Tachões – elementos contendo unidades refletivas, aplicados diretamente no pavimento.

— Cor do corpo: amarela
— Cor do elemento refletivo:
BRANCA – para ordenar fluxos de mesmo sentido;
AMARELA – para ordenar fluxos de sentidos opostos;
VERMELHA – em rodovias, de pista simples, duplo sentido de circulação, podem ser utilizadas unidades refletivas na cor vermelha, junto à linha de bordo do sentido oposto.

Especificação mínima: Norma ABNT.

Exemplos:

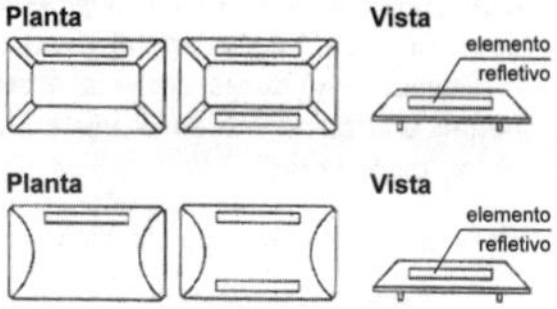

- Cilindros Delimitadores

Exemplo:

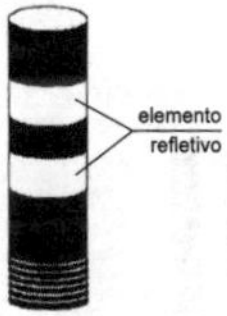

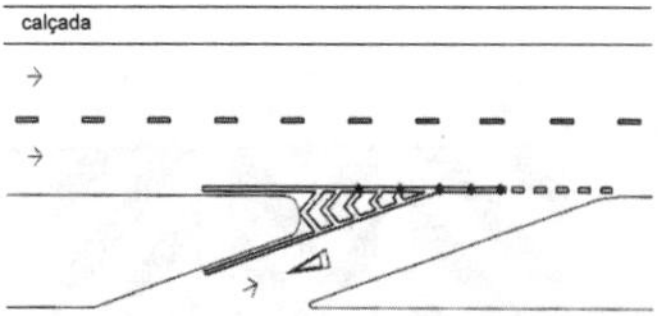

— Cor do Corpo: preta
— Cor do Material Refletivo: amarela.

3.2. DISPOSITIVOS DE CANALIZAÇÃO

Os dispositivos de canalização são apostos em série sobre a superfície pavimentada.

Tipos de Dispositivos de Canalização:

- Prismas – têm a função de substituir a guia da calçada (meio-fio) quando não for possível sua construção imediata.

— Cor: branca ou amarela, de acordo com a marca viária que complementa.

Exemplo:

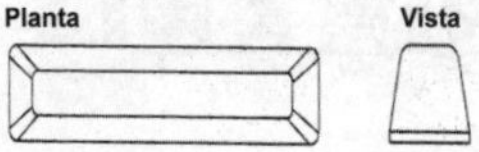

- Segregadores – têm a função de segregar pistas para uso exclusivo de determinado tipo de veículo ou pedestres.

— Cor: amarela.

Exemplo:

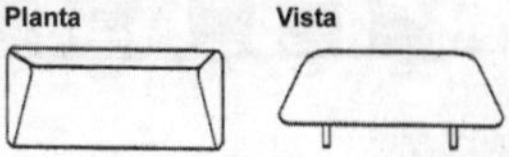

3.3. DISPOSITIVOS DE SINALIZAÇÃO DE ALERTA

São elementos que têm a função de melhorar a percepção do condutor quanto aos obstáculos e situações geradoras de perigo potencial à sua circulação, que estejam na via ou adjacentes à mesma, ou quanto a mudanças bruscas no alinhamento horizontal da via.

Possuem as cores amarela e preta quando sinalizam situações permanentes e adquirem cores laranja e branca quando sinalizam situações temporárias, como obras.

Tipos de Dispositivos de Sinalização de Alerta:

- Marcadores de Obstáculos – unidades refletivas apostas no próprio obstáculo, destinadas a alertar o condutor quanto à existência de obstáculo disposto na via ou adjacente a ela.

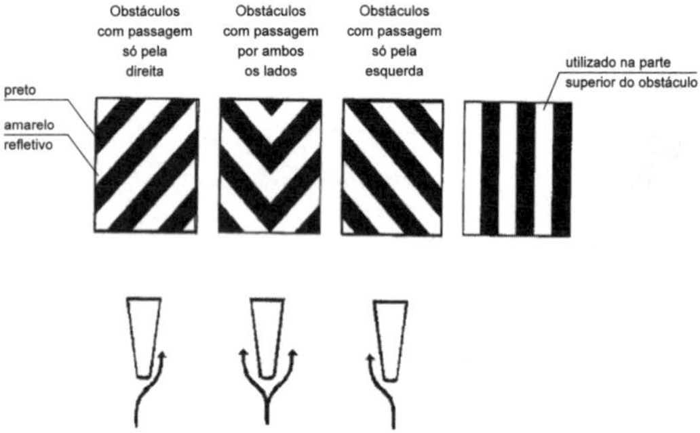

Exemplo de aplicação:

- Marcadores de Perigo – unidades refletivas fixadas em suporte destinadas a alertar o condutor do veículo quanto a situação potencial de perigo.

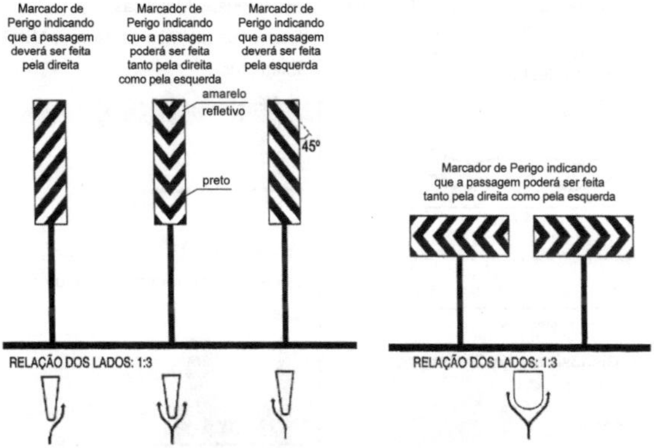

- Marcadores de Alinhamento – unidades refletivas fixadas em suporte, destinadas a alertar o condutor do veículo quando houver alteração do alinhamento horizontal da via.

3.4. ALTERAÇÕES NAS CARACTERÍSTICAS DO PAVIMENTO

São recursos que alteram as condições normais da pista de rolamento, quer pela sua elevação com a utilização de dispositivos físicos colocados sobre a mesma, quer pela mudança nítida de características do próprio pavimento. São utilizados para:

— estimular a redução da velocidade;

— aumentar a aderência ou atrito do pavimento;

— alterar a percepção do usuário quanto a alterações de ambiente e uso da via, induzindo-o a adotar comportamento cauteloso;

— incrementar a segurança e/ou criar facilidades para a circulação de pedestres e/ou ciclistas.

3.5. DISPOSITIVOS DE PROTEÇÃO CONTÍNUA

São elementos colocados de forma contínua e permanente ao longo da via, confeccionados em material flexível, maleável ou rígido, que têm como objetivo:

— evitar que veículos e/ou pedestres transponham determinado local;

— evitar ou dificultar a interferência de um fluxo de veículos sobre o fluxo oposto.

Tipos de Dispositivos para Fluxo de Pedestres e Ciclistas:

- Gradis de Canalização e Retenção

Devem ter altura máxima de 1,20 m e permitir intervisibilidade entre veículos e pedestres.

Exemplos:

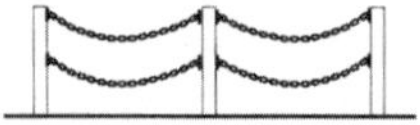

gradil maleável

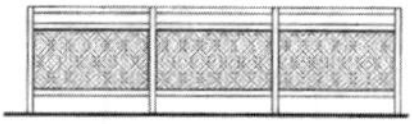

gradil rígido

- Dispositivos de Contenção e Bloqueio

Exemplo:

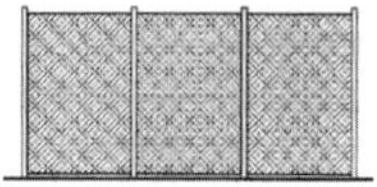

Grade de contenção

Tipos de Dispositivos para Fluxo Veicular:

- Defensas Metálicas

Especificação mínima: Norma ABNT

Exemplos:

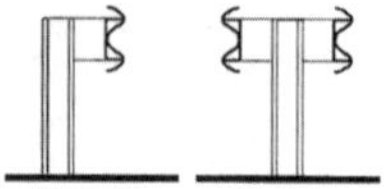

tipo simples   tipo dupla

- Barreiras de Concreto

Especificação mínima: Norma ABNT

Exemplos:

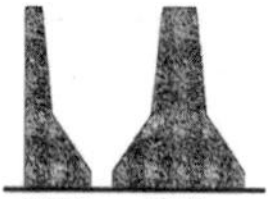

simples   dupla

- Dispositivos Antiofuscamento

Especificação mínima: Norma ABNT

Exemplo:

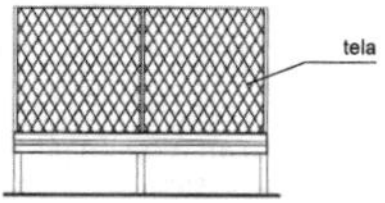

3.6. DISPOSITIVOS LUMINOSOS

São dispositivos que se utilizam de recursos luminosos para proporcionar melhores condições de visualização da sinalização, ou que, conjugados a elementos eletrônicos, permitem a variação da sinalização ou de mensagens, como por exemplo:

— advertência de situação inesperada à frente;

— mensagens educativas visando o comportamento adequado dos usuários da via;

— orientação em praças de pedágio e pátios públicos de estacionamento;

— informação sobre condições operacionais das vias;

— orientação do trânsito para a utilização de vias alternativas;

— regulamentação de uso da via.

Tipos de Dispositivos Luminosos:

- Painéis Eletrônicos

Exemplos:

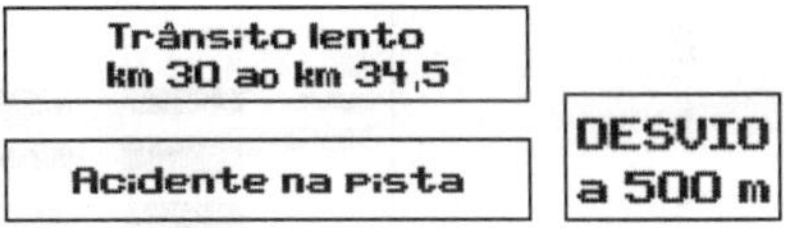

- Painéis com Setas Luminosas

Exemplos:

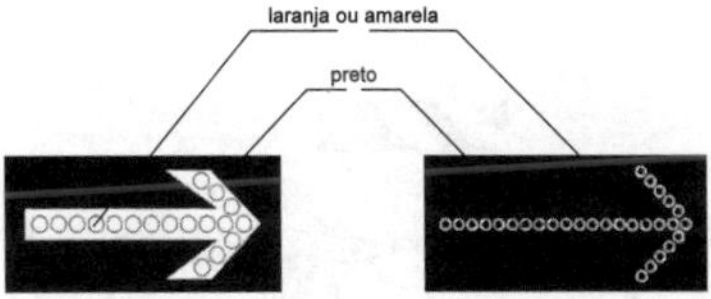

3.7. *DISPOSITIVOS DE USO TEMPORÁRIO*

São elementos fixos ou móveis diversos, utilizados em situações especiais e temporárias, como operações de trânsito, obras e situações de emergência ou perigo, com o objetivo de alertar os condutores, bloquear e/ou canalizar o trânsito, proteger pedestres, trabalhadores, equipamentos etc.

Aos dispositivos de uso temporário estão associadas as cores laranja e branca.

Tipos de Dispositivos de Uso Temporário:

- Cones

Especificação mínima: Norma ABNT

Exemplo:

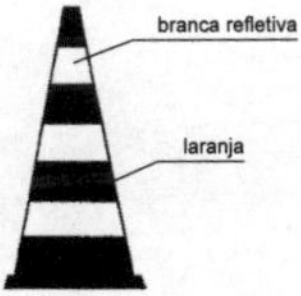

- Cilindro

Especificação mínima: Norma ABNT

Exemplo:

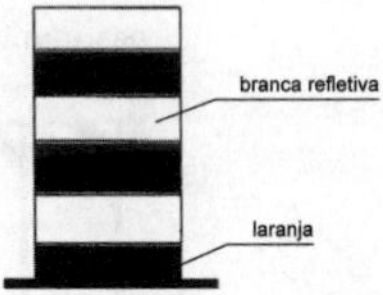

- Balizador Móvel

Exemplo:

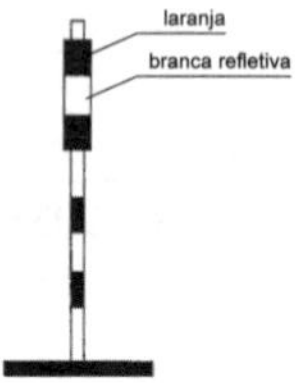

- Tambores

Exemplos:

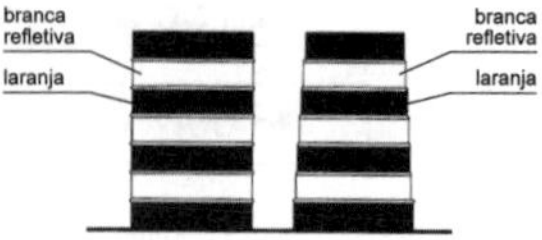

- Fita Zebrada

Exemplo:

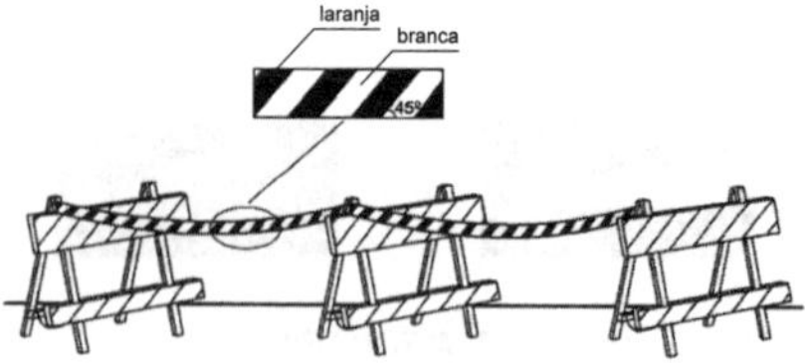

- Cavaletes

Exemplos:

ARTICULADOS

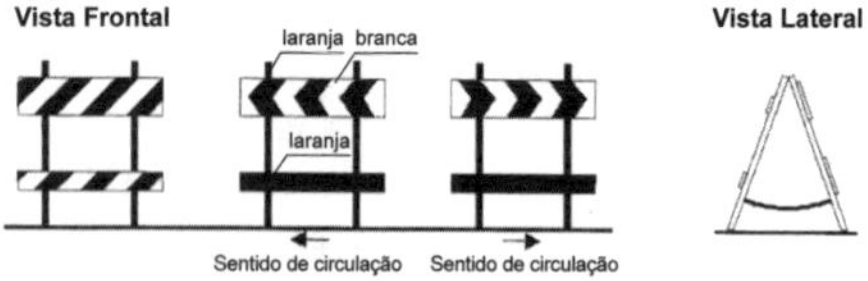

DESMONTÁVEIS

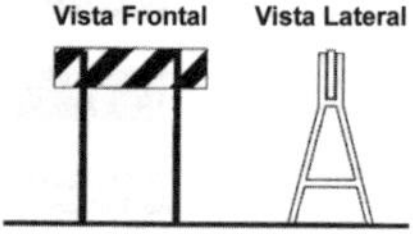

- Barreiras

Exemplos:

FIXAS

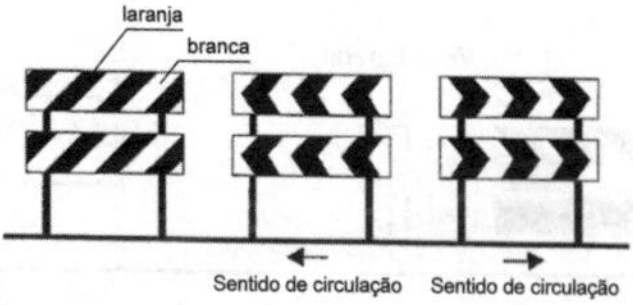

MÓVEIS

Vista Frontal

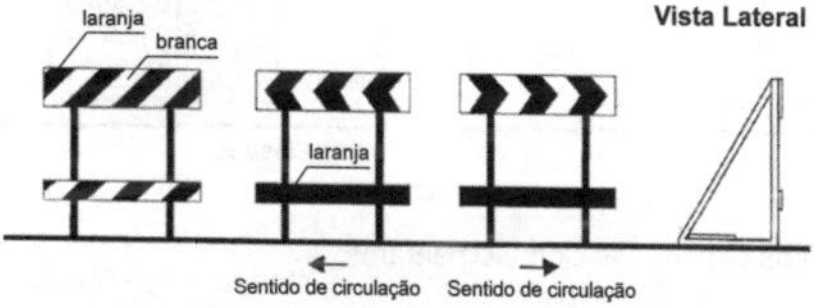

CANCELAS

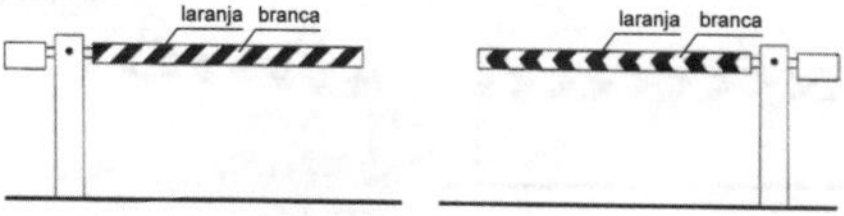

PLÁSTICAS

- Tapumes

Exemplos:

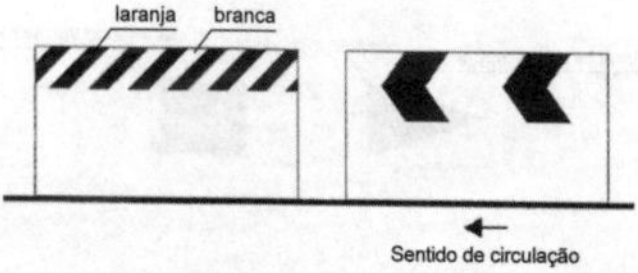

- Gradis

Exemplos:

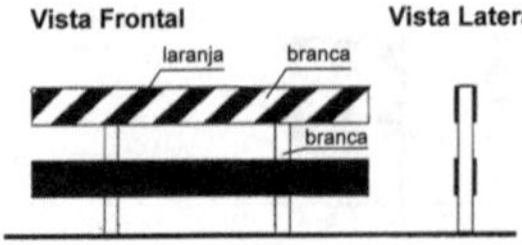

Fixo

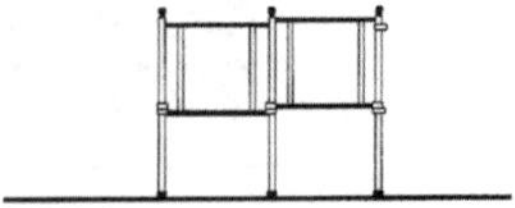

Dobrável

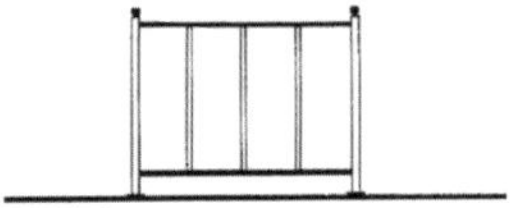

Modulado

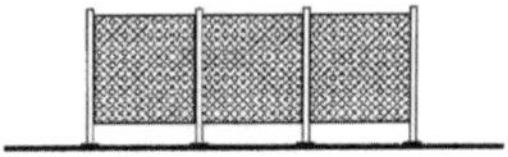

Tela Plástica

- Elementos Luminosos Complementares

Exemplos:

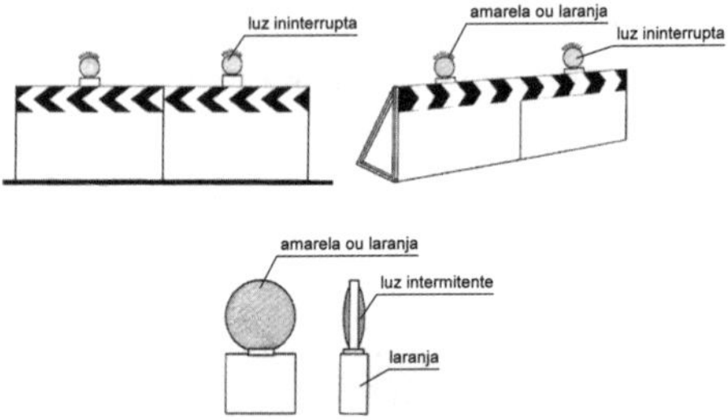

- Bandeiras

Exemplos:

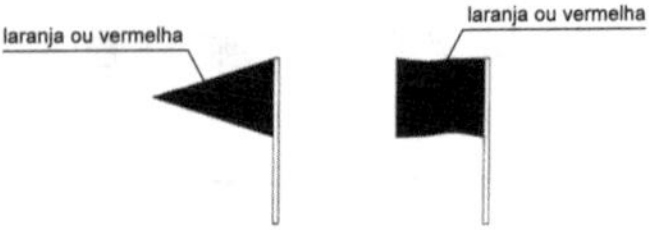

• Faixas

Exemplos:

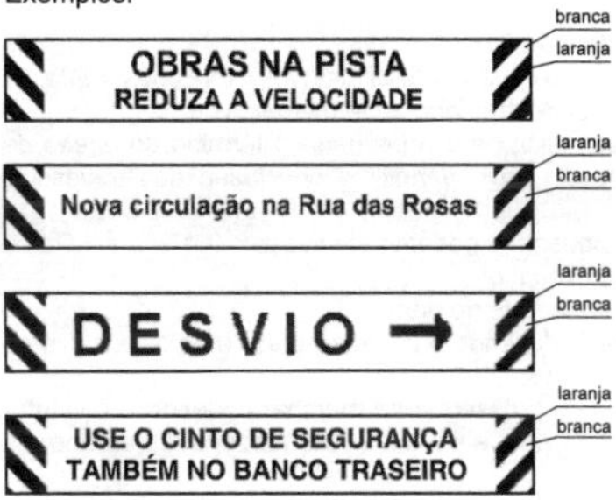

4. SINALIZAÇÃO SEMAFÓRICA

(*) *Item 4 com redação dada pela Resolução CONTRAN nº 483, de 9.4.2014.*

A sinalização semafórica é um subsistema da sinalização viária que se compõe de indicações luminosas acionadas alternada ou intermitentemente através de sistema elétrico/eletrônico, cuja função é controlar os deslocamentos.

Existem dois (2) grupos:

— a sinalização semafórica de regulamentação;

— a sinalização semafórica de advertência.

Formas e Dimensões

SEMÁFORO DESTINADO A	FORMA DO FOCO	DIMENSÃO DA LENTE (mm)
Veículos automotores e bicicletas	Circular	Diâmetro de 200 ou 300
Controle ou faixa reversível	Quadrada	Lado de 300 (mínimo)
Pedestres	Quadrada	Lado de 200 ou 300

4.1. SINALIZAÇÃO SEMAFÓRICA DE REGULAMENTAÇÃO

A sinalização semafórica de regulamentação tem a função de efetuar o controle do trânsito num cruzamento ou seção de via, através de indicações luminosas, alternando o direito de passagem dos vários fluxos de veículos e/ou pedestres.

4.1.1. Características

Compõe-se de indicações luminosas de cores preestabelecidas, agrupadas num único conjunto, dispostas verticalmente ao lado da via ou suspensas sobre ela, podendo neste caso ser fixadas horizontalmente.

4.1.2. Cores das Indicações Luminosas

As cores utilizadas são:

a) Para controle de fluxo de pedestres:

(*) *Item 4.1.2(a) com redação dada pela Resolução CONTRAN nº 483, de 9.4.2014.*

– **Vermelha:** indica que os pedestres não podem atravessar;

– **Vermelha Intermitente:** indica para o pedestre o término do direito de iniciar a travessia. Sua duração deve permitir a conclusão das travessias iniciadas no tempo verde;

– **Verde:** assinala que os pedestres podem atravessar.

b) Para controle de fluxo de veículos:

– **Vermelha:** indica obrigatoriedade de parar.

– **Amarela:** indica "atenção", devendo o condutor parar o veículo, salvo se isso resultar em situação de perigo.

– **Verde:** indica permissão de prosseguir na marcha, podendo o condutor efetuar as operações indicadas pelo sinal luminoso, respeitadas as normas gerais de circulação e conduta.

4.1.3. Tipos

a) Para Veículos

(*) *Item 4.1.3(a) com redação dada pela Resolução CONTRAN nº 483, de 9.4.2014.*

— Compostos de três indicações luminosas, dispostas na sequência pre-estabelecida abaixo:

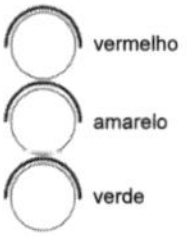

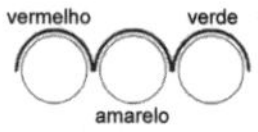

O acendimento das indicações luminosas deve ser na sequência verde, amarelo, vermelho, retornando ao verde.

Para efeito de segurança recomenda-se o uso de, no mínimo, dois conjuntos de grupos focais por aproximação, ou a utilização de um conjunto de grupo focal composto de dois focos vermelhos, um amarelo e um verde

— Compostos de duas indicações luminosas, dispostas na sequência pre-estabelecida abaixo. Para uso exclusivo em controles de acesso específico, tais como praças de pedágio e balsa.

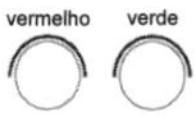

— Com símbolos, que podem estar isolados ou integrando um semáforo de três ou duas indicações luminosas.

Exemplos:

DIREÇÃO CONTROLADA

CONTROLE OU FAIXA REVERSÍVEL

DIREÇÃO LIVRE

(*) *V. art. 3º, parágrafo único, da Resolução CONTRAN nº 483, de 9.4.2014: "Semáforos para ciclistas e de controle ou faixa reversível já implantados quando da entrada em vigor desta Resolução devem ser adequados à mesma quando de sua substituição.".*

b) Para Pedestres

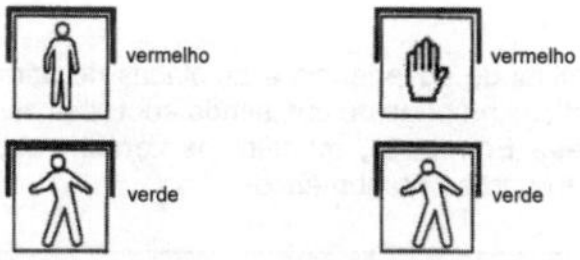

4.2. SINALIZAÇÃO SEMAFÓRICA DE ADVERTÊNCIA

A sinalização semafórica de advertência tem a função de advertir da existência de obstáculo ou situação perigosa, devendo o condutor reduzir a velocidade e adotar as medidas de precaução compatíveis com a segurança para seguir adiante.

4.2.1. Características

Compõe-se de uma ou duas luzes de cor amarela, cujo funcionamento é intermitente ou piscante alternado, no caso de duas indicações luminosas.

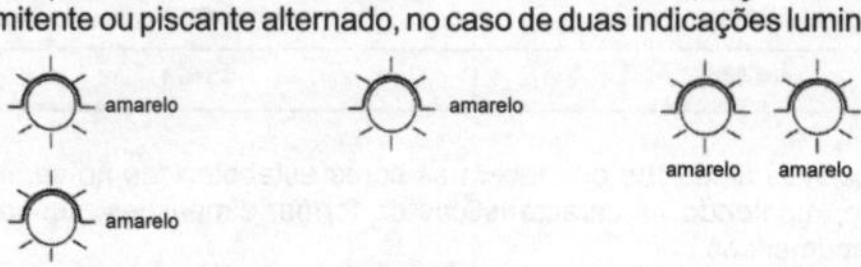

No caso de grupo focal de regulamentação, admite-se o uso isolado da indicação luminosa em amarelo intermitente, em determinados horários e situações específicas. Fica o condutor do veículo obrigado a reduzir a velocidade e respeitar o disposto no Artigo 29, inciso III, alínea "c".

5. SINALIZAÇÃO TEMPORÁRIA

(*) *Item 5 com redação dada pela Resolução CONTRAN nº 690, de 27.9.2017: a expressão "sinalização de obras", adotada originalmente, passa a vigorar como "sinalização temporária".*

A Sinalização Temporária tem como característica a utilização dos sinais e elementos de Sinalização Vertical, Horizontal, Semafórica e de Dispositivos e Sinalização Auxiliares combinados de forma que:

— os usuários da via sejam advertidos sobre a intervenção realizada e possam identificar seu caráter temporário;

— sejam preservadas as condições de segurança e fluidez do trânsito e de acessibilidade;

— os usuários sejam orientados sobre caminhos alternativos;

— sejam isoladas as áreas de trabalho, de forma a evitar a deposição e/ ou lançamento de materiais sobre a via.

Na sinalização temporária, os elementos que compõem a sinalização vertical de regulamentação, a sinalização horizontal e a sinalização semafórica têm suas características preservadas.

A sinalização vertical de advertência e as placas de orientação de destino adquirem características próprias de cor, sendo adotadas as combinações das cores laranja e preta. Entretanto, mantêm as características de forma, dimensões, símbolos e padrões alfanuméricos:

Sinalização vertical de Advertência ou de Indicação	Cor utilizada para Sinalização temporária
Fundo	Laranja
Símbolo	Preta
Orla	Preta
Tarjas	Preta
Setas	Preta
Letras	Preta

Os dispositivos auxiliares obedecem as cores estabelecidas no capítulo 3 deste Anexo, mantendo as características de forma, dimensões, símbolos e padrões alfanuméricos.

São exemplos de sinalização temporária:

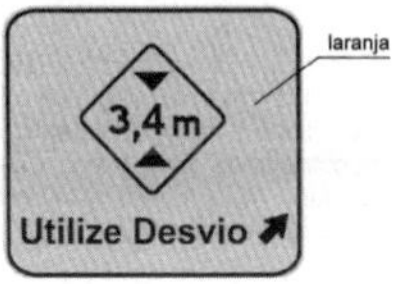

6. GESTOS

a) Gestos de Agentes da Autoridade de Trânsito

As ordens emanadas por gestos de Agentes da Autoridade de Trânsito prevalecem sobre as regras de circulação e as normas definidas por outros sinais de trânsito. Os gestos podem ser:

Significado	Sinal
Ordem de parada obrigatória para todos os veículos. Quando executada em interseções, os veículos que já se encontrem nela não são obrigados a parar.	 Braço levantado verticalmente, com a palma da mão para a frente.
Ordem de parada para todos os veículos que venham de direções que cortem ortogonalmente a direção indicada pelos braços estendidos, qualquer que seja o sentido de seu deslocamento.	 Braços estendidos horizontalmente, com a palma da mão para a frente.

Significado	Sinal
Ordem de parada para todos os veículos que venham de direções que cortem ortogonalmente a direção indicada pelo braço estendido, qualquer que seja o sentido de seu deslocamento.	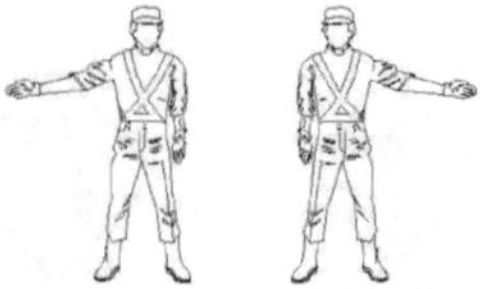 Braço estendido horizontalmente, com a palma da mão para frente, do lado do trânsito a que se destina.
Ordem de diminuição da velocidade.	 Braço estendido horizontalmente, com a palma da mão para baixo, fazendo movimentos verticais.
Ordem de parada para os veículos aos quais a luz é dirigida.	 Braço estendido horizontalmente, agitando uma luz vermelha para um determinado veículo.
Ordem de seguir.	 Braço levantado, com movimento de antebraço da frente para a retaguarda e a palma da mão voltada para trás.

b) Gestos de Condutores

Significado	Sinal
Dobrar à esquerda	
Dobrar à direita	
Diminuir a marcha ou parar	

Obs.: Válido para todos os tipos de veículos.

7. SINAIS SONOROS

SINAIS DE APITO	SIGNIFICADO	EMPREGO
um silvo breve	siga	liberar o trânsito em direção/sentido indicado pelo agente.
dois silvos breves	pare	indicar parada obrigatória.
um silvo longo	diminuir a marcha	quando for necessário fazer diminuir a marcha dos veículos.

Os sinais sonoros somente devem ser utilizados em conjunto com os gestos dos agentes.

Especificação de sinais sonoros

Momento	Intermitência	Duração	Frequência
Para o sinal sonoro de localização.	0,5 Hz (1 ciclo a cada 2 s)	60 ms (± 2 ms)	950 Hz (± 10 Hz)
Para o sinal sonoro de início do tempo de travessia (silvo inicial do tempo de verde do foco do pedestre).	1 pulso único, antecedendo o sinal sonoro de travessia	160 ms (± 5 ms)	2000 Hz (± 10 Hz), decrescendo gradativamente até 500 Hz (± 10 Hz)
Para o sinal sonoro de travessia (tempo de verde do foco de pedestre).	1 Hz (1 ciclo/s)	160 ms (± 5 ms)	Frequência Modulada: 2000 Hz (± 10 Hz) + 500 Hz (±10 Hz)
Para o sinal sonoro de advertência de encerramento de travessia (tempo de vermelho intermitente do foco de pedestre).	2 Hz (2 ciclo/s)	160 ms (± 5 ms)	Frequência Modulada: 2000 Hz (± 10 Hz) + 500 Hz (±10 Hz)

(*) *Quadro acrescido pela Resolução CONTRAN nº 704, de 10.10.2017, que estabelece padrões e critérios para sinalização semafórica com sinal sonoro para travessia de pedestres com deficiência visual.*

LEGISLAÇÃO COMPLEMENTAR

LEIS

LEI Nº 5.970, DE 11 DE DEZEMBRO DE 1973

Exclui da aplicação do disposto nos arts. 6º, inciso I, 64 e 169, do Código de Processo Penal, os casos de acidente de trânsito, e dá outras providências.

O Presidente da República,

Faço saber que o Congresso Nacional decreta e eu sanciono a seguinte Lei:

Art. 1º. Em caso de acidente de trânsito, a autoridade ou agente policial que primeiro tomar conhecimento do fato poderá autorizar, independentemente de exame do local, a imediata remoção das pessoas que tenham sofrido lesão, bem como dos veículos nele envolvidos, se estiverem no leito da via pública e prejudicarem o tráfego.

Parágrafo único. Para autorizar a remoção, a autoridade ou agente policial lavrará boletim da ocorrência, nele consignado o fato, as testemunhas que o presenciaram e todas as demais circunstâncias necessárias ao esclarecimento da verdade.

Art. 2º. Esta Lei entra em vigor na data de sua publicação, revogadas as disposições em contrário.

Brasília, 11 de dezembro de 1973; 152º da Independência e 85º da República.

Emílio G. Médici – DOU de 12.12.1973

LEI Nº 11.705, DE 19 JUNHO DE 2008

Altera a Lei nº 9.503, de 23 de setembro de 1997, que "institui o Código de Trânsito Brasileiro", e a Lei nº 9.294, de 15 de julho de 1996, que dispõe sobre as restrições ao uso e à propaganda de produtos fumígeros, bebidas alcoólicas, medicamentos, terapias e defensivos agrícolas, nos termos do § 4º do art. 220 da Constituição Federal, para inibir o consumo de bebida alcoólica por condutor de veículo automotor, e dá outras providências.

O Presidente da República,

Faço saber que o Congresso Nacional decreta e eu sanciono a seguinte Lei:

Art. 1º. Esta Lei altera dispositivos da Lei nº 9.503, de 23 de setembro de 1997, que institui o Código de Trânsito Brasileiro, com a finalidade de estabelecer alcoolemia 0 (zero) e de impor penalidades mais severas para o condutor que dirigir sob a influência do álcool, e da Lei nº 9.294, de 15 de julho de 1996, que dispõe sobre as restrições ao uso e à propaganda de produtos fumígeros, bebidas alcoólicas, medicamentos, terapias e defensivos agrícolas, nos termos do § 4º do art. 220 da Constituição Federal, para obrigar os estabelecimentos comerciais em que se vendem ou oferecem bebidas alcoólicas a estampar, no recinto, aviso de que constitui crime dirigir sob a influência de álcool.

Art. 2º. São vedados, na faixa de domínio de rodovia federal ou em terrenos contíguos à faixa de domínio com acesso direto à rodovia, a venda varejista ou o oferecimento de bebidas alcoólicas para consumo no local.

§ 1º. A violação do disposto no *caput* deste artigo implica multa de R$ 1.500,00 (um mil e quinhentos reais).

§ 2º. Em caso de reincidência, dentro do prazo de 12 (doze) meses, a multa será aplicada em dobro, e suspensa a autorização de acesso à rodovia, pelo prazo de até 1 (um) ano.

§ 3º. Não se aplica o disposto neste artigo em área urbana, de acordo com a delimitação dada pela legislação de cada município ou do Distrito Federal.

Art. 3º. Ressalvado o disposto no § 3º do art. 2º desta Lei, o estabelecimento comercial situado na faixa de domínio de rodovia federal ou em terreno contíguo à faixa de domínio com acesso direto à rodovia, que inclua entre suas atividades a venda varejista ou o fornecimento de bebidas ou alimentos, deverá afixar, em local de ampla visibilidade, aviso da vedação de que trata o art. 2º desta Lei.

Parágrafo único. O descumprimento do disposto no *caput* deste artigo implica multa de R$ 300,00 (trezentos reais).

Art. 4º. Competem à Polícia Rodoviária Federal a fiscalização e a aplicação das multas previstas nos arts. 2º e 3º desta Lei.

§ 1º. A União poderá firmar convênios com Estados, Municípios e com o Distrito Federal, a fim de que estes também possam exercer a fiscalização e aplicar as multas de que tratam os arts. 2º e 3º desta Lei.

§ 2º. Configurada a reincidência, a Polícia Rodoviária Federal ou ente conveniado comunicará o fato ao Departamento Nacional de Infraestrutura de Transportes – DNIT ou, quando se tratar de rodovia concedida, à Agência Nacional de Transportes Terrestres – ANTT, para a aplicação da penalidade de suspensão da autorização de acesso à rodovia.

Art. 5º. A Lei nº 9.503, de 23 de setembro de 1997, passa a vigorar com as seguintes modificações:

I – o art. 10 passa a vigorar acrescido do seguinte inciso XXIII:

II – o *caput* do art. 165 passa a vigorar com a seguinte redação:

III – o art. 276 passa a vigorar com a seguinte redação:

IV – o art. 277 passa a vigorar com as seguintes alterações:

V – o art. 291 passa a vigorar com as seguintes alterações:

VI – o art. 296 passa a vigorar com a seguinte redação:

VII – (vetado);

VIII – o art. 306 passa a vigorar com a seguinte alteração:

(*) *Alterações já efetuadas no corpo da Lei.*

Art. 6º. Consideram-se bebidas alcoólicas, para efeitos desta Lei, as bebidas potáveis que contenham álcool em sua composição, com grau de concentração igual ou superior a meio grau Gay-Lussac.

Art. 7º. A Lei nº 9.294, de 15 de julho de 1996, passa a vigorar acrescida do seguinte art. 4º-A:

*"**Art. 4º-A.** Na parte interna dos locais em que se vende bebida alcoólica, deverá ser afixado advertência escrita de forma legível e ostensiva de que é crime dirigir sob a influência de álcool, punível com detenção."*

Art. 8º. Esta Lei entra em vigor na data de sua publicação.

Art. 9º. Fica revogado o inciso V do parágrafo único do art. 302 da Lei nº 9.503, de 23 de setembro de 1997.

(*) *Alteração já efetuada no corpo da Lei.*

Brasília, 16 de junho de 2008; 187º da Independência e 120º da República.

Luiz Inácio Lula da Silva – DOU de 20.6.2008

LEI Nº 12.009, DE 29 DE JULHO DE 2009

Regulamenta o exercício das atividades dos profissionais em transporte de passageiros, "mototaxista", em entrega de mercadorias e em serviço comunitário de rua, e "motoboy", com o uso de motocicleta, altera a Lei nº 9.503, de 23 de setembro de 1997, para dispor sobre regras de segurança dos serviços de transporte remunerado de mercadorias em motocicletas e motonetas – motofrete –, estabelece regras gerais para a regulação deste serviço e dá outras providências.

O Presidente da República,

Faço saber que o Congresso Nacional decreta e eu sanciono a seguinte Lei:

Art. 1º. Esta Lei regulamenta o exercício das atividades dos profissionais em transportes de passageiros, "mototaxista", em entrega de mercadorias e em serviço comunitário de rua, e "motoboy", com o uso de motocicleta, dispõe sobre regras de segurança dos serviços de transporte remunerado de mercadorias em motocicletas e motonetas – motofrete –, estabelece regras gerais para a regulação deste serviço e dá outras providências.

Art. 2º. Para o exercício das atividades previstas no art. 1º, é necessário:

I – ter completado 21 (vinte e um) anos;

II – possuir habilitação, por pelo menos 2 (dois) anos, na categoria;

III – ser aprovado em curso especializado, nos termos da regulamentação do CONTRAN;

IV – estar vestido com colete de segurança dotado de dispositivos retrorrefletivos, nos termos da regulamentação do CONTRAN.

Parágrafo único. Do profissional de serviço comunitário de rua serão exigidos ainda os seguintes documentos:

I – carteira de identidade;

II – título de eleitor;

III – cédula de identificação do contribuinte – CIC;

IV – atestado de residência;

V – certidões negativas das varas criminais;

VI – identificação da motocicleta utilizada em serviço.

Art. 3º. São atividades específicas dos profissionais de que trata o art. 1º:

I – transporte de mercadorias de volume compatível com a capacidade do veículo;

II – transporte de passageiros.

Parágrafo único. (Vetado).

Art. 4º. A Lei nº 9.503, de 23 de setembro de 1997, passa a vigorar acrescida do seguinte Capítulo XIII-A:

(*) *Alterações já efetuadas no corpo da Lei.*

Art. 5º. O art. 244 da Lei nº 9.503, de 23 de setembro de 1997, passa a vigorar com a seguinte redação:

(*) *Alterações já efetuadas no corpo da Lei.*

Art. 6º. A pessoa natural ou jurídica que empregar ou firmar contrato de prestação continuada de serviço com condutor de motofrete é responsável solidária por danos cíveis advindos do descumprimento das normas relativas ao exercício da atividade, previstas no art. 139-A da Lei nº 9.503, de 23 de setembro de 1997, e ao exercício da profissão, previstas no art. 2º desta Lei.

Art. 7º. Constitui infração a esta Lei:

I – empregar ou manter contrato de prestação continuada de serviço com condutor de motofrete inabilitado legalmente;

II – fornecer ou admitir o uso de motocicleta ou motoneta para o transporte remunerado de mercadorias, que esteja em desconformidade com as exigências legais.

Parágrafo único. Responde pelas infrações previstas neste artigo o empregador ou aquele que contrata serviço continuado de motofrete, sujeitando-se à sanção relativa à segurança do trabalho prevista no art. 201 da Consolidação das Leis do Trabalho – CLT, aprovada pelo Decreto-Lei nº 5.452, de 1º de maio de 1943.

Art. 8º. Os condutores que atuam na prestação do serviço de motofrete, assim como os veículos empregados nessa atividade, deverão estar adequados às exigências previstas nesta Lei no prazo de até 365 (trezentos e sessenta e cinco) dias, contado da regulamentação pelo CONTRAN dos dispositivos previstos no art. 139-A da Lei nº 9.503, de 23 de setembro de 1997, e no art. 2º desta Lei.

Art. 9º. Esta Lei entra em vigor na data de sua publicação.

Brasília, 29 de julho de 2009; 188º da Independência e 121º da República.

Luiz Inácio Lula da Silva – DOU de 30.7.2009

LEI Nº 13.103, DE 2 DE MARÇO DE 2015

(Excertos)

(*) *Atualizada até a Lei nº 13.711, de 24.8.2018.*

(*) *V., nesta edição, o Decreto Regulamentador nº 8.433, de 16.4.2015.*

Dispõe sobre o exercício da profissão de motorista; altera a Consolidação das Leis do Trabalho – CLT, aprovada pelo Decreto-Lei nº 5.452, de 1º de maio de 1943, e as Leis nºs 9.503, de 23 de setembro de 1997 – Código de Trânsito Brasileiro, e 11.442, de 5 de janeiro de 2007 (empresas e transportadores autônomos de carga), para disciplinar a jornada de trabalho e o tempo de direção do motorista profissional; altera a Lei nº 7.408, de 25 de novembro de 1985; revoga dispositivos da Lei nº 12.619, de 30 de abril de 2012; e dá outras providências.

A Presidenta da República,

Faço saber que o Congresso Nacional decreta e eu sanciono a seguinte Lei:

....

Art. 7º. O Capítulo III-A da Lei nº 9.503, de 23 de setembro de 1997 – Código de Trânsito Brasileiro, passa a vigorar com as seguintes alterações:

(*) *Alterações já efetuadas no corpo do Código de Trânsito.*

Art. 8º. A Lei nº 9.503, de 23 de setembro de 1997 – Código de Trânsito Brasileiro, passa a vigorar com as seguintes alterações:

(*) *Alterações já efetuadas no corpo do Código de Trânsito.*

....

Art. 12. O disposto nos §§ 2º e 3º do art. 235-C do Capítulo I do Título III da Consolidação das Leis do Trabalho – CLT, aprovada pelo Decreto-Lei nº 5.452, de 1º de maio de 1943, e no *caput* e nos §§ 1º e 3º do art. 67-C do Capítulo III-A da Lei nº 9.503, de 23 de setembro de 1997 – Código de Trânsito Brasileiro, produzirá efeitos:

I – a partir da data da publicação dos atos de que trata o art. 11, para os trechos das vias deles constantes;

II – a partir da data da publicação das relações subsequentes, para as vias por elas acrescidas.

Parágrafo único. Durante os primeiros 180 (cento e oitenta) dias de sujeição do trecho ao disposto na Consolidação das Leis do Trabalho – CLT, aprovada pelo Decreto-Lei nº 5.452, de 1º de maio de 1943, e na Lei nº 9.503, de 23 de setembro de 1997 – Código de Trânsito Brasileiro, com as alterações constantes desta Lei, a fiscalização do seu cumprimento será meramente informativa e educativa.

Art. 13. O exame toxicológico com janela de detecção mínima de 90 (noventa) dias de que tratam o art. 148-A da Lei nº 9.503, de 23 de setembro de 1997 – Código de Trânsito Brasileiro, os §§ 6º e 7º do art. 168 e o inciso VII do art. 235-B da Consolidação das Leis do Trabalho – CLT, aprovada pelo Decreto--Lei nº 5.452, de 1º de maio de 1943, será exigido:

I – em 90 (noventa) dias da publicação desta Lei, para a renovação e habilitação das categorias C, D e E;

II – em 1 (um) ano a partir da entrada em vigor desta Lei, para a admissão e a demissão de motorista profissional;

III – em 3 (três) anos e 6 (seis) meses a partir da entrada em vigor desta Lei, para o disposto no § 2º do art. 148-A da Lei nº 9.503, de 23 de setembro de 1997;

IV – em 2 (dois) anos e 6 (seis) meses a partir da entrada em vigor desta Lei, para o disposto no § 3º do art. 148-A da Lei nº 9.503, de 23 de setembro de 1997.

Parágrafo único. Caberá ao CONTRAN estabelecer adequações necessárias ao cronograma de realização dos exames.

Art. 14. Decorrido o prazo de 3 (três) anos a contar da publicação desta Lei, os seus efeitos dar-se-ão para todas as vias, independentemente da publicação dos atos de que trata o art. 11 ou de suas revisões.

....

Art. 16. O art. 1º da Lei nº 7.408, de 25 de novembro de 1985, passa a vigorar com a seguinte redação:

"Art. 1º. Fica permitida, na pesagem de veículos de transporte de carga e de passageiros, a tolerância máxima de:

I – 5% (cinco por cento) sobre os limites de peso bruto total;

II – 10% (dez por cento) sobre os limites de peso bruto transmitido por eixo de veículos à superfície das vias públicas.

Parágrafo único. Os limites de peso bruto não se aplicam aos locais não abrangidos pelo disposto no art. 2º da Lei nº 9.503, de 23 de setembro de 1997 – Código de Trânsito Brasileiro, incluindo-se as vias particulares sem acesso à circulação pública." (NR)

Art. 17. Em todo o território nacional, os veículos de transporte de cargas que circularem vazios ficarão isentos da cobrança de pedágio sobre os eixos que mantiverem suspensos.

§ 1º. O disposto no *caput* deste artigo abrange as vias terrestres federais, estaduais, distritais e municipais, inclusive as concedidas.

§ 2º. Os órgãos e as entidades competentes da União, dos Estados, do Distrito Federal e dos Municípios disporão sobre as medidas técnicas e operacionais para viabilizar a isenção de que trata o *caput* deste artigo.

§ 3º. Até a implementação das medidas a que se refere o § 2º deste artigo, considerar-se-ão vazios os veículos de transporte de carga que transpuserem as praças de pedágio com um ou mais eixos mantidos suspensos, assegurada a fiscalização dessa condição pela autoridade com circunscrição sobre a via ou pelo agente designado na forma prevista no § 4º do art. 280 da Lei nº 9.503, de 23 de setembro de 1997 (Código de Trânsito Brasileiro).

§ 4º. Para as vias rodoviárias federais concedidas ou delegadas, será adotada a regulamentação da Agência Nacional de Transportes Terrestres (ANTT).

§ 5º. Ficam sujeitos à penalidade prevista no art. 209 da Lei nº 9.503, de 23 de setembro de 1997 (Código de Trânsito Brasileiro), os veículos de transporte de cargas que circularem com eixos indevidamente suspensos.

§ 6º. O aumento do valor do pedágio para os usuários da rodovia a fim de compensar a isenção de que trata o *caput* deste artigo somente será adotado após esgotadas as demais alternativas de reequilíbrio econômico-financeiro dos contratos.

(*) *Art. 17 com redação dada pela Lei nº 13.711, de 24.8.2018.*

....

Art. 20. Fica permitida a concessão de Autorização Especial de Trânsito – AET – para composição de veículos boiadeiros articulados (Romeu e Julieta) com até 25 m de comprimento, sendo permitido a estes veículos autorização para transitar em qualquer horário do dia.

Art. 21. Ficam revogados os arts. 1º, 2º e 9º da Lei nº 12.619, de 30 de abril de 2012.

Art. 22. Ficam convertidas em sanção de advertência:

I – as penalidades decorrentes de infrações ao disposto na Lei nº 12.619, de 30 de abril de 2012, que alterou a Consolidação das Leis do Trabalho – CLT, aprovada pelo Decreto-Lei nº 5.452, de 1º de maio de 1943, e a Lei nº 9.503, de 23 de setembro de 1997 – Código de Trânsito Brasileiro, aplicadas até a data da publicação desta Lei; e

II – as penalidades por violação do inciso V do art. 231 da Lei nº 9.503, de 23 de setembro de 1997 – Código de Trânsito Brasileiro, aplicadas até 2 (dois) anos antes da entrada em vigor desta Lei.

Brasília, 2 de março de 2015; 194º da Independência e 127º da República.

Dilma Rousseff – DOU de 3.3.2015

LEI Nº 13.146, DE 6 DE JULHO DE 2015

(Excertos)

(*)*Atualizada até a Lei nº 13.281, de 4.5.2016.*

(*)*V., nesta edição, o Decreto Regulamentador nº 9.762, de 11.4.2019, com vigência a partir de 11.7.2019.*

Institui a Lei Brasileira de Inclusão da Pessoa com Deficiência (Estatuto da Pessoa com Deficiência).

A Presidenta da República,

Faço saber que o Congresso Nacional decreta e eu sanciono a seguinte Lei:

LIVRO I
PARTE GERAL

....

Título II – Dos Direitos Fundamentais

....

Capítulo X – Do Direito ao Transporte e à Mobilidade

Art. 46. O direito ao transporte e à mobilidade da pessoa com deficiência ou com mobilidade reduzida será assegurado em igualdade de oportunidades com as demais pessoas, por meio de identificação e de eliminação de todos os obstáculos e barreiras ao seu acesso.

§ 1º. Para fins de acessibilidade aos serviços de transporte coletivo terrestre, aquaviário e aéreo, em todas as jurisdições, consideram-se como integrantes desses serviços os veículos, os terminais, as estações, os pontos de parada, o sistema viário e a prestação do serviço.

§ 2º. São sujeitas ao cumprimento das disposições desta Lei, sempre que houver interação com a matéria nela regulada, a outorga, a concessão, a permissão, a autorização, a renovação ou a habilitação de linhas e de serviços de transporte coletivo.

§ 3º. Para colocação do símbolo internacional de acesso nos veículos, as empresas de transporte coletivo de passageiros dependem da certificação de acessibilidade emitida pelo gestor público responsável pela prestação do serviço.

Art. 47. Em todas as áreas de estacionamento aberto ao público, de uso público ou privado de uso coletivo e em vias públicas, devem ser reservadas vagas próximas aos acessos de circulação de pedestres, devidamente sinalizadas, para veículos que transportem pessoa com deficiência com comprometimento de mobilidade, desde que devidamente identificados.

§ 1º. As vagas a que se refere o *caput* deste artigo devem equivaler a 2% (dois por cento) do total, garantida, no mínimo, 1 (uma) vaga devidamente sinalizada e com as especificações de desenho e traçado de acordo com as normas técnicas vigentes de acessibilidade.

§ 2º. Os veículos estacionados nas vagas reservadas devem exibir, em local de ampla visibilidade, a credencial de beneficiário, a ser confeccionada e fornecida pelos órgãos de trânsito, que disciplinarão suas características e condições de uso.

§ 3º. A utilização indevida das vagas de que trata este artigo sujeita os infratores às sanções previstas no inciso XX do art. 181 da Lei nº 9.503, de 23 de setembro de 1997 (Código de Trânsito Brasileiro).

(*)*§ 3º com redação dada pela Lei nº 13.281, de 4.5.2016.*

§ 4º. A credencial a que se refere o § 2º deste artigo é vinculada à pessoa com deficiência que possui comprometimento de mobilidade e é válida em todo o território nacional.

Art. 48. Os veículos de transporte coletivo terrestre, aquaviário e aéreo, as instalações, as estações, os portos e os terminais em operação no País devem ser acessíveis, de forma a garantir o seu uso por todas as pessoas.

§ 1º. Os veículos e as estruturas de que trata o *caput* deste artigo devem dispor de sistema de comunicação acessível que disponibilize informações sobre todos os pontos do itinerário.

§ 2º. São asseguradas à pessoa com deficiência prioridade e segurança nos procedimentos de embarque e de desembarque nos veículos de transporte coletivo, de acordo com as normas técnicas.

§ 3º. Para colocação do símbolo internacional de acesso nos veículos, as empresas de transporte coletivo de passageiros dependem da certificação de acessibilidade emitida pelo gestor público responsável pela prestação do serviço.

Art. 49. As empresas de transporte de fretamento e de turismo, na renovação de suas frotas, são obrigadas ao cumprimento do disposto nos arts. 46 e 48 desta Lei.

Art. 50. O poder público incentivará a fabricação de veículos acessíveis e a sua utilização como táxis e vans, de forma a garantir o seu uso por todas as pessoas.

Art. 51. As frotas de empresas de táxi devem reservar 10% (dez por cento) de seus veículos acessíveis à pessoa com deficiência.

§ 1º. É proibida a cobrança diferenciada de tarifas ou de valores adicionais pelo serviço de táxi prestado à pessoa com deficiência.

§ 2º. O poder público é autorizado a instituir incentivos fiscais com vistas a possibilitar a acessibilidade dos veículos a que se refere o *caput* deste artigo.

(*) *V., nesta edição, o Decreto Regulamentador nº 9.762, de 11.4.2019, com vigência a partir de 11.7.2019.*

Art. 52. As locadoras de veículos são obrigadas a oferecer 1 (um) veículo adaptado para uso de pessoa com deficiência, a cada conjunto de 20 (vinte) veículos de sua frota.

Parágrafo único. O veículo adaptado deverá ter, no mínimo, câmbio automático, direção hidráulica, vidros elétricos e comandos manuais de freio e de embreagem.

(*) *V., nesta edição, o Decreto Regulamentador nº 9.762, de 11.4.2019, com vigência a partir de 11.7.2019.*

....

LIVRO II
PARTE ESPECIAL

....

Título III – Disposições Finais e Transitórias

....

Art. 109. A Lei nº 9.503, de 23 de setembro de 1997 (Código de Trânsito Brasileiro), passa a vigorar com as seguintes alterações:

(*) *Alterações já efetuadas no corpo do Código de Trânsito: arts. 2º, 82-A, 86-A, 146-A, 147-A e 181.*

....

Art. 127. Esta Lei entra em vigor após decorridos 180 (cento e oitenta) dias de sua publicação oficial.

Brasília, 6 de julho de 2015; 194º da Independência e 127º da República.

Dilma Roussef – DOU de 7.7.2015

LEI Nº 13.154, DE 30 DE JULHO DE 2015
(Excertos)

Altera a Lei nº 9.503, de 23 de setembro de 1997 – Código de Trânsito Brasileiro, a Consolidação das Leis do Trabalho – CLT, aprovada pelo Decreto-Lei nº 5.452, de 1º de maio de 1943, e a Lei nº 13.001, de 20 de junho de 2014; e dá outras providências.

A Presidenta da República,

Faço saber que o Congresso Nacional decreta e eu sanciono a seguinte Lei:

Art. 1º. A Lei nº 9.503, de 23 de setembro de 1997 – Código de Trânsito Brasileiro, passa a vigorar com as seguintes alterações:

(*) *Alterações já efetuadas no corpo do Código de Trânsito: arts. 24, 115, 129, 129-A, 132, 134, 145, 184, 231, 252, 261 e 330.*

Art. 2º. O registro de que trata os §§ 4º e 4º-A do art. 115 da Lei nº 9.503, de 23 de setembro de 1997 – Código de Trânsito Brasileiro, somente é exigível para os aparelhos ou máquinas produzidos a partir de 1º de janeiro de 2016.

Art. 3º. (Vetado).

Art. 4º. O art. 235-C da Consolidação das Leis do Trabalho – CLT, aprovada pelo Decreto-Lei nº 5.452, de 1º de maio de 1943, passa a vigorar acrescido do seguinte § 17:

"**Art. 235-C.** [...]

§ 17. O disposto no caput *deste artigo aplica-se também aos operadores de automotores destinados a puxar ou a arrastar maquinaria de qualquer natureza ou a executar trabalhos de construção ou pavimentação e aos operadores de tratores, colheitadeiras, autopropelidos e demais aparelhos automotores destinados a puxar ou a arrastar maquinaria agrícola ou a executar trabalhos agrícolas." (NR)*

....

Art. 6º. Esta Lei entra em vigor na data de sua publicação.

Art. 7º. Fica revogado o § 2º do art. 132 da Lei nº 9.503, de 23 de setembro de 1997.

Brasília, 30 de julho de 2015; 194º da Independência e 127º da República.

Dilma Rousseff – DOU de 31.7.2015

LEI Nº 13.281, DE 4 DE MAIO DE 2016

Altera a Lei nº 9.503, de 23 de setembro de 1997 (Código de Trânsito Brasileiro), e a Lei nº 13.146, de 6 de julho de 2015.

A Presidenta da República,

Faço saber que o Congresso Nacional decreta e eu sanciono a seguinte Lei:

Art. 1º. A Lei nº 9.503, de 23 de setembro de 1997 (Código de Trânsito Brasileiro), passa a vigorar com as seguintes alterações:

(*) *Alterações já efetuadas no corpo do Código de Trânsito.*

Art. 2º. A Lei nº 9.503, de 23 de setembro de 1997, passa a vigorar acrescida dos seguintes arts. 165-A, 282-A, 312-A e 319-A:

(*) *Alterações já efetuadas no corpo do Código de Trânsito.*

Art. 3º. A Lei nº 9.503, de 23 de setembro de 1997, passa a vigorar com as seguintes alterações:

(*) *Alterações já efetuadas no corpo do Código de Trânsito.*

Art. 4º. É concedida anistia às multas e sanções previstas no art. 253-A da Lei nº 9.503, de 23 de setembro de 1997, aplicadas, até a data de entrada em vigor desta Lei, aos caminhoneiros participantes das manifestações iniciadas no dia 9 de novembro de 2015.

Art. 5º. O § 3º do art. 47 da Lei nº 13.146, de 6 de julho de 2015, passa vigorar com a seguinte redação:

(*) *Alterações já efetuadas no corpo da Lei.*

Art. 6º. Revogam-se o inciso IV do art. 256, o § 1º do art. 258, o art. 262 e o § 2º do art. 302, todos da Lei nº 9.503, de 23 de setembro de 1997.

(*) *Alterações já efetuadas no corpo do Código de Trânsito.*

Art. 7º. Esta Lei entra em vigor:

I – na data de sua publicação, em relação aos arts. 3º e 4º; e

II – após decorridos 180 (cento e oitenta) dias de sua publicação oficial, em relação aos demais artigos.

Brasília, 4 de maio de 2016; 195º da Independência e 128º da República.

Dilma Rousseff – DOU de 5.5.2016

LEI Nº 13.614, DE 11 DE JANEIRO DE 2018

Cria o Plano Nacional de Redução de Mortes e Lesões no Trânsito (Pnatrans) e acrescenta dispositivo à Lei nº 9.503, de 23 de setembro de 1997 (Código de Trânsito Brasileiro), para dispor sobre regime de metas de redução de índice de mortos no trânsito por grupos de habitantes e de índice de mortos no trânsito por grupos de veículos.

O Presidente da República,

Faço saber que o Congresso Nacional decreta e eu sanciono a seguinte Lei:

Art. 1º. Esta Lei cria o Plano Nacional de Redução de Mortes e Lesões no Trânsito (Pnatrans) e acrescenta dispositivo à Lei nº 9.503, de 23 de setembro de 1997 (Código de Trânsito Brasileiro), para dispor sobre regime de metas de redução de índice de mortos no trânsito por grupos de habitantes e de índice de mortos no trânsito por grupos de veículos.

Art. 2º. Fica criado o Plano Nacional de Redução de Mortes e Lesões no Trânsito (Pnatrans) a ser elaborado em conjunto pelos órgãos de saúde, de trânsito, de transporte e de justiça.

Art. 3º. O Pnatrans deverá conter:

I – os mecanismos de participação da sociedade em geral na consecução das metas estabelecidas;

II – a garantia da ampla divulgação das ações e procedimentos de fiscalização, das metas e dos prazos definidos, em balanços anuais, permitindo consultas públicas por meio da rede mundial de computadores;

III – a previsão da realização de campanhas permanentes e públicas de informação, esclarecimento, educação e conscientização visando a atingir os objetivos do Pnatrans.

Art. 4º. A partir da implantação do Pnatrans, serão reconhecidos e distinguidos os gestores públicos e privados na redução das mortes e lesões no trânsito.

Art. 5º. A Lei nº 9.503, de 23 de setembro de 1997 (Código de Trânsito Brasileiro), passa a vigorar acrescida do seguinte art. 326-A:

....

(*) *Alteração já efetuada no corpo do Código de Trânsito.*

Art. 6º. Esta Lei entra em vigor após decorridos sessenta dias de sua publicação oficial.

Brasília, 11 de janeiro de 2018; 197º da Independência e 130º da República.

Michel Temer – DOU de 12.1.2018

DECRETOS

DECRETO Nº 4.711, DE 29 DE MAIO DE 2003

(*) *Este Decreto foi alterado pelo Decreto nº 9.676, de 2.1.2019. Porém, as alterações foram posteriormente revogadas pelo Decreto nº 9.684, de 14.1.2019.*

Dispõe sobre a coordenação do Sistema Nacional de Trânsito.

O Presidente da República, no uso das atribuições que lhe confere o art. 84, incisos IV e VI, alínea "a", da Constituição, e tendo em vista o disposto nos arts. 9º e 10 da Lei nº 9.503, de 23 de setembro de 1997,

Decreta:

Art. 1º. Compete ao Ministério das Cidades a coordenação máxima do Sistema Nacional de Trânsito.

Art. 2º. O Conselho Nacional de Trânsito – CONTRAN, órgão integrante do Sistema Nacional de Trânsito, presidido pelo dirigente do Departamento Nacional de Trânsito – DENATRAN, órgão máximo executivo de trânsito da União, é composto por um representante de cada um dos seguintes Ministérios:

I – da Ciência e Tecnologia;

II – da Educação;

III – da Defesa;

IV – do Meio Ambiente;

V – dos Transportes;

VI – das Cidades; e

VII – da Saúde.

Parágrafo único. Cada membro terá um suplente.

Art. 3º. Os representantes e seus suplentes serão indicados pelos titulares dos órgãos representados e designados pelo Ministro de Estado das Cidades.

Art. 4º. O CONTRAN regulamentará o seu funcionamento em regimento interno.

Art. 5º. Este Decreto entra em vigor na data de sua publicação.

Art. 6º. Fica revogado o Decreto nº 2.327, de 23 de setembro de 1997.

Brasília, 29 de maio de 2003; 182º da Independência e 115º da República.

Luiz Inácio Lula da Silva – DOU de 30.5.2003.

DECRETO Nº 6.488, DE 19 DE JUNHO DE 2008

Regulamenta os arts. 276 e 306 da Lei nº 9.503, de 23 de setembro de 1997 – Código de Trânsito Brasileiro, disciplinando a margem de tolerância de álcool no sangue e a equivalência entre os distintos testes de alcoolemia para efeitos de crime de trânsito.

O Presidente da República, no uso da atribuição que lhe confere o art. 84, inciso IV, da Constituição, e tendo em vista o disposto nos arts. 276 e 306 da Lei nº 9.503, de 23 de setembro de 1997 – Código de Trânsito Brasileiro,

Decreta:

Art. 1º. Qualquer concentração de álcool por litro de sangue sujeita o condutor às penalidades administrativas do art. 165 da Lei nº 9.503, de 23 de setembro de 1997 – Código de Trânsito Brasileiro, por dirigir sob a influência de álcool.

§ 1º. As margens de tolerância de álcool no sangue para casos específicos serão definidas em resolução do Conselho Nacional de Trânsito – CONTRAN, nos termos de proposta formulada pelo Ministro de Estado da Saúde.

§ 2º. Enquanto não editado o ato de que trata o § 1º, a margem de tolerância será de duas decigramas por litro de sangue para todos os casos.

§ 3º. Na hipótese do § 2º, caso a aferição da quantidade de álcool no sangue seja feito por meio de teste em aparelho de ar alveolar pulmonar (etilômetro), a margem de tolerância será de um décimo de miligrama por litro de ar expelido dos pulmões.

Art. 2º. Para os fins criminais de que trata o art. 306 da Lei nº 9.503, de 1997 – Código de Trânsito Brasileiro, a equivalência entre os distintos testes de alcoolemia é a seguinte:

I – exame de sangue: concentração igual ou superior a seis decigramas de álcool por litro de sangue; ou

II – teste em aparelho de ar alveolar pulmonar (etilômetro): concentração de álcool igual ou superior a três décimos de miligrama por litro de ar expelido dos pulmões.

Art. 3º. Este Decreto entra em vigor na data de sua publicação.

Brasília, 19 de junho de 2008; 187º da Independência e 120º da República.

Luiz Inácio Lula da Silva – DOU de 20.6.2008

DECRETO Nº 6.489, DE 19 DE JUNHO DE 2008

Regulamenta a Lei nº 11.705, de 19 de junho de 2008, no ponto em que restringe a comercialização de bebidas alcoólicas em rodovias federais.

O Presidente da República, no uso da atribuição que lhe confere o art. 84, inciso IV, da Constituição, e tendo em vista o disposto na Lei nº 11.705, de 19 de junho de 2008,

Decreta:

Art. 1º. São vedados, na faixa de domínio de rodovia federal ou em terrenos contíguos à faixa de domínio com acesso direto à rodovia, a venda varejista ou o oferecimento para consumo de bebidas alcoólicas no local.

§ 1º. A violação do disposto no *caput* implica multa de R$ 1.500,00 (mil e quinhentos reais).

§ 2º. Em caso de reincidência, dentro do prazo de doze meses, a multa será aplicada em dobro e suspensa a autorização para acesso à rodovia.

§ 3º. Considera-se como para consumo no local a disponibilização de ambiente e condições para consumo na área interna ou externa do estabelecimento comercial.

Art. 2º. Não se aplica o disposto neste Decreto em área urbana.

Art. 3º. Para os efeitos deste Decreto, adotam-se as seguintes definições:

I – faixa de domínio: superfície lindeira às vias rurais, incluindo suas vias arteriais, locais e coletoras, delimitada por lei específica e sob responsabilidade do órgão ou entidade de trânsito competente com circunscrição sobre a via;

II – local contíguo à faixa de domínio com acesso direto à rodovia: área lindeira à faixa de domínio, na qual o acesso ou um dos acessos seja diretamente por meio da rodovia ou da faixa de domínio;

III – bebidas alcoólicas: bebidas potáveis que contenham álcool em sua composição, com grau de concentração igual ou acima de meio grau Gay-Lussac; e

IV – área urbana de rodovia: trecho da rodovia limítrofe com áreas definidas pela legislação do Município ou do Distrito Federal como área urbana.

Parágrafo único. Caso o Município não possua legislação definindo sua área urbana, a proibição ocorrerá em toda extensão da rodovia no Município respectivo.

Art. 4º. Ressalvado o disposto no art. 2º, o estabelecimento comercial situado na faixa de domínio de rodovia federal ou em local contíguo à faixa de domínio com acesso direto à rodovia que inclua entre sua atividade a venda ou o fornecimento de bebidas ou alimentos deverá fixar, em local de ampla visibilidade, aviso da vedação de que trata o art. 1º.

§ 1º. Para os fins do *caput*, considera-se de ampla visibilidade o aviso com dimensão mínima de duzentos e dez por duzentos e noventa e sete milímetros, fixado no ponto de maior circulação de pessoas e com letras de altura mínima de um centímetro.

§ 2º. Do aviso deverá constar, no mínimo, o texto "É proibida a venda varejista ou o oferecimento de bebidas alcoólicas para consumo neste local. Pena: Multa de R$ 1.500,00. Denúncias: Disque 191 – Polícia Rodoviária Federal".

§ 3º. O descumprimento do disposto neste artigo implica multa de R$ 300,00 (trezentos reais).

Art. 5º. Compete à Polícia Rodoviária Federal fiscalizar, aplicar e arrecadar as multas previstas neste Decreto.

§ 1º. A União poderá firmar convênios com os Estados ou o Distrito Federal, para que exerçam a fiscalização e apliquem as multas de que tratam os arts. 1º e 4º deste Decreto em rodovias federais nas quais o patrulhamento ostensivo não esteja sendo realizado pela Polícia Rodoviária Federal.

§ 2º. Para exercer a fiscalização, a Polícia Rodoviária Federal, ou o ente conveniado, deverá observar a legislação municipal que delimita as áreas urbanas.

§ 3º. Esgotado o prazo para o recolhimento da penalidade imposta sem que o infrator tenha providenciado o pagamento devido, a Polícia Rodoviária Federal encaminhará os processos que culminaram nas sanções constituídas à Procuradoria da Fazenda Nacional do respectivo Estado, para efeitos de inscrição em dívida ativa.

Art. 6º. Configurada a reincidência, a Polícia Rodoviária Federal, ou o ente conveniado, comunicará ao Departamento Nacional de Infraestrutura de Transportes – DNIT ou, quando se tratar de rodovia concedida, à Agência Nacional de Transportes Terrestres – ANTT, para aplicação da penalidade de suspensão da autorização para acesso à rodovia.

§ 1º. A suspensão da autorização para acesso à rodovia dar-se-á pelo prazo de:

I – noventa dias, caso não tenha ocorrido suspensão anterior; ou

II – um ano, caso tenha ocorrido outra suspensão nos últimos dois anos.

§ 2º. Compete ao DNIT ou, quando se tratar de rodovia concedida, à ANTT providenciar o bloqueio físico do acesso, com apoio da Polícia Rodoviária Federal.

Art. 7º. Quando a Polícia Rodoviária Federal constatar o descumprimento do disposto neste Decreto, será determinada a imediata retirada dos produtos expostos à venda ou ofertados para o consumo e a cessação de qualquer ato de venda ou oferecimento para consumo deles, lavrando-se auto de infração.

§ 1º. No caso de desobediência da determinação de que trata o *caput*, o policial rodoviário federal responsável pela fiscalização adotará as providências penais cabíveis.

§ 2º. O auto de infração de que trata este artigo serve de notificação, ainda que recebido por preposto ou empregado, marcando o início do prazo de trinta dias para oferecimento de defesa mediante petição dirigida ao Superintendente ou Chefe de Distrito da Unidade Regional do Departamento de Polícia Rodoviária Federal com circunscrição sobre a via.

§ 3º. Julgado procedente o auto de infração, o Superintendente ou Chefe de Distrito da Unidade Regional do Departamento de Polícia Rodoviária Federal com circunscrição sobre a via aplicará a penalidade cabível, expedindo a respectiva notificação ao infrator, mediante ciência no processo, por via postal com aviso de recebimento, por telegrama ou outro meio que assegure a certeza da ciência do interessado.

§ 4º. Da notificação de que trata o § 3º, deverá constar o prazo mínimo de trinta dias para interposição de recurso, que será contado a partir da ciência da decisão que impôs a penalidade.

§ 5º. A notificação deverá ser acompanhada da respectiva Guia para Recolhimento da União – GRU, com prazo mínimo de trinta dias para pagamento da multa.

§ 6º. O recurso será dirigido à autoridade que proferiu a decisão, a qual, se não a reconsiderar no prazo de cinco dias, o encaminhará ao Diretor-Geral do Departamento de Polícia Rodoviária Federal, responsável pelo seu julgamento.

§ 7º. O Diretor-Geral do Departamento de Polícia Rodoviária Federal poderá delegar a competência prevista no § 6º.

§ 8º. O julgamento do recurso de que trata o § 6º encerra a esfera administrativa de julgamento.

§ 9º. A impugnação e o recurso de que trata este artigo têm efeito suspensivo sobre a penalidade de multa.

§ 10. No tocante à penalidade de suspensão da autorização para acesso à rodovia, presente dúvida razoável sobre a correção da autuação e havendo justo receio de prejuízo de difícil ou incerta reparação decorrente da execução da medida, a autoridade recorrida ou a imediatamente superior poderá, de ofício ou a pedido, dar efeito suspensivo à impugnação e ao recurso.

§ 11. O procedimento administrativo relativo às autuações por infração ao disposto na Lei nº 11.705, de 19 de junho de 2008, obedecerá, no que couber, às disposições da Lei nº 9.784, de 29 de janeiro de 1999.

Art. 8º. Do auto de infração deverão constar as seguintes informações:

I – data, hora e local do cometimento da infração;

II – descrição da infração praticada e dispositivo legal violado;

III – identificação da pessoa jurídica, com razão social e CNPJ, ou da pessoa física, com CPF e documento de identidade, sempre que possível;

IV – identificação do Policial Rodoviário Federal responsável pela autuação, por meio de assinatura e matrícula, bem como da Delegacia e da respectiva Unidade Regional com circunscrição no local da infração; e

V – assinatura, sempre que possível, do responsável ou preposto que esteja trabalhando no local em que foi constatada a infração.

Art. 9º. Este Decreto entra em vigor na data de sua publicação.

Art. 10. Fica revogado o Decreto nº 6.366, de 30 de janeiro de 2008.

Brasília, 19 de junho de 2008; 187º da Independência e 120º da República.

Luiz Inácio Lula da Silva – DOU de 20.6.2008

DECRETO Nº 8.433, DE 16 DE ABRIL DE 2015

Dispõe sobre a regulamentação dos art. 9º a art. 12, art. 17 e art. 22 da Lei nº 13.103, de 2 de março de 2015.

A Presidenta da República, no uso da atribuição que lhe confere o art. 84, *caput*, incisos IV e VI, alínea “a”, da Constituição, e tendo em vista o disposto na Lei nº 13.103, de 2 de março de 2015,

Decreta:

Art. 1º. Este Decreto regulamenta a Lei nº 13.103, de 2 de março de 2015, que dispõe sobre o exercício da profissão de motorista.

Art. 2º. Os veículos de transporte de carga que circularem vazios ficam isentos da cobrança de pedágio sobre os eixos que mantiverem suspensos.

§ 1º. Os órgãos ou entidades competentes da União, dos Estados, do Distrito Federal e dos Municípios disporão sobre as medidas técnicas e operacionais para viabilizar a isenção de que trata o *caput*.

§ 2º. Até a implementação das medidas a que se refere o § 1º, consideram-se vazios os veículos de transporte de carga que transpuserem as praças de pedágio com um ou mais eixos que mantiverem suspensos, ressalvada a fiscalização da condição pela autoridade com circunscrição sobre a via ou ao seu agente designado na forma do § 4º do art. 280 da Lei nº 9.503, de 23 de setembro de 1997 – Código de Trânsito Brasileiro.

§ 3º. Para as vias rodoviárias federais concedidas, a regulamentação de que trata o § 1º será publicada pela Agência Nacional de Transportes Terrestres – ANTT no prazo máximo de cento e oitenta dias, contado da publicação deste Decreto, observada a viabilidade econômica e o interesse público.

§ 4º. Regulamentações específicas fixarão os prazos para o cumprimento das medidas pelas concessionárias de rodovias.

Art. 3º. As penalidades a que se refere o art. 22 da Lei nº 13.103, de 2015, ficam convertidas em advertências, conforme os procedimentos estabelecidos:

I – pelo Ministério do Trabalho e Emprego, no caso das infrações ao disposto na Lei nº 12.619, de 30 de abril de 2012, de que trata o inciso I do *caput* do art. 22 da Lei nº 13.103, de 2015; e

II – pelos órgãos competentes para aplicar penalidades, no caso das infrações ao Código de Trânsito Brasileiro de que tratam os incisos I e II do *caput* do art. 22 da Lei nº 13.103, de 2015.

§ 1º. As penalidades decorrentes das infrações de trânsito de que tratam os incisos I e II do *caput* do art. 22 da Lei nº 13.103, de 2015, são aquelas previstas no inciso XXIII do *caput* do art. 230 e no inciso V do *caput* do art. 231 do Código de Trânsito Brasileiro, respectivamente.

§ 2º. A restituição de valores pagos pelas penalidades referidas no *caput* deverá ser solicitada por escrito e autuada em processo administrativo específico junto ao órgão responsável pelo recolhimento.

Art. 4º. Compete ao Ministério do Trabalho e Emprego regulamentar as condições de segurança, sanitárias e de conforto nos locais de espera, de repouso e de descanso dos motoristas profissionais de transporte rodoviário de passageiros e de cargas, conforme disposto no art. 9º da Lei nº 13.103, de 2 de março de 2015; e

Parágrafo único. Para os procedimentos de reconhecimento como ponto de parada e descanso, os órgãos de que trata o § 3º do art. 11 da Lei nº 13.103, de 2015, observarão o cumprimento da regulamentação de que trata o *caput*.

Art. 5º. Compete ao Conselho Nacional de Trânsito – CONTRAN regulamentar:

I – os modelos de sinalização, de orientação e de identificação dos locais de espera, de repouso e de descanso dos motoristas profissionais de transporte rodoviário de passageiros e de cargas, observadas as disposições do § 3º do art. 11 da Lei nº 13.103, de 2015; e

II – o uso de equipamentos para a verificação se o veículo se encontra vazio e os demais procedimentos a serem adotados para a fiscalização de trânsito e o cumprimento das disposições do art. 17 da Lei nº 13.103, de 2015, no prazo máximo de cento e oitenta dias, contado da publicação deste Decreto.

Art. 6º. A regulamentação das disposições dos incisos I ao IV do *caput* do art. 10, do art. 11 e do art. 12 da Lei nº 13.103, de 2015, compete:

I – à ANTT, para as rodovias por ela concedidas; e

II – ao Departamento Nacional de Infraestrutura de Transportes – DNIT, para as demais rodovias federais.

Parágrafo único. A outorga de permissão de uso de bem público nas faixas de domínio a que se refere o inciso IV do *caput* do art. 10 da Lei nº 13.103, de 2015, compete ao órgão com jurisdição sobre a via, observados os requisitos e as condições por ele estabelecidos.

Art. 7º. Este Decreto entra em vigor na data de sua publicação.

Brasília, 16 de abril de 2015; 194º da Independência e 127º da República.

Dilma Rousseff

DOU de 17.4.2015 – Retificado em 20.4.2015

DECRETO Nº 9.762, DE 11 DE ABRIL DE 2019

Regulamenta os art. 51 e art. 52 da Lei nº 13.146, de 6 de julho de 2015, para dispor sobre as diretrizes para a transformação e a modificação de veículos automotores a fim de comporem frotas de táxi e de locadoras de veículos acessíveis a pessoas com deficiência.

O Presidente da República, no uso das atribuições que lhe confere o art. 84, *caput*, incisos IV e VI, alínea "a", da Constituição, e tendo em vista o disposto nos art. 51 e art. 52 da Lei nº 13.146, de 6 de julho de 2015,

Decreta:

Art. 1º. Este Decreto estabelece as diretrizes para a transformação e a modificação de veículos automotores a fim de comporem frotas de táxi e de locadoras de veículos acessíveis a pessoas com deficiência.

Parágrafo único. Os veículos automotores objetos deste Decreto são os veículos de categoria M1, projetados e construídos para o transporte de passageiros, que não tenham mais que oito assentos, excluído o assento do motorista.

Art. 2º. Os veículos automotores acessíveis terão as medidas internas e os equipamentos de segurança e de acessibilidade adequados ao transporte de pessoas com deficiência, observadas as resoluções do Conselho Nacional de Trânsito – CONTRAN, as normas técnicas nacionais e internacionais de segurança no transporte de pessoas em cadeira de rodas em veículos automotores e a legislação específica destinada a veículos automotores.

Art. 3º. As empresas de táxi garantirão que, no mínimo, dez por cento de sua frota sejam acessíveis ao transporte de pessoa em cadeira de rodas, sem prejuízo de outras adaptações necessárias ao transporte de pessoas com outras deficiências.

§ 1º. O veículo automotor acessível, para fins do disposto no *caput*, terá a capacidade para transportar uma pessoa em cadeira de rodas e, no mínimo, mais dois passageiros, excluído o motorista.

§ 2º. Na hipótese de não estar transportando pessoa em cadeira de rodas, o veículo terá capacidade de transportar, no mínimo, quatro passageiros, excluído o motorista.

Art. 4º. As locadoras de veículos oferecerão veículos automotores adaptados ao uso de pessoa com deficiência na proporção de um a cada vinte veículos da sua frota.

§ 1º. Sem prejuízo das adaptações para o transporte de pessoas com outras deficiências, os veículos automotores, para fins do disposto no *caput*, serão adaptados observados os seguintes percentuais:

I – quarenta por cento para condutores com deficiência; e

II – sessenta por cento para o transporte de uma pessoa em cadeira de rodas.

§ 2º. Exclui-se da apuração dos percentuais de que trata este artigo a parcela dos veículos automotores destinada exclusivamente a contratos para a utilização de outras empresas em suas atividades, exceto atividades de locação de veículos.

§ 3º. Para o cálculo dos percentuais de que trata este artigo, as casas decimais serão arredondadas para o número inteiro mais próximo.

§ 4º. A empresa poderá dispor de frota própria ou subcontratada para atender ao disposto no *caput*.

§ 5º. O veículo automotor de frota subcontratada de que trata este artigo será disponibilizado no mesmo prazo dos veículos automotores da frota própria.

Art. 5º. No prazo de vinte e quatro meses, contado da data de entrada em vigor deste Decreto, a microempresa ou a empresa de pequeno porte locadora de veículos automotores poderá atender progressivamente à exigência de veículos automotores adaptados de que trata o art. 4º, à medida em que realizar a renovação de sua frota, nos termos do disposto no art. 122 da Lei nº 13.146, de 6 de julho de 2015.

§ 1º. Decorridos doze meses, contados da data de entrada em vigor deste Decreto, a microempresa ou a empresa de pequeno porte locadora de veículos automotores disponibilizará, no mínimo, um veículo automotor adaptado ao uso da pessoa com deficiência.

§ 2º. Decorridos vinte e quatro meses, contados da data de entrada em vigor deste Decreto, a microempresa ou a empresa de pequeno porte locadora de veículos deverá atender integralmente a proporção estabelecida no *caput* do art. 4º.

Art. 6º. A microempresa ou a empresa de pequeno porte que opere frota de táxi atenderá ao disposto neste Decreto, observados os prazos e as condições estabelecidas no Decreto nº 9.405, de 11 de junho de 2018.

Art. 7º. Este Decreto entra em vigor em 11 de julho de 2019.

Brasília, 11 de abril de 2019; 198º da Independência e 131º da República.

Jair Messias Bolsonaro

DOU de 11.4.2019 – Edição Extra

RESOLUÇÃO CONTRAN Nº 182, DE 9 DE SETEMBRO DE 2005

(*) *Atualizada pela Resolução CONTRAN nº 723, de 6.2.2018.*

(*) *V., nesta edição, a Resolução CONTRAN nº 723, de 6.2.2018.*

Dispõe sobre uniformização do procedimento administrativo para imposição das penalidades de suspensão do direito de dirigir e de cassação da Carteira Nacional de Habilitação.

O Conselho Nacional de Trânsito – CONTRAN, no uso das atribuições que lhe são conferidas pelo art. 12, da Lei nº 9.503, de 23 de setembro de 1997, que instituiu o Código de Trânsito Brasileiro – CTB, e conforme Decreto nº 4.711, de 29 de maio de 2003, que trata da coordenação do Sistema Nacional de Trânsito – SNT,

Considerando a necessidade de adoção de normas complementares de uniformização do procedimento administrativo adotado pelos órgãos e entidades de trânsito de um sistema integrado;

Considerando a necessidade de uniformizar o procedimento relativo à imposição das penalidades de suspensão e de cassação da Carteira Nacional de Habilitação na forma do disposto nos arts. 261 e 263 do CTB; resolve:

I – Disposições Preliminares

Arts. 1º ao 4º. (Revogados).

(*) *Arts. 1º ao 4º revogados pela Resolução CONTRAN nº 723, de 6.2.2018.*

II – Da Suspensão do Direito de Dirigir

Seção I – Por Pontuação

Arts. 5º ao 7º. (Revogados).

(*) *Arts. 5º ao 7º revogados pela Resolução CONTRAN nº 723, de 6.2.2018.*

Seção II – Por Infração

Art. 8º. (Revogado).

(*) *Art. 8º revogado pela Resolução CONTRAN nº 723, de 6.2.2018.*

III – Do Processo Administrativo

Arts. 9º e 10. (Revogados).

(*) *Arts. 9º e 10 revogados pela Resolução CONTRAN nº 723, de 6.2.2018.*

IV – Da Defesa

Arts. 11 e 12. (Revogados).

(*) *Arts. 11 e 12 revogados pela Resolução CONTRAN nº 723, de 6.2.2018.*

V – Do Julgamento

Arts. 13 a 15. (Revogados).

(*) *Arts. 13 a 15 revogados pela Resolução CONTRAN nº 723, de 6.2.2018.*

VI – Da Aplicação da Penalidade

(*) *Nos termos do art. 32 da Resolução CONTRAN nº 723, de 6.2.2018, este art. 16 permanecerá aplicável às infrações cometidas antes de 1º de novembro de 2016.*

Art. 16. Na aplicação da penalidade de suspensão do direito de dirigir a autoridade levará em conta a gravidade da infração, as circunstâncias em que foi cometida e os antecedentes do infrator para estabelecer o período da suspensão, na forma do art. 261 do CTB, observados os seguintes critérios:

I – Para infratores não reincidentes na penalidade de suspensão do direito de dirigir no período de doze meses:

a) de 1 (um) a 3 (três) meses, para penalidades de suspensão do direito de dirigir aplicadas em razão de infrações para as quais não sejam previstas multas agravadas;

b) de 2 (dois) a 6 (seis) meses, para penalidades de suspensão do direito de dirigir aplicadas em razão de infrações para as quais sejam previstas multas agravadas com fator multiplicador de três vezes;

(*) *Alínea "b" com redação dada pela Resolução CONTRAN nº 557, de 15.10.2015.*

c) de 4 (quatro) a 10 (dez), para penalidades de suspensão do direito de dirigir aplicadas em razão de infrações para as quais sejam previstas multas agravadas com fator multiplicador de cinco vezes; de 8 (oito) a 12 (doze) meses, para penalidades de suspensão do direito de dirigir aplicadas em razão de infrações para as quais sejam previstas multas agravadas com fator multiplicador de dez vezes;

(*) *Alínea "c" com redação dada pela Resolução CONTRAN nº 557, de 15.10.2015.*

d) de 8 (oito) a 12 (doze) meses, para penalidades de suspensão do direito de dirigir aplicadas em razão de infrações para as quais sejam previstas multas agravadas com fator multiplicador de dez vezes.

(*) *Alínea "d" acrescida pela Resolução CONTRAN nº 557, de 15.10.2015.*

II – Para infratores reincidentes na penalidade de suspensão do direito de dirigir no período de doze meses:

a) de 6 (seis) a 10 (dez) meses, para penalidades de suspensão do direito de dirigir aplicadas em razão de infrações para as quais não sejam previstas multas agravadas;

b) de 8 (oito) a 16 (dezesseis) meses, para penalidades de suspensão do direito de dirigir aplicadas em razão de infrações para as quais sejam previstas multas agravadas com fator multiplicador de três vezes;

c) de 10 (dez) a 20 (vinte) meses, para penalidades de suspensão do direito de dirigir aplicadas em razão de infrações para as quais sejam previstas multas agravadas com fator multiplicador de cinco. de 16 (dezesseis) a 24 (vinte e quatro) meses, para penalidades de suspensão do direito de dirigir aplicadas em razão de infrações para as quais sejam previstas multas agravadas com o fator multiplicador de dez vezes;

(*) *Alínea "c" com redação dada pela Resolução CONTRAN nº 557, de 15.10.2015.*

d) de 16 (dezesseis) a 24 (vinte e quatro) meses, para penalidades de suspensão do direito de dirigir aplicadas em razão de infrações para as quais sejam previstas multas agravadas com o fator multiplicador de dez vezes.

(*) *Alínea "d" acrescida pela Resolução CONTRAN nº 557, de 15.10.2015.*

Arts. 17 e 18. (Revogados).

(*) *Arts. 17 e 18 revogados pela Resolução CONTRAN nº 723, de 6.2.2018.*

VII – Do Cumprimento da Penalidade

Arts. 19 a 21. (Revogados).

(*) *Arts. 19 a 21 revogados pela Resolução CONTRAN nº 723, de 6.2.2018.*

VIII – Da Prescrição

Arts. 22 e 23. (Revogados).

(*) *Arts. 22 e 23 revogados pela Resolução CONTRAN nº 723, de 6.2.2018.*

IX – Das Disposições Finais

Arts. 24 a 30. (Revogados).

(*) *Arts. 24 a 30 revogados pela Resolução CONTRAN nº 723, de 6.2.2018.*

Brasília/DF, 9 de setembro de 2005.

Ailton Brasiliense Pires – Presidente

DOU de 24.10.2005 – Retificado em 22.12.2005.

PORTARIA DENATRAN Nº 59, DE 25 DE OUTUBRO DE 2007

(*) *Atualizada até a Portaria DENATRAN nº 127, de 21.6.2016.*

Estabelece os campos de informações que deverão constar do Auto de Infração, os campos facultativos e o preenchimento, para fins de uniformização em todo o território nacional.

O Diretor do Departamento Nacional de Trânsito – DENATRAN, no uso da atribuição que lhe foi conferida pela Resolução nº 217, de 14 de dezembro de 2006, do Conselho Nacional de Trânsito – CONTRAN, resolve:

Art. 1º. Estabelecer os campos de informações que deverão constar do Auto de Infração, os campos facultativos e o preenchimento, para fins de uniformização em todo o território nacional, conforme estabelecido nos anexos I, II, IV, V e VI desta Portaria.

Art. 2º. Os órgãos e entidades de trânsito poderão confeccionar e utilizar modelos de Autos de Infração que atendam suas peculiaridades organizacionais e as características específicas das infrações que fiscalizam, criando, inclusive, campos e espaços para informações adicionais.

§ 1º. O Auto de Infração poderá ter dimensão, programação visual, diagramação, organização gráfica e a sequência de blocos e campos estabelecidas pelo órgão ou entidade de trânsito.

§ 2º. Poderão ser inseridas nos Autos de Infração quadrículas sintetizando ou reproduzindo informações para que o agente assinale as opções de preenchimento do campo.

Art. 3º. As informações contidas no anexo III desta portaria deverão ser consideradas somente para fins de processamento de dados em sistema informatizado.

Art. 4º. Os órgãos e entidades de trânsito terão até o dia 30 de junho de 2008 para se adequarem às disposições desta Portaria.

(*) *Art. 4º com redação dada pela Portaria DENATRAN nº 18, de 11.3.2008.*

Art. 5º. Ficam revogadas as Portarias nº 68/2006 e 28/2007 do DENATRAN.

Art. 6º. Esta Portaria entra em vigor na data de sua publicação.

Alfredo Peres da Silva – DOU de 26.10.2007

ANEXO I – CAMPOS DO AUTO DE INFRAÇÃO

BLOCO 1 – IDENTIFICAÇÃO DA AUTUAÇÃO

CAMPO 1 – 'CÓDIGO DO ÓRGÃO AUTUADOR'

Campo obrigatório.

CAMPO 2 – 'IDENTIFICAÇÃO DO AUTO DE INFRAÇÃO' – campo que será utilizado para identificação exclusiva de cada autuação.

Campo obrigatório.

BLOCO 2 – IDENTIFICAÇÃO DO VEÍCULO

CAMPO 1 – 'PLACA'

Campo obrigatório.

CAMPO 2 – 'MARCA'

Campo obrigatório.

CAMPO 3 – 'ESPÉCIE'

Campo obrigatório.

CAMPO 4 – 'PAÍS'

Campo facultativo.

BLOCO 3 – IDENTIFICAÇÃO DO CONDUTOR

CAMPO 1 – 'NOME' – campo para registrar o nome do condutor do veículo.

Campo facultativo para infrações registradas por sistemas automáticos metrológicos e não metrológicos.

CAMPO 2 – 'Nº DO DOCUMENTO DE HABILITAÇÃO DO CONDUTOR' – campo para registrar o nº do documento do condutor do veículo.

(*) *Item com redação dada pela Portaria DENATRAN nº 276, de 24.5.2012.*

Campo facultativo para infrações registradas por sistemas automáticos metrológicos e não metrológicos.

CAMPO 3 – 'UF' – campo para registrar a sigla da UF onde o condutor está registrado.

Campo facultativo para infrações registradas por sistemas automáticos metrológicos e não metrológicos.

CAMPO 4 – 'CPF' – campo para registrar o nº do CPF do condutor do veículo.

Campo facultativo para infrações registradas por sistemas automáticos metrológicos e não metrológicos.

BLOCO 4 – IDENTIFICAÇÃO DO LOCAL, DATA E HORA DO COMETIMENTO DA INFRAÇÃO

CAMPO 1 – 'LOCAL DA INFRAÇÃO' – campo para registrar o local onde foi constatada a infração (nome do logradouro ou da via, número ou marco quilométrico ou, ainda, anotações que indiquem pontos de referência).

Campo obrigatório.

CAMPO 2 – 'DATA' – campo para registrar o dia, mês e ano da ocorrência.

Campo obrigatório.

CAMPO 3 – 'HORA' – campo para registrar as horas e minutos da ocorrência.

Campo obrigatório.

CAMPO 4 – 'CÓDIGO DO MUNICÍPIO' – campo para registrar o código de identificação do município onde o veículo foi autuado. Utilizar a tabela de órgãos e municípios (TOM), administrada pela Receita Federal – MF.

Campo obrigatório, exceto para o Distrito Federal.

CAMPO 5 – 'NOME DO MUNICÍPIO' – campo para registrar o nome do Município onde foi constatada a infração.

Campo obrigatório, exceto para o Distrito Federal.

CAMPO 6 – 'UF' – campo para registrar a sigla da UF onde foi constatada a infração.

Campo obrigatório.

BLOCO 5 – TIPIFICAÇÃO DA INFRAÇÃO

CAMPO 1 – 'CÓDIGO DA INFRAÇÃO' – campo para registrar o código da infração cometida.

Campo obrigatório.

CAMPO 2 – 'DESDOBRAMENTO DO CÓDIGO DE INFRAÇÃO' – campo para registrar os desdobramentos da infração.

Campo obrigatório.

CAMPO 3 – 'DESCRIÇÃO DA INFRAÇÃO' – campo para descrever de forma clara a infração cometida.

Campo obrigatório.

CAMPO 4 – 'EQUIPAMENTO/INSTRUMENTO DE AFERIÇÃO UTILIZADO' – campo para registrar o equipamento ou instrumento de medição utilizado, indicando o número, o modelo e a marca.

Campo obrigatório para infrações verificadas por equipamentos de fiscalização.

CAMPO 5 – 'MEDIÇÃO REALIZADA' – campo para registrar a medição realizada (velocidade, carga, alcoolemia, emissão de poluentes etc.).

Campo obrigatório para infrações verificadas por equipamentos de fiscalização.

CAMPO 6 – 'LIMITE REGULAMENTADO' – campo para registrar o limite permitido.

Campo obrigatório para infrações verificadas por equipamentos de fiscalização.

CAMPO 7 – 'VALOR CONSIDERADO' – campo para registrar o valor considerado para autuação.

Campo obrigatório para infrações verificadas por equipamentos de fiscalização.

CAMPO 8 – 'OBSERVAÇÕES' – campo destinado ao registro de informações complementares relacionadas à infração.

Campo obrigatório.

BLOCO 6 – IDENTIFICAÇÃO DA AUTORIDADE OU AGENTE AUTUADOR

CAMPO 1 – 'NÚMERO DE IDENTIFICAÇÃO' – campo para identificar a autoridade ou agente autuador (registro, matrícula, outros).

Campo obrigatório.

CAMPO 2 – 'ASSINATURA DA AUTORIDADE OU AGENTE AUTUADOR'

Campo facultativo para infrações registradas por sistemas automáticos metrológicos e não metrológicos.

BLOCO 7 – IDENTIFICAÇÃO DO EMBARCADOR OU EXPEDIDOR

CAMPO 1 – 'NOME' – campo para registrar o nome do embarcador ou expedidor infrator.

Campo facultativo.

CAMPO 2 – 'CPF' ou 'CNPJ'

Campo facultativo.

BLOCO 8 – IDENTIFICAÇÃO DO TRANSPORTADOR

CAMPO 1 – 'NOME' – campo para registrar o nome do transportador infrator.

Campo facultativo.

CAMPO 2 – 'CPF' ou 'CNPJ'

Campo facultativo.

BLOCO 9 – ASSINATURA DO INFRATOR OU CONDUTOR

CAMPO 1 – 'ASSINATURA' – campo para assinatura do infrator ou condutor.

Campo facultativo para infrações registradas por sistemas automáticos metrológicos e não metrológicos.

ANEXO II – PREENCHIMENTO DOS CAMPOS DO AUTO DE INFRAÇÃO

BLOCO 1 – IDENTIFICAÇÃO DA AUTUAÇÃO

CAMPO 1 – 'CÓDIGO DO ÓRGÃO AUTUADOR'

Preenchimento obrigatório ou pré-impresso – conforme tabela do ANEXO V administrada pelo DENATRAN.

CAMPO 2 – 'IDENTIFICAÇÃO DO AUTO DE INFRAÇÃO'

Obrigatoriamente pré-impresso.

BLOCO 2 – IDENTIFICAÇÃO DO VEÍCULO

CAMPO 1 – 'PLACA'

Preenchimento obrigatório.

CAMPO 2 – 'MARCA'

Preenchimento obrigatório.

CAMPO 3 – 'ESPÉCIE'

Preenchimento obrigatório.

CAMPO 4 – 'PAÍS'

Preenchimento obrigatório para veículos estrangeiros – conforme tabela do ANEXO VI administrada pelo DENATRAN.

BLOCO 3 – IDENTIFICAÇÃO DO CONDUTOR

CAMPO 1 – 'NOME'

Preenchimento obrigatório quando houver a identificação do condutor do veículo.

CAMPO 2 – 'Nº DO DOCUMENTO DE HABILITAÇÃO DO CONDUTOR'

(*) *Item com redação dada pela Portaria DENATRAN nº 276, de 24.5.2012.*

Preenchimento obrigatório quando houver a identificação do condutor habilitado.

CAMPO 3 – 'UF'

Preenchimento obrigatório quando houver a identificação do condutor habilitado.

No caso de condutor estrangeiro, este campo deverá ser preenchido com 2 caracteres, conforme tabela de países do ANEXO VI.

CAMPO 4 – 'CPF'

Preenchimento não obrigatório.

BLOCO 4 – IDENTIFICAÇÃO DO LOCAL, DATA E HORA DO COMETIMENTO DA INFRAÇÃO

CAMPO 1 – 'LOCAL DA INFRAÇÃO'

Preenchimento obrigatório.

CAMPO 2 – 'DATA'

Preenchimento obrigatório.

CAMPO 3 – 'HORA'

Preenchimento obrigatório.

CAMPO 4 – 'CÓDIGO DO MUNICÍPIO'

Preenchimento não obrigatório.

CAMPO 5 – 'NOME DO MUNICÍPIO'

Preenchimento não obrigatório para infrações constatadas em estradas e rodovias.

CAMPO 6 – 'UF'

Preenchimento obrigatório.

BLOCO 5 – TIPIFICAÇÃO DA INFRAÇÃO

CAMPO 1 – 'CÓDIGO DA INFRAÇÃO'

Preenchimento obrigatório. Utilizar a tabela de códigos apresentada no ANEXO IV.

CAMPO 2 – 'DESDOBRAMENTO DO CÓDIGO DE INFRAÇÃO'

Preenchimento obrigatório. Utilizar a coluna de desdobramentos dos códigos de infrações apresentada no ANEXO IV.

CAMPO 3 – 'DESCRIÇÃO DA INFRAÇÃO'

Preenchimento obrigatório, devendo a conduta infracional estar descrita de forma clara, não necessariamente usando os mesmos termos da tabela de códigos apresentada no ANEXO IV.

CAMPO 4 – 'EQUIPAMENTO/INSTRUMENTO DE AFERIÇÃO UTILIZADO'

Preenchimento obrigatório para infrações verificadas por equipamentos de fiscalização.

CAMPO 5 – 'MEDIÇÃO REALIZADA'

Preenchimento obrigatório para infrações verificadas por equipamentos de fiscalização ou nota fiscal.

CAMPO 6 – 'LIMITE REGULAMENTADO'

Preenchimento obrigatório para infrações verificadas por equipamentos de fiscalização ou nota fiscal.

CAMPO 7 – 'VALOR CONSIDERADO'

Preenchimento obrigatório para infrações verificadas por equipamentos de fiscalização ou nota fiscal.

CAMPO 8 – 'OBSERVAÇÕES'

Preenchimento não obrigatório.

BLOCO 6 – IDENTIFICAÇÃO DA AUTORIDADE OU AGENTE AUTUADOR

CAMPO 1 – 'NÚMERO DE IDENTIFICAÇÃO'

Preenchimento obrigatório.

CAMPO 2 – 'ASSINATURA DA AUTORIDADE OU AGENTE AUTUADOR'

Preenchimento obrigatório exceto para infrações registradas por sistemas automáticos metrológicos e não metrológicos.

BLOCO 7 – IDENTIFICAÇÃO DO EMBARCADOR OU EXPEDIDOR

CAMPO 1 – 'NOME'

Preenchimento obrigatório para infrações de excesso de peso nos casos previstos no art. 257 do CTB ou infrações relacionadas ao transporte de produtos perigosos.

CAMPO 2 – 'CPF' ou 'CNPJ'

Preenchimento obrigatório para infrações de excesso de peso nos casos previstos no art. 257 do CTB ou infrações relacionadas ao transporte de produtos perigosos.

BLOCO 8 – IDENTIFICAÇÃO DO TRANSPORTADOR

CAMPO 1 – 'NOME'

Preenchimento obrigatório para infrações de excesso de peso nos casos previstos no art. 257 do CTB ou infrações relacionadas ao transporte de produtos perigosos.

CAMPO 2 – 'CPF' ou 'CNPJ'

Preenchimento obrigatório para infrações de excesso de peso nos casos previstos no art. 257 do CTB ou infrações relacionadas ao transporte de produtos perigosos.

BLOCO 9 – 'ASSINATURA DO INFRATOR OU CONDUTOR'

Preenchimento sempre que possível.

ANEXO III – INFORMAÇÕES PARA FINS DE PROCESSAMENTO DE DADOS

BLOCO 1 – IDENTIFICAÇÃO DA AUTUAÇÃO

CAMPO 1 – 'CÓDIGO DO ÓRGÃO AUTUADOR' – campo numérico conforme tabela no ANEXO V administrada pelo DENATRAN.

CAMPO 2 – 'IDENTIFICAÇÃO DO AUTO DE INFRAÇÃO' – campo alfanumérico com 10 caracteres.

BLOCO 2 – IDENTIFICAÇÃO DO VEÍCULO

CAMPO 1 – 'PLACA' – campo alfanumérico com 10 caracteres.

CAMPO 2 – 'MARCA' – campo alfanumérico com 25 caracteres.

CAMPO 3 – 'ESPÉCIE' – campo alfanumérico com 13 caracteres.

CAMPO 4 – 'PAÍS' – campo numérico com 2 caracteres.

BLOCO 3 – IDENTIFICAÇÃO DO CONDUTOR

CAMPO 1 – 'NOME' – campo alfanumérico com 60 caracteres.

CAMPO 2 – 'Nº DO DOCUMENTO DE HABILITAÇÃO DO CONDUTOR'

(*) *Item com redação dada pela Portaria DENATRAN nº 276, de 24.5.2012.*

CAMPO 3 – 'UF' – campo alfanumérico com 2 caracteres. No caso de condutor estrangeiro, este campo deverá possuir 2 caracteres, conforme tabela de países do ANEXO VI.

CAMPO 4 – 'CPF' – campo numérico com 11 caracteres.

BLOCO 4 – IDENTIFICAÇÃO DO LOCAL, DATA E HORA DO COMETIMENTO DA INFRAÇÃO

CAMPO 1 – 'LOCAL DA INFRAÇÃO' – campo alfanumérico com 80 caracteres.

CAMPO 2 – 'DATA' – campo numérico com 8 caracteres.

CAMPO 3 – 'HORA' – campo numérico com 4 caracteres (hhmm).

CAMPO 4 – 'CÓDIGO DO MUNICÍPIO' – campo numérico com 5 caracteres.

CAMPO 5 – 'NOME DO MUNICÍPIO' – campo alfanumérico com 50 caracteres.

CAMPO 6 – 'UF' – campo alfa com 2 caracteres.

BLOCO 5 – IDENTIFICAÇÃO DA INFRAÇÃO

CAMPO 1 – 'CÓDIGO DA INFRAÇÃO' – campo numérico com 4 caracteres.

CAMPO 2 – 'DESDOBRAMENTO DO CÓDIGO DE INFRAÇÃO' – campo numérico com 1 caracter.

CAMPO 3 – 'TIPIFICAÇÃO DA INFRAÇÃO' – campo alfanumérico com 80 caracteres.

CAMPO 4 – 'EQUIPAMENTO/INSTRUMENTO DE AFERIÇÃO UTILIZADO' – campo alfanumérico com 30 caracteres.

CAMPO 5 – 'MEDIÇÃO REALIZADA' – campo numérico com 9 caracteres, sendo dois decimais.

CAMPO 6 – 'LIMITE REGULAMENTADO' – campo numérico com 9 caracteres, sendo dois decimais.

CAMPO 7 – 'VALOR CONSIDERADO' – campo numérico com 9 caracteres, sendo dois decimais.

BLOCO 6 – IDENTIFICAÇÃO DA AUTORIDADE OU AGENTE AUTUADOR

CAMPO 1 – 'NÚMERO DE IDENTIFICAÇÃO' – campo alfanumérico com 15 caracteres.

BLOCO 7 – IDENTIFICAÇÃO DO EMBARCADOR OU EXPEDIDOR

CAMPO 1 – 'NOME' – campo alfanumérico com 60 caracteres.

CAMPO 2 – 'CPF' ou 'CNPJ' – campo numérico com 14 caracteres.

BLOCO 8 – IDENTIFICAÇÃO DO TRANSPORTADOR

CAMPO 1 – 'NOME' – campo alfanumérico com 60 caracteres.

CAMPO 2 – 'CPF' ou 'CNPJ' – campo numérico com 14 caracteres.

ANEXO IV – TABELA DE CODIFICAÇÃO DE MULTAS

(*) *Anexo IV atualizado até a Portaria DENATRAN nº 127, de 21.6.2016.*

CODIFICAÇÃO UTILIZADA

(*) *A Edipro adotou a presente codificação a fim de facilitar a consulta por parte do usuário deste Código.* [N.E.]

CI = Código da Infração	**GRD = Gravidade e pontuação♦**
DE = Desdobramento	(7) **GRV** = Gravíssima
AL = Amparo Legal	(5) **GRE** = Grave
INF = Infrator	(4) **MED** = Média
CDT = Condutor	(3) **LEV** = Leve
EMB = Embarcador	**OC = Órgão Competente**
EXPED = Expedidor	**E** = Estadual
PDE = Pedestre	**M** = Municipal
PF = Pessoa Física	**R** = Rodoviária
PJ = Pessoa Jurídica	
PPT = Proprietário	
SER PUB = Servidor Público	
TRAN = Transportador	

♦ *A pontuação referente às infrações encontra-se indicada entre parênteses na tabela.* [N.E.]

CI	DE	DESCRIÇÃO DA INFRAÇÃO	AL (CTB)	INF	GRD	OC
748-0	1	Aprovar proj edificação pólo atrativo trânsito s/ anuência órgão/entid trânsito	93 c/c 95, § 4º	SER PUB	---	M/R
748-0	2	Aprovar proj edificação pólo atrativo trâns s/ estacion/ indicação vias de acesso	93 c/c 95, § 4º	SER PUB	---	M/R
749-8	0	Ñ sinalizar devida/imed obstáculo à circul/segurança veíc/pedestre pista/calçada	94	SER PUB	---	M/R
750-1	0	Utilizar ondulação transversal/ sonorizador fora padrão/critério estab p/ Contran	94, § único	SER PUB	---	M/R
751-0	1	Iniciar obra perturbe/interrompa circulação/segurança veíc/ pedestres s/permissão	95	PF ou PJ	---	M/R
751-0	2	Iniciar evento perturbe/interrompa circulaç/segurança veíc/pedestres s/permissão	95	PF ou PJ	---	M/R
752-8	1	Não sinalizar a execução ou manutenção da obra	95, § 1º	PF ou PJ	---	M/R
752-8	2	Não sinalizar a execução ou manutenção do evento	95, § 1º	PF ou PJ	---	M/R
753-6	0	Não avisar comunidade c/ 48h antec interdição via indicando caminho alternativo	95, § 2º	SER PUB	---	M/R
501-0	0	Dirigir veículo sem possuir CNH/PPD/ACC	162, I	CDT	(7) GRV 3X	E/R
502-9	1	Dirigir veículo com CNH/PPD/ACC cassada	162, II	CDT	(7) GRV 3X	E/R
502-9	2	Dirigir veículo com CNH/PPD/ACC com suspensão do direito de dirigir	162, II	CDT	(7) GRV 3X	E/R
503-7	1	Dirigir veículo com CNH de categoria diferente da do veículo	162, III	CDT	(7) GRV 2X	E/R
503-7	2	Dirigir veículo com PPD de categoria diferente da do veículo	162, III	CDT	(7) GRV 2X	E/R
504-5	0	Dirigir veículo com validade de CNH/PPD vencida há mais de 30 dias	162, V	CDT	(7) GRV	E/R
505-3	1	Dirigir veículo sem usar lentes corretoras de visão	162, VI	CDT	(7) GRV	E/R

505-3	2	Dirigir veículo sem usar aparelho auxiliar de audição	162, VI	CDT	(7) GRV	E/R
505-3	3	Dirigir veículo sem usar aparelho auxiliar de prótese física	162, VI	CDT	(7) GRV	E/R
505-3	4	Dirigir veículo s/ adaptações impostas na concessão/ renovação licença conduzir	162, VI	CDT	(7) GRV	E/R
506-1	0	Entregar veículo a pessoa sem CNH/PPD/ACC	163 c/c 162, I	PPT	(7) GRV 3X	E/R
507-0	1	Entregar veículo a pessoa com CNH/PPD/ACC cassada	163 c/c 162, II	PPT	(7) GRV 3X	E/R
507-0	2	Entregar veículo a pessoa com CNH/PPD/ACC com susp. do direito de dirigir	163 c/c 162, II	PPT	(7) GRV 3X	E/R
508-8	1	Entregar veículo a pessoa com CNH de categoria diferente da do veículo	163 c/c 162, III	PPT	(7) GRV 2X	E/R
508-8	2	Entregar veículo a pessoa com PPD de categoria diferente da do veículo	163 c/c 162, III	PPT	(7) GRV 2X	E/R
509-6	0	Entregar veículo a pessoa com CNH/PPD vencida há mais de 30 dias	163 c/c 162, V	PPT	(7) GRV	E/R
510-0	1	Entregar o veículo a pessoa sem usar lentes corretoras de visão	163 c/c 162, VI	PPT	(7) GRV	E/R
510-0	2	Entregar o veículo a pessoa sem usar aparelho auxiliar de audição	163 c/c 162, VI	PPT	(7) GRV	E/R
510-0	3	Entregar o veículo a pessoa sem aparelho de prótese física	163 c/c 162, VI	PPT	(7) GRV	E/R
510-0	4	Entregar veíc pessoa s/ adaptações impostas concessão/ renovação licença conduzir	163 c/c 162, VI	PPT	(7) GRV	E/R
511-8	0	Permitir posse/condução do veículo a pessoa sem CNH/PPD/ACC	164 c/c 162, I	PPT	(7) GRV 3X	E/R
512-6	1	Permitir posse/condução do veículo a pessoa com CNH/PPD/ACC cassada	164 c/c 162, II	PPT	(7) GRV 3X	E/R
512-6	2	Permitir posse/condução veíc pessoa com CNH/PPD/ACC c/ susp. direito de dirigir	164 c/c 162, II	PPT	(7) GRV 3X	E/R
513-4	1	Permitir posse/condução veíc a pessoa com CNH categoria diferente da do veículo	164 c/c 162, III	PPT	(7) GRV 2X	E/R

513-4	2	Permitir posse/condução veíc a pessoa com PPD categoria diferente da do veículo	164 c/c 162, III	PPT	(7) GRV 2X	E/R
514-2	0	Permitir posse/condução do veíc a pessoa com CNH/PPD vencida há mais de 30 dias	164 c/c 162, V	PPT	(7) GRV	E/R
515-0	1	Permitir posse/condução do veículo a pessoa sem usar lentes corretoras de visão	164 c/c 162, VI	PPT	(7) GRV	E/R
515-0	2	Permitir posse/condução do veículo a pessoa s/ usar aparelho auxiliar de audição	164 c/c 162, VI	PPT	(7) GRV	E/R
515-0	3	Permitir posse/condução do veículo a pessoa sem usar aparelho de prótese física	164 c/c 162, VI	PPT	(7) GRV	E/R
515-0	4	Permitir posse/cond veíc s/ adaptações impostas concessão/ renovação licença cond	164 c/c 162, VI	PPT	(7) GRV	E/R
516-9	1	Dirigir sob a influência de álcool	165	CDT	GRV 10X	E/R
516-9	2	Dirigir sob a influência de qquer substância psicoativa que deter. dependência	165	CDT	GRV 10X	E/R
757-9	0	Rec sub test, ex clín, períc ou proc q perm cert infl álc/sub psic for art. 277	165-A	CDT	GRV 10X	E/R
517-7	0	Confiar/entregar veíc pess c/ estado físico/psíquico s/ condições dirigir segur	166	PPT	(7) GRV	E/R
518-5	1	Deixar o condutor de usar o cinto segurança	167	CDT	(5) GRE	E/M/R
518-5	2	Deixar o passageiro de usar o cinto segurança	167	CDT	(5) GRE	E/M/R
519-3	0	Transportar criança sem observância das normas de segurança estabelecidas p/ CTB	168	CDT	(7) GRV	E/M/R
520-7	0	Dirigir sem atenção ou sem os cuidados indispensáveis à segurança	169	CDT	(3) LEV	E/M/R
521-5	1	Dirigir ameaçando os pedestres que estejam atravessando a via pública	170	CDT	GRV	E/M/R
521-5	2	Dirigir ameaçando os demais veículos	170	CDT	GRV	E/M/R

522-3	1	Usar veículo para arremessar sobre os pedestres água ou detritos	171	CDT	(4) MED	M/R
522-3	2	Usar veículo para arremessar sobre os veículos água ou detritos	171	CDT	(4) MED	M/R
523-1	1	Atirar do veículo objetos ou substâncias	172	CDT	(4) MED	M/R
523-1	2	Abandonar na via objetos ou substâncias	172	CDT	(4) MED	M/R
524-0	0	Disputar corrida	173	CDT	GRV 10X	E/M/R
525-8	1	Promover na via competição sem permissão	174	PF ou PJ	GRV 10X	M/R
525-8	2	Promover na via eventos organizados sem permissão	174	PF ou PJ	GRV 10X	M/R
525-8	3	Promover na via exibição e demonstração de perícia em manobra de veículo s/perm	174	PF ou PJ	GRV 10X	M/R
526-6	1	Participar na via como condutor em competição sem permissão	174	CDT	GRV 10X	M/R
526-6	2	Participar na via como condutor em eventos organizados sem permissão	174	CDT	GRV 10X	M/R
526-6	3	Participar como condutor exib/ demonst perícia em manobra de veic s/ permissão	174	CDT	GRV 10X	M/R
527-4	1	Utiliz veíc demonst/exibir manobra perigosa mediante arrancada brusca	175	CDT	GRV 10X	E/R
527-4	2	Utiliz veíc dem/exibir manob perig med derrap/frenag c/desliz/arrast pneus	175	CDT	GRV 10X	E/R
528-2	0	Deixar o cond envolvido em acidente, de prestar ou providenciar socorro a vítima	176, I	CDT	GRV 5X	E/R
529-0	0	Deixar o cond envolvido em acid, de adotar provid p/ evitar perigo p/o trânsito	176, II	CDT	GRV 5X	E/R
530-4	0	Deixar o cond envolvido em acidente, de preservar local p/ trab policia/pericia	176, III	CDT	GRV 5X	E/R

531-2	0	Deixar o cond envolvido em acid, de remover o veíc local qdo determ polic/agente	176, IV	CDT	GRV 5X	E/R
532-0	0	Deixar o cond envolvido em acid, de identificar-se policial e prestar inf p/o BO	176, V	CDT	GRV 5X	E/R
533-9	0	Deixar o cond de prestar socorro vítima acid de trânsito, qdo solicit p/ agente	177	CDT	(5) GRE	E/M/R
534-7	0	Deixar o condutor envolvido em acidente s/ vítima, de remover o veículo do local	178	CDT	(4) MED	M/R
535-5	0	Fazer ou deixar que se faça reparo em veíc, em rodovia e via de trânsito rápido	179, I	CDT	(5) GRE	M/R
536-3	0	Fazer/deixar que se faça reparo em veíc nas vias (q não rodovia/ trancito rapido)	179, II	CDT	(3) LEV	M/R
537-1	0	Ter seu veículo imobilizado na via por falta de combustível	180	CDT	(4) MED	M/R
538-0	0	Estacionar nas esquinas e a menos de 5m do alinhamento da via transversal	181, I	CDT	(4) MED	M/R
539-8	0	Estacionar afastado da guia da calçada (meio-fio) de 50cm a 1m	181, II	CDT	(3) LEV	M/R
540-1	0	Estacionar afastado da guia da calçada (meio-fio) a mais de 1m	181, III	CDT	(5) GRE	M/R
541-0	0	Estacionar em desacordo com as posições estabelecidas no CTB	181, IV	CDT	(4) MED	M/R
542-8	1	Estacionar na pista de rolamento das estradas	181, V	CDT	(7) GRV	M/R
542-8	2	Estacionar na pista de rolamento das rodovias	181, V	CDT	(7) GRV	M/R
542-8	3	Estacionar na pista de rolamento das vias de trânsito rápido	181, V	CDT	(7) GRV	M/R
542-8	4	Estacionar na pista de rolamento das vias dotadas de acostamento	181, V	CDT	(7) GRV	M/R
543-6	0	Estacionar junto/sobre hidr de incêndio, reg de água/tampa de poço visit gal sub	181, VI	CDT	(4) MED	M/R
544-4	0	Estacionar nos acostamentos	181, VII	CDT	(3) LEV	M/R
545-2	1	Estacionar no passeio	181, VIII	CDT	(5) GRE	M/R

545-2	2	Estacionar sobre faixa destinada a pedestre	181, VIII	CDT	(5) GRE	M/R
545-2	3	Estacionar sobre ciclovia ou ciclofaixa	181, VIII	CDT	(5) GRE	M/R
545-2	4	Estacionar nas ilhas ou refúgios	181, VIII	CDT	(5) GRE	M/R
545-2	5	Estacionar ao lado ou sobre canteiro central/divisores de pista de rolamento	181, VIII	CDT	(5) GRE	M/R
545-2	6	Estacionar ao lado ou sobre marcas de canalização	181, VIII	CDT	(5) GRE	M/R
545-2	7	Estacionar ao lado ou sobre gramado ou jardim público	181, VIII	CDT	(5) GRE	M/R
546-0	0	Estacionar em guia de calçada rebaixada destinada à entrada/ saída de veículos	181, IX	CDT	(4) MED	M/R
547-9	0	Estacionar impedindo a movimentação de outro veículo	181, X	CDT	(4) MED	M/R
548-7	0	Estacionar ao lado de outro veículo em fila dupla	181, XI	CDT	(5) GRE	M/R
549-5	0	Estacionar na área de cruzamento de vias	181, XII	CDT	(5) GRE	M/R
550-9	0	Estacionar no ponto de embarque/desembarque de passageiros transporte coletivo	181, XIII	CDT	(4) MED	M/R
551-7	1	Estacionar nos viadutos	181, XIV	CDT	(5) GRE	M/R
551-7	2	Estacionar nas pontes	181, XIV	CDT	(5) GRE	M/R
551-7	3	Estacionar nos túneis	181, XIV	CDT	(5) GRE	M/R
552-5	0	Estacionar na contramão de direção	181, XV	CDT	(4) MED	M/R
553-3	0	Estacionar aclive/declive ñ freado e sem calço segurança, PBT superior a 3500kg	181, XVI	CDT	(5) GRE	M/R
554-1	1	Estacionar em desacordo com a regulamentação especificada pela sinalização	181, XVII	CDT	(5) GRE	M/R
554-1	2	Estacionar em desacordo com a regulamentação - estacionamento rotativo	181, XVII	CDT	(5) GRE	M/R
554-1	3	Estacionar em desacordo com a regulamentação - ponto ou vaga de táxi	181, XVII	CDT	(5) GRE	M/R

554-1	4	Estacionar em desacordo com a regulamentação - vaga de carga/ descarga	181, XVII	CDT	(5) GRE	M/R
554-1	7	Estacionar em desacordo com a regulamentação - vaga de curta duração	181, XVII	CDT	(5) GRE	M/R
555-0	0	Estacionar em local/horário proibido especificamente pela sinalização	181, XVIII	CDT	(4) MED	M/R
556-8	0	Estacionar local/horário de estacionamento e parada proibidos pela sinalização	181, XIX	CDT	(5) GRE	M/R
762-5	1	Estacionar nas vagas reserv às pess c/ deficiência, s/ credencial	181, XX	CDT	(7) GRV	M/R
762-5	2	Estacionar nas vagas reserv a idosos, s/ credencial	181, XX	CDT	(7) GRV	M/R
557-6	0	Parar nas esquinas e a menos 5m do bordo do alinhamento da via transversal	182, I	CDT	(4) MED	M/R
558-4	0	Parar afastado da guia da calçada (meio-fio) de 50cm a 1m	182, II	CDT	(3) LEV	M/R
559-2	0	Parar afastado da guia da calçada (meio-fio) a mais de 1m	182, III	CDT	(4) MED	M/R
560-6	0	Parar em desacordo com as posições estabelecidas no CTB	182, IV	CDT	(3) LEV	M/R
561-4	1	Parar na pista de rolamento das estradas	182, V	CDT	(5) GRE	M/R
561-4	2	Parar na pista de rolamento das rodovias	182, V	CDT	(5) GRE	M/R
561-4	3	Parar na pista de rolamento das vias de trânsito rápido	182, V	CDT	(5) GRE	M/R
561-4	4	Parar na pista de rolamento das demais vias dotadas de acostamento	182, V	CDT	(5) GRE	M/R
562-2	1	Parar no passeio	182, VI	CDT	(3) LEV	M/R
562-2	2	Parar sobre faixa destinada a pedestres	182, VI	CDT	(3) LEV	M/R
562-2	3	Parar nas ilhas ou refúgios	182, VI	CDT	(3) LEV	M/R
562-2	4	Parar nos canteiros centrais/ divisores de pista de rolamento	182, VI	CDT	(3) LEV	M/R
562-2	5	Parar nas marcas de canalização	182, VI	CDT	(3) LEV	M/R

563-0	0	Parar na área de cruzamento de vias	182, VII	CDT	(4) MED	M/R
564-9	1	Parar nos viadutos	182, VIII	CDT	(4) MED	M/R
564-9	2	Parar nas pontes	182, VIII	CDT	(4) MED	M/R
564-9	3	Parar nos túneis	182, VIII	CDT	(4) MED	M/R
565-7	0	Parar na contramão de direção	182, IX	CDT	(4) MED	M/R
566-5	0	Parar em local/horário proibidos especificamente pela sinalização	182, X	CDT	(4) MED	M/R
567-3	1	Parar sobre faixa de pedestres na mudança de sinal luminoso	183	CDT	(4) MED	M/R
567-3	2	Parar sobre faixa de pedestres na mudança de sinal luminoso (fisc eletrônica)	183	CDT	(4) MED	M/R
568-1	0	Transitar na faixa/pista da direita regul circulação exclusiva determ veículo	184, I	CDT	(3) LEV	M/R
569-0	0	Transitar na faixa/pista da esquerda regul circulação exclusiva determ veículo	184, II	CDT	(5) GRE	M/R
758-7	0	Transitar na faixa ou via exclusiva regulam. p/ transp. públ. coletivo passag.	184, III	CDT	(7) GRV	M/R
570-3	0	Deixar de conservar o veículo na faixa a ele destinada pela sinalização de regul	185, I	CDT	(4) MED	M/R
571-1	0	Deixar de conservar nas faixas da direita o veículo lento e de maior porte	185, II	CDT	(4) MED	M/R
572-0	0	Transitar pela contramão de direção em via com duplo sentido de circulação	186, I	CDT	(5) GRE	M/R
573-8	0	Transitar pela contramão de direção em via c/ sinalização de regul sentido único	186, II	CDT	(7) GRV	M/R
574-6	1	Transitar em local/horário não permitido pela regul estabelecida p/ autoridade	187, I	CDT	(4) MED	M/R
574-6	2	Transitar em local/horário não permitido pela regulamentação - rodízio	187, I	CDT	(4) MED	M/R
574-6	3	Transitar em local/horário não permitido pela regulamentação - caminhão	187, I	CDT	(4) MED	M/R

576-2	0	Transitar ao lado de outro veículo, interrompendo ou perturbando o trânsito	188	CDT	(4) MED	M/R
577-0	1	Deixar de dar passagem a veíc precedido de batedores devidamente identificados	189	CDT	(7) GRV	E/M/R
577-0	2	Deixar de dar passagem a veíc socorro incêndio/salv serv urgência devid identif	189	CDT	(7) GRV	E/M/R
577-0	3	Deixar de dar passagem a veíc de polícia em serviço de urgência devid identif	189	CDT	(7) GRV	E/M/R
577-0	4	Deixar de dar passagem a veíc de operação e fiscalização de trânsito devid ident	189	CDT	(7) GRV	E/M/R
577-0	5	Deixar de dar passagem a ambulância em serviço de urgência devid identificada	189	CDT	(7) GRV	E/M/R
578-9	0	Seguir veículo em serv urgência devid identific p/ alarme sonoro/ ilum vermelha	190	CDT	(5) GRE	M/R
579-7	0	Forçar passagem entre veícs trans sent opostos na iminência realiz ultrapassagem	191	CDT	GRV 10X	M/R
580-0	0	Deixar guardar dist segurança lat/ front entre seu veíc e demais e ao bordo pista	192	CDT	(5) GRE	M/R
581-9	1	Transitar com o veículo em calçadas, passeios	193	CDT	(7) GRV 3X	M/R
581-9	2	Transitar com o veículo em ciclovias, ciclofaixas	193	CDT	(7) GRV 3X	M/R
581-9	3	Transitar com o veículo em ajardinamentos, gramados, jardins públicos	193	CDT	(7) GRV 3X	M/R
581-9	4	Transitar com o veículo em canteiros centrais/divisores de pista de rolamento	193	CDT	(7) GRV 3X	M/R
581-9	5	Transitar com o veículo em ilhas, refúgios	193	CDT	(7) GRV 3X	M/R
581-9	6	Transitar com o veículo em marcas de canalização	193	CDT	(7) GRV 3X	M/R
581-9	7	Transitar com o veículo em acostamentos	193	CDT	(7) GRV 3X	M/R

581-9	8	Transitar com o veículo em passarelas	193	CDT	(7) GRV 3X	M/R
582-7	0	Transitar em marcha ré, salvo na distância necessária a pequenas manobras	194	CDT	(5) GRE	M/R
583-5	0	Desobedecer às ordens emanadas da autorid compet de trânsito ou de seus agentes	195	CDT	(5) GRE	E/M/R
584-3	1	Deixar de indicar c/ antec, med gesto de braço/luz indicadora, início da marcha	196	CDT	(5) GRE	E/M/R
584-3	2	Deixar de indicar c/ antec, med gesto de braço/luz indicadora, manobra de parar	196	CDT	(5) GRE	E/M/R
584-3	3	Deixar de indicar c/ antec, med gesto de braço/luz indicadora, mudança direção	196	CDT	(5) GRE	E/M/R
584-3	4	Deixar de indicar c/ antec, med gesto de braço/luz indicadora, mudança de faixa	196	CDT	(5) GRE	E/M/R
585-1	1	Deixar de deslocar c/ antecedência veíc p/ faixa mais à esquerda qdo for manobrar	197	CDT	(4) MED	M/R
585-1	2	Deixar de deslocar c/ antecedência veíc p/ faixa mais à direita qdo for manobrar	197	CDT	(4) MED	M/R
586-0	0	Deixar de dar passagem pela esquerda quando solicitado	198	CDT	(4) MED	M/R
587-8	0	Ultrapassar pela direita, salvo qdo veíc da frente der sinal p/ entrar esquerda	199	CDT	(4) MED	M/R
588-6	0	Ultrap pela direita veíc transp colet/escolar parado para emb/ desemb passageiros	200	CDT	(7) GRV	M/R
589-4	0	Deixar de guardar a distância lateral de 1,50m ao passar/ ultrapassar bicicleta	201	CDT	(4) MED	M/R
590-8	0	Ultrapassar pelo acostamento	202, I	CDT	(7) GRV 5X	M/R
591-6	1	Ultrapassar em interseções	202, II	CDT	(7) GRV 5X	M/R
591-6	2	Ultrapassar em passagem de nível	202, II	CDT	(7) GRV 5X	M/R

592-4	1	Ultrapassar pela contramão nas curvas sem visibilidade suficiente	203, I	CDT	(7) GRV 5X	M/R
592-4	2	Ultrapassar pela contramão nos aclives ou declives, sem visibilidade suficiente	203, I	CDT	(7) GRV 5X	M/R
593-2	0	Ultrapassar pela contramão nas faixas de pedestre	203, II	CDT	(7) GRV 5X	M/R
594-0	1	Ultrapassar pela contramão nas pontes	203, III	CDT	(7) GRV 5X	M/R
594-0	2	Ultrapassar pela contramão nos viadutos	203, III	CDT	(7) GRV 5X	M/R
594-0	3	Ultrapassar pela contramão nos túneis	203, III	CDT	(7) GRV 5X	M/R
595-9	1	Ultrapassar pela contramão veículo parado em fila junto sinal luminoso	203, IV	CDT	(7) GRV 5X	M/R
595-9	2	Ultrapassar pela contramão veículo parado em fila junto a cancela/porteira	203, IV	CDT	(7) GRV 5X	M/R
595-9	3	Ultrapassar pela contramão veículo parado em fila junto a cruzamento	203, IV	CDT	(7) GRV 5X	M/R
595-9	4	Ultrapassar pela contramão veíc parado em fila junto qq impedimento à circulação	203, IV	CDT	(7) GRV 5X	M/R
596-7	0	Ultrapassar pela contramão linha de divisão de fluxos opostos, contínua amarela	203, V	CDT	(7) GRV 5X	M/R
597-5	0	Deixar de parar no acostamento à direita, p/ cruzar pista ou entrar à esquerda	204	CDT	(5) GRE	M/R
598-3	0	Ultrapassar veículo em movimento que integre cortejo/ desfile/formação militar	205	CDT	(3) LEV	M/R
599-1	0	Executar operação de retorno em locais proibidos pela sinalização	206, I	CDT	(7) GRV	M/R
600-9	1	Executar operação de retorno nas curvas	206, II	CDT	(7) GRV	M/R
600-9	2	Executar operação de retorno nos aclives ou declives	206, II	CDT	(7) GRV	M/R
600-9	3	Executar operação de retorno nas pontes	206, II	CDT	(7) GRV	M/R

600-9	4	Executar operação de retorno nos viadutos	206, II	CDT	(7) GRV	M/R
600-9	5	Executar operação de retorno nos túneis	206, II	CDT	(7) GRV	M/R
601-7	1	Executar operação de retorno passando por cima de calçada, passeio	206, III	CDT	(7) GRV	M/R
601-7	2	Executar operação de retorno passando por cima de ilha, refúgio	206, III	CDT	(7) GRV	M/R
601-7	3	Executar operação de retorno passando por cima de ajardinamento	206, III	CDT	(7) GRV	M/R
601-7	4	Executar operação de retorno passando por cima de canteiro de divisor de pista	206, III	CDT	(7) GRV	M/R
601-7	5	Executar operação de retorno passando por cima de faixa de pedestres	206, III	CDT	(7) GRV	M/R
601-7	6	Executar operação de retorno passando por cima de faixa de veíc não motorizados	206, III	CDT	(7) GRV	M/R
602-5	0	Executar retorno nas interseções, entrando na contramão da via transversal	206, IV	CDT	(7) GRV	M/R
603-3	0	Executar retorno c/prejuízo da circulação/segurança ainda que em local permitido	206, V	CDT	(7) GRV	M/R
604-1	1	Executar operação de conversão à direita em local proibido pela sinalização	207	CDT	(5) GRE	M/R
604-1	2	Executar operação de conversão à esquerda em local proibido pela sinalização	207	CDT	(5) GRE	M/R
605-0	1	Avançar o sinal vermelho do semáforo	208	CDT	(7) GRV	M/R
605-0	2	Avançar o sinal de parada obrigatória	208	CDT	(7) GRV	M/R
605-0	3	Avançar o sinal vermelho do semáforo - fiscalização eletrônica	208	CDT	(7) GRV	M/R
606-8	1	Transpor bloqueio viário com ou sem sinalização ou dispositivos auxiliares	209	CDT	(5) GRE	E/M/R

606-8	2	Deixar de adentrar às áreas destinadas à pesagem de veículos	209	CDT	(5) GRE	E/M/R
606-8	3	Evadir-se para não efetuar o pagamento do pedágio	209	CDT	(5) GRE	E/M/R
607-6	0	Transpor bloqueio viário policial	210	CDT	GRV	E/M/R
608-4	1	Ultrapassar veículos motorizados em fila, parados em razão de sinal luminoso	211	CDT	(5) GRE	E/M/R
608-4	2	Ultrapassar veículos motorizados em fila, parados em razão de cancela	211	CDT	(5) GRE	E/M/R
608-4	3	Ultrapassar veíc motorizados em fila parados em razão de bloqueio viário parcial	211	CDT	(5) GRE	E/M/R
608-4	4	Ultrapassar veículos motorizados em fila, parados em razão de qualquer obstáculo	211	CDT	(5) GRE	E/M/R
609-2	0	Deixar de parar o veículo antes de transpor linha férrea	212	CDT	(7) GRV	M/R
610-6	0	Deixar de parar sempre que a marcha for interceptada por agrupamento de pessoas	213, I	CDT	(7) GRV	M/R
611-4	0	Deixar de parar sempre que a marcha for interceptada por agrupamento de veículos	213, II	CDT	(5) GRE	M/R
612-2	0	Deixar de dar preferência a pedestre/veic ñ motorizado na faixa a ele destinada	214, I	CDT	(7) GRV	M/R
613-0	0	Deixar de dar preferência a pedestre/veic ñ mot que ñ haja concluído a travessia	214, II	CDT	(7) GRV	M/R
614-9	0	Deixar de dar preferência a pedestre port deficiência fís/ criança/idoso/gestante	214, III	CDT	(7) GRV	M/R
615-7	0	Deixar de dar preferência a pedestre/veic ñ mot qdo iniciada travessia s/sinaliz	214, IV	CDT	(5) GRE	M/R
616-5	0	Deixar de dar preferência a pedestre/veic não mot atravessando a via transversal	214, V	CDT	(5) GRE	M/R
617-3	1	Deixar de dar preferência em interseção ñ sinaliz, a veíc circulando por rodovia	215, I, a	CDT	(5) GRE	M/R

617-3	2	Deixar de dar preferência em interseção ñ sinaliz, veíc circulando por rotatória	215, I, a	CDT	(5) GRE	M/R
617-3	3	Deixar de dar prefer em interseção não sinalizada, a veículo que vier da direita	215, I, b	CDT	(5) GRE	M/R
618-1	0	Deixar de dar preferência nas interseções com sinalização de Dê a Preferência	215, II	CDT	(5) GRE	M/R
619-0	0	Entrar/sair área lindeira sem precaução com a segurança de pedestres e veículos	216	CDT	(4) MED	M/R
620-3	0	Entrar/sair de fila de veículos estacionados sem dar pref a pedestres/veículos	217	CDT	(4) MED	M/R
745-5	0	Transitar em velocidade superior à máxima permitida em até 20%	218, I	CDT	(4) MED	M/R
746-3	0	Transitar em velocidade superior à máxima permitida em mais de 20% até 50%	218, II	CDT	(5) GRE	M/R
747-1	0	Transitar em velocidade superior à máxima permitida em mais de 50%	218, III	CDT	GRV 3X	M/R
625-4	0	Transitar em velocidade inferior à metade da máxima da via, salvo faixa direita	219	CDT	(4) MED	M/R
626-2	0	Deixar de reduzir a veloc qdo se aproximar de passeata/ aglomeração/desfile/etc	220, I	CDT	(7) GRV	M/R
627-0	0	Deixar de reduzir a veloc onde o trânsito esteja sendo controlado pelo agente	220, II	CDT	(5) GRE	M/R
628-9	1	Deixar de reduzir a velocidade do veículo ao aproximar-se da guia da calçada	220, III	CDT	(5) GRE	M/R
628-9	2	Deixar de reduzir a velocidade do veículo ao aproximar-se do acostamento	220, III	CDT	(5) GRE	M/R
629-7	0	Deixar de reduzir velocidade do veículo ao aproximar-se interseção ñ sinalizada	220, IV	CDT	(5) GRE	M/R
630-0	0	Deixar reduzir velocidade nas vias rurais cuja faixa domínio não esteja cercada	220, V	CDT	(5) GRE	M/R

631-9	0	Deixar de reduzir a velocidade nos trechos em curva de pequeno raio	220, VI	CDT	(5) GRE	M/R
632-7	0	Deixar de reduzir veloc ao aproximar local sinaliz advert de obras/trabalhadores	220, VII	CDT	(5) GRE	M/R
633-5	0	Deixar de reduzir a velocidade sob chuva/neblina/cerração/ ventos fortes	220, VIII	CDT	(5) GRE	M/R
634-3	0	Deixar de reduzir a velocidade quando houver má visibilidade	220, IX	CDT	(5) GRE	M/R
635-1	0	Deixar de reduzir veloc qdo pavimento se apresentar escorreg/defeituoso/avariado	220, X	CDT	(5) GRE	M/R
636-0	0	Deixar de reduzir a velocidade à aproximação de animais na pista	220, XI	CDT	(5) GRE	M/R
637-8	0	Deixar de reduzir a velocidade de forma compatível com a segurança, em declive	220, XII	CDT	(5) GRE	M/R
638-6	0	Deixar de reduzir veloc de forma compatível c/ segurança ao ultrapassar ciclista	220, XIII	CDT	(5) GRE	M/R
639-4	1	Deixar de reduzir a velocidade nas proximidades de escolas	220, XIV	CDT	(7) GRV	M/R
639-4	2	Deixar de reduzir a velocidade nas proximidades de hospitais	220, XIV	CDT	(7) GRV	M/R
639-4	3	Deixar de reduzir veloc na proxim estação embarque/desembarque passageiros	220, XIV	CDT	(7) GRV	M/R
639-4	4	Deixar de reduzir veloc onde haja intensa movimentação de pedestres	220, XIV	CDT	(7) GRV	M/R
640-8	0	Portar no veículo placas de identificação em desacordo c/ especif/modelo Contran	221	PPT	(4) MED	E/R
641-6	0	Confec/distribuir/colocar veíc próprio/terceiro placa identif desacordo Contran	221, § único	PF ou PJ	MED	E/R
642-4	0	Deixar de manter ligado em emerg sist ilum vermelha intermitente ainda q parado	222	CDT	(4) MED	M/R
643-2	1	Transitar com farol desregulado perturbando visão outro condutor	223	CDT	(5) GRE	E/R

643-2	2	Transitar com o facho de luz alta perturbando visão outro condutor	223	CDT	(5) GRE	E/R
644-0	0	Fazer uso do facho de luz alta dos faróis em vias providas de iluminação pública	224	CDT	(3) LEV	M/R
645-9	1	Deixar de sinalizar via p/ tornar visível local qdo tiver remover veíc da pista	225, I	CDT	(5) GRE	M/R
645-9	2	Deixar de sinalizar a via p/ tornar visível o local qdo permanecer acostamento	225, I	CDT	(5) GRE	M/R
646-7	0	Deixar de sinalizar a via p/ tornar visível o local qdo a carga for derramada	225, II	CDT	(5) GRE	M/R
647-5	0	Deixar de retirar qualquer objeto utilizado para sinalização temporária da via	226	CDT	(4) MED	M/R
648-3	0	Usar buzina que não a de toque breve como advertência a pedestre ou condutores	227, I	CDT	(3) LEV	M/R
649-1	0	Usar buzina prolongada e sucessivamente a qualquer pretexto	227, II	CDT	(3) LEV	M/R
650-5	0	Usar buzina entre as vinte e duas e as seis horas	227, III	CDT	(3) LEV	M/R
651-3	0	Usar buzina em locais e horários proibidos pela sinalização	227, IV	CDT	(3) LEV	M/R
652-1	0	Usar buzina em desacordo c/ os padrões e frequências estabelecidas pelo Contran	227, V	PPT	(3) LEV	M/R
653-0	0	Usar no veículo equip c/ som em volume/frequência não autorizados pelo Contran	228	CDT	(5) GRE	M/R
654-8	0	Usar no veíc alarme/aparelho produz som perturbe sossego púb desac norma Contran	229	CDT	(4) MED	E/R
655-6	1	Conduzir o veículo com o lacre de identificação violado/falsificado	230, I	PPT	(7) GRV	E/R
655-6	2	Conduzir o veículo com a inscrição do chassi violada/ falsificada	230, I	PPT	(7) GRV	E/R
655-6	3	Conduzir o veículo com o selo violado/falsificado	230, I	PPT	(7) GRV	E/R

655-6	4	Conduzir o veículo com a placa violada/falsificada	230, I	PPT	(7) GRV	E/R
655-6	5	Conduzir o veículo com qualquer outro elem de identificação violado/falsificado	230, I	PPT	(7) GRV	E/R
656-4	0	Conduzir o veículo transportando passageiros em compartimento de carga	230, II	CDT	(7) GRV	M/R
657-2	0	Conduzir o veículo com dispositivo antirradar	230, III	PPT	(7) GRV	E/R
658-0	0	Conduzir o veículo sem qualquer uma das placas de identificação	230, IV	PPT	(7) GRV	E/R
659-9	1	Conduzir o veículo que não esteja registrado	230, V	PPT	(7) GRV	E/R
659-9	2	Conduzir o veículo registrado que não esteja devidamente licenciado	230, V	PPT	(7) GRV	E/R
660-2	0	Conduzir o veículo com qualquer uma das placas sem legibilidade e visibilidade	230, VI	PPT	(7) GRV	E/R
661-0	1	Conduzir o veículo com a cor alterada	230, VII	PPT	(5) GRE	E/R
661-0	2	Conduzir o veículo com característica alterada	230, VII	PPT	(5) GRE	E/R
662-9	0	Conduzir veículo s/ ter sido submetido à inspeção seg veicular, qdo obrigatória	230, VIII	PPT	(5) GRE	E/R
663-7	1	Conduzir o veículo sem equipamento obrigatório	230, IX	PPT	(5) GRE	E/R
663-7	2	Conduzir o veículo com equipamento obrigatório ineficiente/inoperante	230, IX	PPT	(5) GRE	E/R
664-5	0	Conduzir o veículo com equip obrigatório em desacordo com o estab pelo Contran	230, X	PPT	(5) GRE	E/R
665-3	1	Conduzir o veículo com descarga livre	230, XI	PPT	(5) GRE	E/R
665-3	2	Conduzir o veículo com silenciador de motor defeituoso/ deficiente/inoperante	230, XI	PPT	(5) GRE	E/R
666-1	0	Conduzir o veículo com equipamento ou acessório proibido	230, XII	PPT	(5) GRE	E/R

667-0	0	Conduzir o veículo c/ equip do sistema de iluminação e de sinalização alterados	230, XIII	PPT	(5) GRE	E/R
668-8	0	Conduzir veíc c/ registrador instan inalt de velocidade/tempo viciado/ defeituoso	230, XIV	PPT	(5) GRE	E/R
669-6	1	Conduzir c/ inscr/adesivo/ legenda/símbolo afixado pára--brisa e extensão traseira	230, XV	PPT	(5) GRE	E/R
669-6	2	Conduzir c/ inscr/adesivo/ legenda/símbolo pintado pára--brisa e extensão traseira	230, XV	PPT	(5) GRE	E/R
670-0	0	Conduzir veíc com vidro total/ parcialmente coberto por película, painéis/pintura	230, XVI	PPT	(5) GRE	E/R
671-8	0	Conduzir o veículo com cortinas ou persianas fechadas	230, XVII	PPT	(5) GRE	E/R
672-6	1	Conduzir o veículo em mau estado de conservação, comprometendo a segurança	230, XVIII	PPT	(5) GRE	E/R
672-6	2	Conduzir o veículo reprovado na avaliação de inspeção de segurança	230, XVIII	PPT	(5) GRE	E/R
672-6	3	Conduzir o veículo reprovado na avaliação de emissão de poluentes e ruído	230, XVIII	PPT	(5) GRE	E/R
673-4	0	Conduzir o veículo sem acionar o limpador de pára-brisa sob chuva	230, XIX	CDT	(5) GRE	E/R
674-2	0	Conduzir o veículo sem portar a autorização para condução de escolares	230, XX	PPT	(5) GRE	E/R
675-0	0	Conduzir o veíc de carga c/ falta inscrição da tara e demais previstas no CTB	230, XXI	PPT	(4) MED	E/R
676-9	0	Conduzir veíc c/ defeito no sist de iluminação, sinaliz ou lâmpadas queimadas	230, XXII	PPT	(4) MED	E/R
756-0	0	Conduzir veíc de transp passag ou carga em desacordo c/ as cond do art 67-C CTB	230, XXIII	CDT	(4) MED	M/R
677-7	0	Transitar com o veículo danificando a via, suas instalações e equipamentos	231, I	CDT	(7) GRV	M/R

678-5	1	Transitar com veículo derramando a carga que esteja transportando	231, II, a	CDT	(7) GRV	M/R
678-5	2	Transitar com veículo lançando a carga que esteja transportando	231, II, a	CDT	(7) GRV	M/R
678-5	3	Transitar com veículo arrastando a carga que esteja transportando	231, II, a	CDT	(7) GRV	M/R
679-3	0	Transitar com veíc derramando/ lançando combustível/lubrif que esteja utilizando	231, II, b	CDT	(7) GRV	M/R
680-7	0	Transitar c/veíc derraman/ lançando/arrastando objeto possa acarretar risco acid	231, II, c	CDT	(7) GRV	M/R
681-5	0	Transitar com veículo produzindo fumaça, gases ou partículas em desac c/ Contran	231, III	PPT	(5) GRE	M/R
682-3	1	Transitar c/ veíc e/ou carga c/ dimensões superiores limite legal s/ autorização	231, IV	PPT	(5) GRE	M/R
682-3	2	Transitar c/ veíc e/ou carga c/ dimensões superiores est p/ sinalização s/autoriz	231, IV	CDT	(5) GRE	M/R
683-1	1	Transitar com o veículo com excesso de peso PBT/PBTC	231, V	EMB/ TRAN	MED	M/R
683-1	2	Transitar com o veículo com excesso de peso - Por Eixo	231, V	EMB/ TRAN	MED	M/R
683-1	3	Transitar com o veículo com excesso de peso - PBT/PBTC e Por Eixo	231, V	EMB/ TRAN	MED	M/R
684-0	1	Transitar em desacordo c/ autorização expedida p/veículo c/ dimensões excedentes	231, VI	PPT	(5) GRE	M/R
684-0	2	Transitar com autorização vencida, expedida p/ veículo c/ dimensões excedentes	231, VI	PPT	(5) GRE	M/R
685-8	0	Transitar com o veículo com lotação excedente	231, VII	CDT	(4) MED	E/M/R
686-6	1	Transitar efetuando transporte remunerado de pessoas qdo ñ licenciado p/esse fim	231, VIII	PPT	(4) MED	E/M/R
686-6	2	Transitar efetuando transporte remunerado de bens qdo não licenciado p/ esse fim	231, VIII	PPT	(4) MED	E/M/R

687-4	1	Transitar com o veículo desligado em declive	231, IX	CDT	(4) MED	M/R
687-4	2	Transitar com o veículo desengrenado em declive	231, IX	CDT	(4) MED	M/R
688-2	0	Transitar com o veículo excedendo a CMT em até 600 kg	231, X	PPT	(4) MED	M/R
689-0	0	Transitar com o veículo excedendo a CMT entre 601 e 1.000 kg	231, X	PPT	(5) GRE	M/R
690-4	0	Transitar com o veículo excedendo a CMT acima de 1.000 kg	231, X	PPT	(7) GRV	M/R
691-2	0	Conduzir veículo sem os documentos de porte obrigatório referidos no CTB	232	CDT	(3) LEV	E/R
692-0	1	Deixar de efetuar registro do veículo em 30 dias, qdo for transf a propriedade	233 c/c 123, I	PPT	(5) GRE	E
692-0	2	Deixar de efetuar reg do veíc em 30 dias, qdo mudar o munic de domicilio/resid	233 c/c 123, II	PPT	(5) GRE	E
692-0	3	Deixar de efetuar reg de veíc em 30 dias, qdo for alterada qquer caract do veic	233 c/c 123, III	PPT	(5) GRE	E
692-0	4	Deixar de efetuar registro de veículo em 30 dias, qdo houver mudança de categoria	233 c/c 123, IV	PPT	(5) GRE	E
693-9	1	Falsificar ou adulterar documento de habilitação	234	CDT	(7) GRV	E/R
693-9	2	Falsificar ou adulterar documento de identificação do veículo	234	CDT	(7) GRV	E/R
694-7	1	Conduzir pessoas nas partes externas do veículo	235	CDT	(5) GRE	M/R
694-7	2	Conduzir animais nas partes externas do veículo	235	CDT	(5) GRE	M/R
694-7	3	Conduzir carga nas partes externas do veículo	235	CDT	(5) GRE	M/R
695-5	0	Rebocar outro veículo com cabo flexível ou corda	236	CDT	(4) MED	M/R
696-3	0	Trans c/veíc desac c/ especificação/falta de inscr/ simbologia necessária identif	237	PPT	(5) GRE	E/R
697-1	0	Recusar-se a entregar CNH/CRV/ CRLV/ outros documentos	238	CDT	(7) GRV	E/R

698-0	0	Retirar do local veículo legalmente retido para regularização, sem permissão	239	CDT	(7) GRV	E/M/R
699-8	0	Deixar responsável de promover baixa registro de veíc irrecuperável/desmontado	240	PPT	(5) GRE	E
700-5	1	Deixar de atualizar o cadastro de registro do veículo	241	PPT	(3) LEV	E
700-5	2	Deixar de atualizar o cadastro de habilitação do condutor	241	CDT	(3) LEV	E
701-3	1	Fazer falsa declaração de domicílio para fins de registro/ licenciamento	242	PPT	(7) GRV	E
701-3	2	Fazer falsa declaração de domicílio para fins de habilitação	242	CDT	(7) GRV	E
702-1	0	Deixar seguradora de comunicar ocorrência perda total veíc e devolver placas/doc	243	PJ	GRE	E
703-0	1	Conduzir motocicleta, motoneta e ciclomotor sem capacete de segurança	244, I	CDT	GRV	E/M/R
703-0	3	Conduzir motocicleta, motoneta e ciclomotor sem vestuário aprovado pelo Contran	244, I	CDT	GRV	E/M/R
704-8	1	Conduzir motocicleta, motoneta e ciclomotor transportando passageiro s/ capacete	244, II	CDT	GRV	M/R
704-8	3	Conduzir motocicleta/motoneta/ ciclomotor transportando pas. fora do assento	244, II	CDT	GRV	M/R
705-6	1	Conduzir motoc/moton/ ciclomotor fazendo malabarismo/ equilibrando-se em uma roda	244, III	CDT	GRV	M/R
705-6	2	Conduzir ciclo fazendo malabarismo ou equilibrando-se em uma roda	244, III c/c § 1º	CDT	(4) MED	M/R
706-4	0	Conduzir motocicleta, motoneta e ciclomotor com os faróis apagados	244, IV	CDT	GRV	M/R
707-2	1	Conduzir motocicleta/motoneta/ ciclomotor transportando criança menor de 7 anos	244, V	CDT	GRV	M/R

707-2	2	Conduzir motoc/moton/ciclom transp criança s/ condição cuidar própria segurança	244, V	CDT	GRV	M/R
708-0	0	Conduzir motocicleta, motoneta e ciclomotor rebocando outro veículo	244, VI	CDT	(5) GRE	M/R
709-9	1	Conduzir motocicleta/motoneta/ ciclomotor sem segurar o guidom com ambas as mãos	244, VII	CDT	(5) GRE	M/R
709-9	2	Conduzir ciclo sem segurar o guidom com ambas as mãos	244, VII c/c § 1º	CDT	(4) MED	M/R
710-2	1	Conduzir motocicleta, motoneta e ciclomotor transportando carga incompatível	244, VIII	CDT	(5) GRE	M/R
710-2	2	Conduzir ciclo transportando carga incompatível	244, VIII c/c § 1º	CDT	(4) MED	M/R
710-2	3	Conduzir motoc/moton/ transportando carga em desacordo c/ § 2º do Art 139-A CTB	244, VIII	CDT	(5) GRE	M/R
755-2	1	Conduzir motoc/moton/ efetuando transp remun mercadoria desac c/ art 139-A CTB	244, IX	CDT	(5) GRE	E/M/R
755-2	2	Conduzir motoc/moton/ efet transp remun desac normas ativid profic mototaxistas	244, IX	CDT	(5) GRE	E/M/R
711-0	0	Conduzir ciclo transportando passageiro fora da garupa/ assento a ele destinado	244, § 1º, a	CDT	(4) MED	M/R
712-9	1	Conduzir ciclo via de trâns rápido ou rodovia salvo se houver acostam/fx própria	244, § 1º, b	CDT	(4) MED	M/R
713-7	0	Conduzir ciclo transportando criança s/ condição de cuidar própria segurança	244, § 1º, c	CDT	(4) MED	M/R
712-9	2	Conduzir ciclomotor em via de trânsito rápido	244, § 2º	CDT	(4) MED	M/R
712-9	3	Conduzir ciclomotor em rodovia salvo se houver acostamento ou faixa própria	244, § 2º	CDT	(4) MED	M/R
714-5	0	Utilizar a via para depósito de mercadorias, materiais ou equipamentos	245	PF ou PJ	GRE	M/R

715-3	1	Deixar de sinalizar obstáculo à circulação/segurança calçada/ pista – s/agravamento	246	PF ou PJ	GRV	M/R
715-3	2	Obstaculizar a via indevidamente – s/agravamento	246	PF ou PJ	GRV	M/R
716-1	1	Deixar de sinalizar obstáculo circulação/segurança calçada/ pista – agravamento 2X	246	PF ou PJ	GRV 2X	M/R
716-1	2	Obstaculizar a via indevidamente – agravamento 2X	246	PF ou PJ	GRV 2X	M/R
717-0	1	Deixar de sinalizar obstáculo circulação/segurança calçada/ pista – agravamento 3X	246	PF ou PJ	GRV 3X	M/R
717-0	2	Obstaculizar a via indevidamente – agravamento 3X	246	PF ou PJ	GRV 3X	M/R
718-8	1	Deixar de sinalizar obstáculo circulação/segurança calçada/ pista – agravamento 4X	246	PF ou PJ	GRV 4X	M/R
718-8	2	Obstaculizar a via indevidamente – agravamento 4X	246	PF ou PJ	GRV 4X	M/R
719-6	1	Deixar de sinalizar obstáculo circulação/segurança calçada/ pista – agravamento 5X	246	PF ou PJ	GRV 5X	M/R
719-6	2	Obstaculizar a via indevidamente – agravamento 5X	246	PF ou PJ	GRV 5X	M/R
720-0	1	Deixar de conduzir pelo bordo pista em fila única veíc tração/ propulsão humana	247	CDT	(4) MED	M/R
720-0	2	Deixar de conduzir pelo bordo da pista em fila única veículo de tração animal	247	CDT	(4) MED	M/R
721-8	0	Transportar em veíc destinado transp passageiros carga excedente desac art.109	248	CDT	(5) GRE	E/R
722-6	1	Deixar de manter acesas à noite as luzes posição qdo o veículo estiver parado	249	CDT	(4) MED	M/R
722-6	2	Deixar de manter acesas à noite as luzes de posição veic fazendo carga/descarg a	249	CDT	(4) MED	M/R
723-4	0	Em movimento, deixar de manter acesa a luz baixa durante à noite	250, I, a	CDT	(4) MED	M/R

724-2	1	Em movimento de dia, deixar de manter acesa luz baixa túnel com iluminação públi	250, I, b	CDT	(4) MED	M/R
724-2	2	Em movimento de dia, deixar de manter acesa luz baixa nas rodovias	250, I, b	CDT	(4) MED	M/R
725-0	0	Em mov, deixar de manter acesa luz baixa veíc transp coletivo faixa/pista excl	250, I, c	CDT	(4) MED	M/R
726-9	0	Em movimento, deixar de manter acesa luz baixa do ciclomotor	250, I, d	CDT	(4) MED	M/R
727-7	0	Em mov deixar de manter acesas luzes de posição sob chuva forte/ neblina/cerração	250, II	CDT	(4) MED	M/R
728-5	0	Em movimento, deixar de manter a placa traseira iluminada à noite	250, III	CDT	(4) MED	E/R
729-3	0	Utilizar o pisca-alerta, exceto em imobilizações ou situações de emergência	251, I	CDT	(4) MED	M/R
730-7	0	Utilizar luz alta e baixa intermitente, exceto quando permitido pelo CTB	251, II	CDT	(4) MED	M/R
731-5	0	Dirigir o veículo com o braço do lado de fora	252, I	CDT	(4) MED	M/R
732-3	1	Dirigir o veículo transport pessoas à sua esquerda ou entre os braços e pernas	252, II	CDT	(4) MED	E/R
732-3	2	Dirigir o veículo transport animais à sua esquerda ou entre os braços e pernas	252, II	CDT	(4) MED	E/R
732-3	3	Dirigir o veículo transport volume à sua esquerda ou entre os braços e pernas	252, II	CDT	(4) MED	E/R
733-1	0	Dirigir o veículo com incapacidade física ou mental temporária	252, III	CDT	(4) MED	E/R
734-0	0	Dirigir o veíc usando calçado que ñ se firme nos pés/comprometa utiliz pedais	252, IV	CDT	(4) MED	E/R
735-8	0	Dirigir o veículo com apenas uma das mãos, exceto quando permitido pelo CTB	252, V	CDT	(4) MED	E/R
736-6	1	Dirigir o veículo utilizando-se de fones nos ouvidos conec a aparelhagem sonora	252, VI	CDT	(4) MED	E/M/R

736-6	2	Dirigir veículo utilizando-se de telefone celular	252, VI	CDT	(4) MED	E/M/R
759-5	0	Dirigir veículo realizando cobrança de tarifa com veículo em movimento	252, VII	CDT	MED	E/M/R
763-3	1	Dirigir veículo segurando telefone celular	252, § único	CDT	(7) GRV	E/M/R
763-3	2	Dirigir veículo manuseando telefone celular	252, § único	CDT	(7) GRV	E/M/R
737-4	0	Bloquear a via com veículo	253	CDT	(7) GRV	M/R
761-7	1	Usar qq veículo para, delib, interromper circulação na via sem aut do órgão	253-A	CDT	GRV 20 X	M/R
761-7	2	Usar qq veículo para, delib, restringir circulação na via sem aut do órgão	253-A	CDT	GRV 20 X	M/R
761-7	3	Usar qq veículo para, delib, perturbar circulação na via sem aut do órgão	253-A	CDT	GRV 20 X	M/R
760-9	0	Organizar a conduta prevista no *caput* do art. 253-A	253-A, § 1º	1º PF ou PJ	GRV 60X	M/R
738-2	0	É proib ao pedestre permanecer/ andar pista, exceto p/ cruzá-las onde permitido	254, I	PDE	(3) LEV 50%	M/R
739-0	1	É proibido ao pedestre cruzar pista de rolamento de viaduto exc onde permitido	254, II	PDE	(3) LEV 50%	M/R
739-0	2	É proibido ao pedestre cruzar pista de rolamento de ponte exceto onde permitido	254, II	PDE	(3) LEV 50%	M/R
739-0	3	É proibido ao pedestre cruzar pista de rolamento de túneis exceto onde permitido	254, II	PDE	(3) LEV 50%	M/R
740-4	0	É proib ao pedestre atravessar via área cruzamento exc onde permitido p/ sinaliz	254, III	PDE	(3) LEV 50%	M/R
741-2	0	É proib pedestre utilizar via em agrupam que perturbe trâns/prát esporte/desfile	254, IV	PDE	(3) LEV 50%	M/R
742-0	1	É proibido ao pedestre andar fora da faixa própria	254, V	PDE	(3) LEV 50%	M/R

742-0	2	É proibido ao pedestre andar fora da passarela	254, V	PDE	(3) LEV 50%	M/R
742-0	3	É proibido ao pedestre andar fora da passagem aérea	254, V	PDE	(3) LEV 50%	M/R
742-0	4	É proibido ao pedestre andar fora da passagem subterrânea	254, V	PDE	(3) LEV 50%	M/R
743-9	0	É proibido ao pedestre desobedecer a sinalização de trânsito específica	254, VI	PDE	(3) LEV 50%	M/R
744-7	1	Conduzir bicicleta em passeios onde não seja permitida a circulação desta	255	CDT	(4) MED	M/R
744-7	2	Conduzir bicicleta de forma agressiva	255	CDT	(4) MED	M/R
500-2	0	Multa, por não identificação do condutor infrator, imposta à pessoa jurídica	257, § 8º	PPT	---	E/M/R
754-4	1	Falta de escrituração livro registro entrada/saída e de uso placa de experiência	330, § 5º	PF ou PJ	GRV	E
754-4	2	Atraso escrituração livro registro entrada/saída e de uso placa de experiência	330, § 5º	PF ou PJ	GRV	E
754-4	3	Fraude escrituração livro registro entrada/saída e de uso placa de experiência	330, § 5º	PF ou PJ	GRV	E
754-4	4	Recusa da exibição do livro registro entrada/saída e de uso placa de experiência	330, § 5º	PF ou PJ	GRV	E

ANEXO V – TABELA DE CODIFICAÇÃO DOS ÓRGÃOS AUTUADORES

Código	Órgão
000100	DEPARTAMENTO DE POLÍCIA RODOVIÁRIA FEDERAL
000200	DNER
000300	DNIT – DEPARTAMENTO NACIONAL DE INFRAESTRUTURA DE TRANSPORTES
000400	ANTT – AGÊNCIA NACIONAL DE TRANSPORTE TERRESTRE
101100	DETRAN – AC
101200	DER – AC
102100	DETRAN – AL
102200	DER – AL
103100	DETRAN – AM
103200	DER – AM
104100	DETRAN – AP
104200	DER – AP
105100	DETRAN – BA
105200	DER – BA
105300	SEINFRA – SECRETARIA DE INFRAESTRUTURA DO ESTADO DA BAHIA (*) *Item acrescido pela Portaria DENATRAN nº 92, de 23.7.2015.*
106100	DETRAN – CE
106200	DER – CE
107100	DETRAN – DF
107200	DER – DF
108100	DETRAN – ES
108200	DER – ES
109100	DETRAN – GO
109200	AGETOP – AGÊNCIA GOIANA DE TRANSPORTES E OBRAS (*) *Item com redação dada pela Portaria DENATRAN nº 276, de 24.5.2012.*
110100	DETRAN – MA
110200	DER – MA
111100	DETRAN – MT
111200	DER – MT
111200	SINFRA – MT (*) *Item acrescido pela Portaria DENATRAN nº 41, de 25.2.2016.*
112100	DETRAN – MS
112200	DER – MS
113100	DETRAN – MG
113200	DER – MG
114100	DETRAN – PA
114200	DER – PA
115100	DETRAN – PB
115200	DER – PB
116100	DETRAN – PR
116200	DER – PR
117100	DETRAN – PE
117200	DER – PE
118100	DETRAN – PI

118200	DER – PI	123200	DER – RR
119100	DETRAN – RJ	125100	DETRAN – SC
119200	DER – RJ	125200	DER – SC
120100	DETRAN – RN	126100	DETRAN – SP
120200	DER – RN	126200	DER – SP
121100	DETRAN – RS	126300	DERSA – SP
121200	DER – RS	127100	DETRAN – SE
122100	DETRAN – RO	127200	DER – SE
122200	DER – RO	128100	DETRAN – TO
123100	DETRAN – RR	128200	DER – TO

(*) *Para consulta aos códigos referentes aos Órgãos Municipais, acesse: <www.denatran.gov.br>.*

ANEXO VI – TABELA DE CODIFICAÇÃO DE PAÍSES

Argentina	10	Uruguai	80
Bolívia	11	México	90
Guiana	20	Estados Unidos da América	91
Chile	30	Canadá	99
Venezuela	40	Outros	99
Paraguai	60		

RESOLUÇÃO CONTRAN Nº 396, DE 13 DE DEZEMBRO DE 2011

Dispõe sobre requisitos técnicos mínimos para a fiscalização da velocidade de veículos automotores, reboques e semirreboques, conforme o Código de Trânsito Brasileiro.

O Conselho Nacional de Trânsito – CONTRAN, no uso das atribuições que lhe são conferidas pelo art. 12 da Lei nº 9.503, de 23 de setembro de 1997, que instituiu o Código de Trânsito Brasileiro – CTB, e conforme o Decreto nº 4.711, de 29 de maio de 2003, que trata da Coordenação do Sistema Nacional de Trânsito – SNT; e

Considerando a necessidade de padronização dos procedimentos referente à fiscalização eletrônica da velocidade;

Considerando que onde não houver sinalização regulamentar de velocidade, os limites máximos devem obedecer ao disposto no art. 61 do CTB;

Considerando a importância da fiscalização de velocidade como instrumento para redução de acidentes e de sua gravidade; e

Considerando o contido no processo nº 80001.020255/2007-01; resolve:

Art. 1º. A medição das velocidades desenvolvidas pelos veículos automotores, elétricos, reboques e semirreboques nas vias públicas deve ser efetuada por meio de instrumento ou equipamento que registre ou indique a velocidade medida, com ou sem dispositivo registrador de imagem dos seguintes tipos:

I – Fixo: medidor de velocidade com registro de imagens instalado em local definido e em caráter permanente;

II – Estático: medidor de velocidade com registro de imagens instalado em veículo parado ou em suporte apropriado;

III – Móvel: medidor de velocidade instalado em veículo em movimento, procedendo a medição ao longo da via;

IV – Portátil: medidor de velocidade direcionado manualmente para o veículo alvo.

§ 1º. Para fins desta Resolução, serão adotadas as seguintes definições:

a) medidor de velocidade: instrumento ou equipamento destinado à medição de velocidade de veículos.

b) controlador eletrônico de velocidade: medidor de velocidade destinado a fiscalizar o limite máximo regulamentado para a via ou trecho por meio de sinalização (placa R-19) ou, na sua ausência, pelos limites definidos no art. 61 do CTB;

c) redutor eletrônico de velocidade (barreira ou lombada eletrônica): medidor de velocidade, do tipo fixo, com dispositivo registrador de imagem, destinado a fiscalizar a redução pontual de velocidade em trechos considerados críticos, cujo limite é diferenciado do limite máximo regulamentado para a via ou trecho em um ponto específico indicado por meio de sinalização (placa R-19).

§ 2º. Quando for utilizado redutor eletrônico de velocidade, o equipamento deverá ser dotado de dispositivo (*display*) que mostre aos condutores a velocidade medida.

Art. 2º. O medidor de velocidade dotado de dispositivo registrador de imagem deve permitir a identificação do veículo e, no mínimo:

I – Registrar:

a) Placa do veículo;

b) Velocidade medida do veículo em km/h;

c) Data e hora da infração;

d) Contagem volumétrica de tráfego.

II – Conter:

a) Velocidade regulamentada para o local da via em km/h;

b) Local da infração identificado de forma descritiva ou codificado;

c) Identificação do instrumento ou equipamento utilizado, mediante numeração estabelecida pelo órgão ou entidade de trânsito com circunscrição sobre a via.

d) Data da verificação de que trata o inciso III do art. 3º.

Parágrafo único. No caso de medidor de velocidade do tipo fixo, a autoridade de trânsito deve dar publicidade à relação de códigos de que trata a alínea "b" e à numeração de que trata a alínea "c", ambas do inciso II, podendo, para tanto, utilizar-se de seu sítio na internet.

Art. 3º. O medidor de velocidade de veículos deve observar os seguintes requisitos:

I – ter seu modelo aprovado pelo Instituto Nacional de Metrologia, Qualidade e Tecnologia – INMETRO, atendendo à legislação metrológica em vigor e aos requisitos estabelecidos nesta Resolução;

II – ser aprovado na verificação metrológica pelo INMETRO ou entidade por ele delegada;

III – ser verificado pelo INMETRO ou entidade por ele delegada, obrigatoriamente com periodicidade máxima de 12 (doze) meses e, eventualmente, conforme determina a legislação metrológica em vigência.

Art. 4º. Cabe à autoridade de trânsito com circunscrição sobre a via determinar a localização, a sinalização, a instalação e a operação dos medidores de velocidade do tipo fixo.

§ 1º. Não é obrigatória a presença da autoridade de trânsito ou de seu agente, no local da infração, quando utilizado o medidor de velocidade com dispositivo registrador de imagem que atenda ao disposto nos arts. 2º e 3º.

§ 2º. Para determinar a necessidade da instalação de medidor de velocidade do tipo fixo, deve ser realizado estudo técnico que contemple, no mínimo, as variáveis do modelo constante no item A do Anexo I, que venham a comprovar a necessidade de controle ou redução do limite de velocidade no local, garantindo a visibilidade do equipamento.

§ 3º. Para medir a eficácia dos medidores de velocidade do tipo fixo ou sempre que ocorrerem alterações nas variáveis constantes no estudo técnico, deve ser realizado novo estudo técnico que contemple, no mínimo, o modelo constante no item B do Anexo I, com periodicidade máxima de 12 (doze) meses.

§ 4º. Sempre que os estudos técnicos do modelo constante no item B do Anexo I constatarem o elevado índice de acidentes ou não comprovarem sua redução significativa recomenda-se, além da fiscalização eletrônica, a adoção de outros procedimentos de engenharia no local.

§ 5º. Caso os estudos de que tratam o § 4º comprovem a necessidade de remanejamento do equipamento, deverá ser realizado um novo estudo técnico do modelo constante no item A do Anexo I.

§ 6º. Os estudos técnicos referidos nos §§ 2º, 3º, 4º e 5º devem:

I – estar disponíveis ao público na sede do órgão ou entidade de trânsito com circunscrição sobre a via;

II – ser encaminhados às Juntas Administrativas de Recursos de Infrações – JARI dos respectivos órgãos ou entidades.

III – ser encaminhados ao órgão máximo executivo de trânsito da União e aos Conselhos Estaduais de Trânsito – CETRAN ou ao Conselho de Trânsito do Distrito Federal – CONTRADIFE, quando por eles solicitados.

§ 7º. Quando em determinado trecho da via houver instalado medidor de velocidade do tipo fixo, os equipamentos dos tipos estático, portátil e móvel, somente poderão ser utilizados a uma distância mínima daquele equipamento de:

I – quinhentos metros em vias urbanas e trechos de vias rurais com características de via urbana;

II – dois quilômetros em vias rurais e vias de trânsito rápido.

Art. 5º. A notificação da autuação/penalidade deve conter, além do disposto no CTB e na legislação complementar, expressas em km/h:

I – a velocidade medida pelo instrumento ou equipamento medidor de velocidade;

II – a velocidade considerada para efeito da aplicação da penalidade; e

III – a velocidade regulamentada para a via.

§ 1º. Para configuração das infrações previstas no art. 218 do CTB, a velocidade considerada para efeito da aplicação da penalidade será o resultado da subtração da velocidade medida pelo instrumento ou equipamento pelo erro máximo admitido previsto na legislação metrológica em vigor, conforme tabela de valores referenciais de velocidade e tabela para enquadramento infracional constantes do Anexo II.

§ 2º. Para configuração da infração prevista no art. 219 do CTB, a velocidade considerada para efeito da aplicação da penalidade será o resultado da soma da velocidade medida pelo instrumento ou equipamento com o erro máximo admitido previsto na legislação metrológica em vigor, conforme tabela de valores referenciais de velocidade constante do Anexo III.

§ 3º. A informação de que trata o inciso III, no caso da infração prevista no art. 219 do CTB, é a velocidade mínima que o veículo pode transitar na via (cinquenta por cento da velocidade máxima estabelecida).

Art. 6º. A fiscalização de velocidade deve ocorrer em vias com sinalização de regulamentação de velocidade máxima permitida (placa R-19), observadas as disposições contidas no Manual Brasileiro de Sinalização de Trânsito – Volume 1, de forma a garantir a segurança viária e informar aos condutores dos veículos a velocidade máxima permitida para o local.

§ 1º. A fiscalização de velocidade com medidor do tipo móvel só pode ocorrer em vias rurais e vias urbanas de trânsito rápido sinalizadas com a placa R-19 conforme legislação em vigor e onde não ocorra variação de velocidade em trechos menores que 5 (cinco) km.

§ 2º. No caso de fiscalização de velocidade com medidor dos tipos portátil e móvel sem registrador de imagens, o agente de trânsito deverá consignar no campo “observações” do auto de infração a informação do local de instalação da placa R-19, exceto na situação prevista no art. 7º.

§ 3º. Para a fiscalização de velocidade com medidor dos tipos fixo, estático ou portátil deve ser observada, entre a placa R-19 e o medidor, uma distância compreendida no intervalo estabelecido na tabela constante do Anexo IV, facultada a repetição da placa em distâncias menores.

§ 4º. Para a fiscalização de velocidade em local/trecho sinalizado com placa R-19, em vias em que ocorra o acesso de veículos por outra via pública que impossibilite, no trecho compreendido entre o acesso e o medidor, o cumprimento do disposto no *caput*, deve ser acrescida, nesse trecho, outra placa R-19, assegurando ao condutor o conhecimento acerca do limite de velocidade fiscalizado.

§ 5º. Em locais/trechos onde houver a necessidade de redução de velocidade pontual e temporária por obras ou eventos, desde que devidamente sinalizados com placa R-19, respeitadas as distâncias constantes do Anexo IV, poderão ser utilizados medidores de velocidade do tipo portátil ou estático.

§ 6º. Para cumprimento do disposto no § 5º, o agente de trânsito deverá produzir relatório descritivo da obra ou evento com a indicação da sinalização utilizada, o qual deverá ser arquivado junto ao órgão de trânsito responsável pela fiscalização, à disposição das JARI, CETRAN, CONTRADIFE e CONTRAN.

§ 7º. É vedada a utilização de placa R-19 que não seja fixa, exceto nos casos previstos nos §§ 5º e 6º.

Art. 7º. Em trechos de estradas e rodovias onde não houver placa R-19 poderá ser realizada a fiscalização com medidores de velocidade dos tipos móvel, estático ou portátil, desde que observados os limites de velocidade estabelecidos no § 1º do art. 61 do CTB.

§ 1º. Ocorrendo a fiscalização na forma prevista no *caput*, quando utilizado o medidor do tipo portátil ou móvel, a ausência da sinalização deverá ser informada no campo "observações" do auto de infração.

§ 2º. Para cumprimento do disposto no *caput*, a operação do equipamento deverá estar visível aos condutores.

Art. 8º. Quando o local ou trecho da via possuir velocidade máxima permitida por tipo de veículo, a placa R-19 deverá estar acompanhada da informação complementar, na forma do Anexo V.

§ 1º. Para fins de cumprimento do estabelecido no *caput*, os tipos de veículos registrados e licenciados devem estar classificados conforme as duas denominações descritas a seguir:

I – "VEÍCULOS LEVES" correspondendo a ciclomotor, motoneta, motocicleta, triciclo, quadriciclo, automóvel, utilitário, caminhonete e camioneta, com peso bruto total – PBT inferior ou igual a 3.500 kg.

II – "VEÍCULOS PESADOS" correspondendo a ônibus, micro-ônibus, caminhão, caminhão-trator, trator de rodas, trator misto, chassi-plataforma, motor-casa, reboque ou semirreboque e suas combinações.

§ 2º. "VEÍCULO LEVE" tracionando outro veículo equipara-se a "VEÍCULO PESADO" para fins de fiscalização.

Art. 9º. São exemplos de sinalização vertical para atendimento do art. 8º, as placas constantes do Anexo V .

Parágrafo único. Poderá ser utilizada sinalização horizontal complementar reforçando a sinalização vertical.

Art. 10. Os órgãos e entidades de trânsito com circunscrição sobre a via têm o prazo de 180 (cento e oitenta) dias, a partir da data de publicação desta

Resolução, para adequar seus procedimentos às disposições contidas no § 2º do art. 1º e no § 6º do art. 4º.

Parágrafo único. As exigências contidas na alínea "d" do inciso I e alínea "d" do inciso II do art. 2º aplicam-se aos equipamentos novos implantados a partir de 1º de janeiro de 2013.

Art. 11. As disposições desta Resolução não se aplicam à fiscalização das condutas tipificadas como infração no art. 220 do CTB.

Art. 12. Ficam revogados o art. 3º e o Anexo II da Resolução CONTRAN nº 202/2006 e as Resoluções CONTRAN nº146/2003, 214/2006 e 340/2010.

Art. 13. Esta Resolução entra em vigor na data de sua publicação.

Júlio Ferraz Arcoverde – Presidente

DOU de 22.12.2011 – Retificado em 16.1.2012

ANEXO I

A – ESTUDO TÉCNICO: INSTALAÇÃO DE INSTRUMENTOS OU EQUIPAMENTOS MEDIDORES DE VELOCIDADE DO TIPO FIXO

1 – IDENTIFICAÇÃO DO ÓRGÃO DE TRÂNSITO
- Razão social:
- Estado/Município:

2 – LOCALIZAÇÃO DA INSTALAÇÃO
- Local:____ pista principal ____ pista lateral
- Sentido do fluxo fiscalizado:
- Faixa(s) de trânsito (circulação) fiscalizada(s) (numeração da esquerda para direita):

3 – EQUIPAMENTO
- Tipo:

[ ] aparelho controlador eletrônico de velocidade

[ ] aparelho redutor eletrônico de velocidade

Data de início da operação no local: _____/_____/_____

4 – CARACTERÍSTICAS DO LOCAL/TRECHO DA VIA
- Classificação viária (art. 60 do CTB): ________________
- Nº de pistas: _________
- Nº de faixas de trânsito (circulação) no sentido fiscalizado: _________
- Geometria:

  [ ] Aclive [ ] Declive [ ] Plano [ ] Curva
- Trecho urbano: [ ] Sim [ ] Não
- Fluxo veicular na pista fiscalizada (VMD):_________
- Trânsito de pedestre: [ ] Sim [ ] ao longo da Via [ ] Transversal a via♦

  [ ] Não

♦ *Conforme Diário Oficial. Entendemos que o correto seja: "à via".* [N.E.]

- Trânsito de ciclista: [_] Sim [_] ao longo da Via [_] Transversal a via♦
  [_] Não

♦ *Conforme Diário Oficial. Entendemos que o correto seja: "à via".* [N.E.]

5 – VELOCIDADE

- 5.1 – Em trecho da via com velocidade inferior à regulamentada no trecho anterior:
  - 5.1.1 – Velocidade no trecho anterior ao local fiscalizado (km/h):
    Velocidade regulamentada: ________
    Velocidade Praticada (85 percentil): ________
  - 5.1.2 – Velocidade no local fiscalizado (km/h):__________
    Velocidade regulamentada: ________ Data: ____/____/______
- 5.2 – Em trecho da via com velocidade igual à regulamentada no trecho anterior:

Velocidade regulamentada: ________

Velocidade Praticada antes do início da fiscalização: _____

Data: ____/____/_____

6 – Nº DE ACIDENTES NO LOCAL (para esta definição, considerar-se-á um trecho máximo de quinhentos metros antes e quinhentos metros depois do local).

- Até 12 meses antes do início da fiscalização (interstício de 06 meses): _________

7 – POTENCIAL DE RISCO NO LOCAL

- Descrição dos fatores de risco:____
  ____
  ____
- Histórico descritivo das medidas de engenharia adotadas antes da instalação do equipamento: ____
  ____
  ____
- Outras informações julgadas necessárias: ____________________
  ____
  ____

8 – PROJETO OU CROQUI DO LOCAL

(Deve conter indicação do posicionamento do equipamento e da sinalização)

9 – RESPONSÁVEL PELA ELABORAÇÃO DO ESTUDO TÉCNICO

- Nome: ______________________
- CREA nº: ____________________
- Assinatura: __________________
- Data: _____/_____/_____

10 – RESPONSÁVEL TÉCNICO DO ÓRGÃO DE TRÂNSITO PERANTE O CREA

- Nome:________________________
- CREA nº: ____________________
- Assinatura: ____
- Data: _____/_____/_____

B – ESTUDO TÉCNICO: MONITORAMENTO DA EFICÁCIA DOS INSTRUMENTOS OU EQUIPAMENTOS MEDIDORES DE VELOCIDADE DO TIPO FIXO

1 – IDENTIFICAÇÃO DO ÓRGÃO DE TRÂNSITO

- Razão social:
- Estado/Município:

2 – LOCALIZAÇÃO DA INSTALAÇÃO

- Local:
- Sentido do fluxo fiscalizado:
- Faixa(s) de trânsito (circulação) fiscalizada(s) (numeração da esquerda para direita):

3 – EQUIPAMENTO

- Tipo:

  [_] aparelho controlador eletrônico de velocidade

  [_] aparelho redutor eletrônico de velocidade
- Data de início da operação no local/trecho: _____/_____/_____

4 – CARACTERÍSTICAS DO LOCAL

- Classificação viária (art. 60 do CTB): ________________
- Nº de pistas: _________
- Nº de faixas de trânsito (circulação) no sentido fiscalizado: ________
- Geometria

  [_] Aclive [_] Declive [_] Plano [_] Curva
- Trecho urbano [_] Sim [_] Não
- Fluxo veicular na pista fiscalizada (VMD): ___ (interstício de 12 meses).
- Trânsito de pedestre: [_] Sim [_] ao longo da Via [_] Transversal a via♦

  [_] Não

♦ *Conforme Diário Oficial. Entendemos que o correto seja: "à via".* [N.E.]

- Trânsito de ciclista: [_] Sim [_] ao longo da Via [_] Transversal a via♦

  [_] Não

♦ *Conforme Diário Oficial. Entendemos que o correto seja: "à via".* [N.E.]

5 – VELOCIDADE

- 5.1 – Em trecho da via com velocidade inferior à regulamentada no trecho anterior:

- 5.1.1 – Velocidade no trecho anterior ao local fiscalizado (km/h):
  Velocidade regulamentada: ________
  Velocidade Praticada (85 percentil): ________
- 5.1.2 – Velocidade no local fiscalizado (km/h):
  Velocidade regulamentada: ___________
  Data:_____/_____/______
  Velocidade monitorada até 12 meses depois: _________
  Data:____/____/______

- 5.2 – Em trecho da via com velocidade igual à regulamentada no trecho anterior:
  Velocidade regulamentada: ________
  Velocidade praticada (85 percentil) antes do inicio da fiscalização: __________________
  Velocidade monitorada até 12 meses depois: _______
  Data: _____/_____/_____

6 – Nº DE ACIDENTES NO TRECHO DA VIA (para esta definição, considerar-se-á um trecho máximo de quinhentos metros antes e quinhentos metros depois do local)

Antes e depois o início da fiscalização, por 06 meses de igual período:

- Antes do início da operação do equipamento (dados do estudo técnico do tipo A):
- Após início da operação do equipamento: _____________________

7 – AVALIAÇÃO DOS INSTRUMENTOS OU EQUIPAMENTOS MEDIDORES DE VELOCIDADE E MEDIDAS DE ENGENHARIA ADOTADAS

- Descrição dos fatores de risco: ____________________________
- Histórico descritivo das medidas de engenharia adotadas antes e após a instalação do equipamento: ____________________________
- Outras informações julgadas necessárias: ____________________

8 – PROJETO OU CROQUI DO LOCAL (Deve conter indicação do posicionamento do equipamento e da sinalização)

9 – RESPONSÁVEL PELA ELABORAÇÃO DO ESTUDO TÉCNICO

- Nome: ____
- CREA nº: _____________________
- Assinatura: ____________________
- Data: _____/_____/_____

10 – RESPONSÁVEL TÉCNICO DO ÓRGÃO DE TRÂNSITO PERANTE O CREA

- Nome: ____
- CREA nº: _____________________
- Assinatura: ____________________
- Data: _____/_____/_____

ANEXO II

TABELA DE VALORES REFERENCIAIS DE VELOCIDADE PARA INFRAÇÕES DO ART. 218 DO CTB

VM (Km/h)	VC (Km/h)	VM (Km/h)	VC (Km/h)	VM (Km/h)	VC (Km/h)
27	20	51	44	75	68
28	21	52	45	76	69
29	22	53	46	77	70
30	23	54	47	78	71
31	24	55	48	79	72
32	25	56	49	80	73
33	26	57	50	81	74
34	27	58	51	82	75
35	28	59	52	83	76
36	29	60	53	84	77
37	30	61	54	85	78
38	31	62	55	86	79
39	32	63	56	87	80
40	33	64	57	88	81
41	34	65	58	89	82
42	35	66	59	90	83
43	36	67	60	91	84
44	37	68	61	92	85
45	38	69	62	93	86
46	39	70	63	94	87
47	40	71	64	95	88
48	41	72	65	96	89
49	42	73	66	97	90
50	43	74	67	98	91

VM (Km/h)	VC (Km/h)	VM (Km/h)	VC (Km/h)	VM (Km/h)	VC (Km/h)
99	92	127	118	155	144
100	93	128	119	156	145
101	94	129	120	157	146
102	95	130	121	158	147
103	96	131	122	159	148
104	97	132	123	160	149
105	98	133	124	161	150
106	99	134	125	162	151
107	100	135	126	163	152
108	100	136	126	164	153
109	101	137	127	165	153
110	102	138	128	166	154
111	103	139	129	167	155
112	104	140	130	168	156
113	105	141	131	169	157
114	106	142	132	170	158
115	107	143	133	171	159
116	108	144	134	172	160
117	109	145	135	173	161
118	110	146	136	174	162
119	111	147	137	175	163
120	112	148	138	176	164
121	113	149	139	177	165
122	113	150	140	178	166
123	114	151	140	179	166
124	115	152	141	180	167
125	116	153	142	181	168
126	117	154	143	182	169

VM (Km/h)	VC (Km/h)	VM (Km/h)	VC (Km/h)	VM (Km/h)	VC (Km/h)
183	170	187	174	191	178
184	171	188	175	192	179
185	172	189	176	193	179
186	173	190	177	194	180

Observações:

1. VM = VELOCIDADE MEDIDA (Km/h)
   VC = VELOCIDADE CONSIDERADA (Km/h)
2. Para velocidades medidas superiores aos indicados na tabela, considerar o erro máximo admissível de 7%, com arredondamento matemático para se calcular a velocidade considerada.
3. Para enquadramento infracional, deverá ser observada a tabela abaixo:

TABELA PARA ENQUADRAMENTO INFRACIONAL

Limite Regulamentado (Km/h)	218, I Infração média	218, II Infração grave	218, III Infração gravíssima
20	$21 \leq VC \leq 24$	$25 \leq VC \leq 30$	$VC \geq 31$
30	$31 \leq VC \leq 36$	$37 \leq VC \leq 45$	$VC \geq 46$
40	$41 \leq VC \leq 48$	$49 \leq VC \leq 60$	$VC \geq 61$
50	$51 \leq VC \leq 60$	$61 \leq VC \leq 75$	$VC \geq 76$
60	$61 \leq VC \leq 72$	$73 \leq VC \leq 90$	$VC \geq 91$
70	$71 \leq VC \leq 84$	$85 \leq VC \leq 105$	$VC \geq 106$
80	$81 \leq VC \leq 96$	$97 \leq VC \leq 120$	$VC \geq 121$
90	$91 \leq VC \leq 108$	$109 \leq VC \leq 135$	$VC \geq 136$
100	$101 \leq VC \leq 120$	$121 \leq VC \leq 150$	$VC \geq 151$
110	$111 \leq VC \leq 132$	$133 \leq VC \leq 165$	$VC \geq 166$
120	$121 \leq VC \leq 144$	$145 \leq VC \leq 180$	$VC \geq 181$

Observação: VC = VELOCIDADE CONSIDERADA (Km/h)

ANEXO III

TABELA DE VALORES REFERENCIAIS DE VELOCIDADE PARA INFRAÇÃO DO ART. 219 DO CTB

VM (Km/h)	VC (Km/h)	VM (Km/h)	VC (Km/h)	VM (Km/h)	VC (Km/h)
10	17	27	34	44	51
11	18	28	35	45	52
12	19	29	36	46	53
13	20	30	37	47	54
14	21	31	38	48	55
15	22	32	39	49	56
16	23	33	40	50	57
17	24	34	41	51	58
18	25	35	42	52	59
19	26	36	43	53	60
20	27	37	44	54	61
21	28	38	45	55	62
22	29	39	46	56	63
23	30	40	47	57	64
24	31	41	48	58	65
25	32	42	49	59	66
26	33	43	50	60	67

Observação: VM = VELOCIDADE MEDIDA (Km/h)
VC = VELOCIDADE CONSIDERADA (Km/h)

ANEXO IV

[DISTÂNCIA ENTRE A PLACA R-19 E O MEDIDOR DE VELOCIDADE]

Velocidade Regulamentada (Km/h)	Intervalo de Distância (metros)	
	Via Urbana	Via Rural
V ≥ 80	400 a 500	1000 a 2000
V < 80	100 a 300	300 a 1000

ANEXO V

EXEMPLOS DE SINALIZAÇÃO VERTICAL ESPECÍFICA PARA LIMITE DE VELOCIDADE MÁXIMA POR TIPO DE VEÍCULO NO MESMO TRECHO DA VIA

(*) *Este Anexo encontra-se disponível no site: <http://www.denatran.gov.br/resolucoes.htm>.*

RESOLUÇÃO ANTT Nº 3.880, DE 22 DE AGOSTO DE 2012

(*) *Atualizada até a Resolução ANTT nº 3.924, de 8.11.2012.*

Estabelece os códigos e os desdobramentos para as infrações aplicáveis devido a inobservância do Regulamento para o Transporte Rodoviário de Produtos Perigosos.

A Diretoria da Agência Nacional de Transportes Terrestres – ANTT, no uso de suas atribuições, fundamentada no Voto DAL – 017, de 16 de agosto de 2012, no que consta do Processo nº 50500.028242/2011-66,

Considerando o disposto na Lei nº 10.233, de 5 de junho de 2001; e

Considerando a necessidade do estabelecimento de Códigos para as Infrações constantes nas Resoluções ANTT nº 3.665/11 e 3.762/12, que atualizam e alteram o Regulamento para o Transporte Rodoviário de Produtos Perigosos, para fins de instrução na elaboração e preenchimento do Auto de Infração, resolve:

Art. 1º. Estabelecer os códigos e desdobramentos relativos às infrações constantes no Regulamento para o Transporte Rodoviário de Produtos Perigosos, instituídos pelo Anexo a esta Resolução.

Art. 2º. Esta Resolução entra em vigor 10 dias após a data de sua publicação.

Ivo Borges de Lima – Diretor-Geral, em Exercício – DOU de 27.8.2012

ANEXO

CÓDIGOS DAS INFRAÇÕES REFERENTES AO TRANSPORTE RODOVIÁRIO DE PRODUTOS PERIGOSOS

(*) *Com redação dada pela Resolução ANTT nº 3.924, de 8.11.2012.*

AO TRANSPORTADOR

AMPARO LEGAL	DESCRIÇÃO DA INFRAÇÃO	CÓDIGO
53.1.a	Transportar produtos perigosos cujo deslocamento rodoviário seja proibido pela ANTT	930-00
53.1.b	Transportar produtos perigosos em veículo cujo condutor não esteja devidamente habilitado em desacordo ao *caput* do art. 22	931-80
53.1.c	Transportar produtos perigosos em veículo com características técnicas ou operacionais inadequadas	932-61
53.1.c	Transportar produtos perigosos em equipamento de transporte com características técnicas ou operacionais inadequadas	932-62
53.1.d	Transportar, em veiculo ou equipamento de transporte, produtos perigosos a granel que não constem no CIPP, em desacordo ao art. 7º	933-40
53.1.e	Transportar produtos perigosos a granel em veículo que não atenda às disposições do art. 7º e do inciso I do *caput* do art. 28	934-21

53.1.e	Transportar produtos perigosos a granel em equipamento de transporte que não atenda às disposições do art. 7º e do inciso I do *caput* do art. 28	934-22
53.1.f	Transportar produtos perigosos em veículos que não atendam às condições do art. 8º	935-00
53.1.g	Conduzir pessoas em veículos que transportem produtos perigosos, em desacordo ao inciso I do art. 12	936-90
53.1.h	Transportar, simultaneamente, no mesmo veículo ou equipamento de transporte, diferentes produtos perigosos, em desacordo ao inciso II do art. 12	937-70
53.1.i	Transportar produtos perigosos em desacordo ao inciso III do art. 12	938-50
53.1.j	Transportar alimentos, medicamentos ou quaisquer objetos destinados ao uso ou consumo humano ou animal em embalagens que tenham contido produtos perigosos, em desacordo ao inciso IV do art. 12	939-30
53.1.k	Transportar, simultaneamente, animais e produtos perigosos em veículos ou equipamentos de transporte, em desacordo ao inciso V do art. 12	940-70
53.1.l	Transportar em veículo ou equipamento de transporte já utilizados para movimentação de produtos perigosos a granel, produtos para uso ou consumo humano ou animal, em desacordo ao art. 9º	941-50
53.1.m	Deixar de dar apoio e prestar os esclarecimentos solicitados pelas autoridades públicas em caso de emergência, acidente ou avaria, conforme art. 33	942-30
53.1.n	Manusear produtos perigosos em locais públicos e em condições de segurança inadequadas às características dos produtos e à natureza de seus riscos	943-11
53.1.n	Carregar produtos perigosos em locais públicos e em condições de segurança inadequadas às características dos produtos e à natureza de seus riscos	943-12
53.1.n	Descarregar produtos perigosos em locais públicos e em condições de segurança inadequadas às características dos produtos e à natureza de seus riscos	943-13
53.2.a	Transportar produtos perigosos mal estivados nos veículos ou presos por meios não apropriados, em desacordo ao art. 10	944-00
53.2.b	Transportar produtos perigosos em veículo ou equipamento de transporte em estado de conservação inadequado, limpeza ou descontaminação em desacordo ao art. 6º	945-80
53.2.c	Transportar produtos perigosos em veículo ou equipamento de transporte sem a devida sinalização	946-61
53.2.c	Transportar produtos perigosos em veículo ou equipamento de transporte com a sinalização incorreta ou ilegível	946-62

53.2.c	Transportar produtos perigosos em veículo ou equipamento de transporte com a sinalização afixada de forma inadequada	946-63
53.2.d	Transportar produtos perigosos em embalagens que não possuam a comprovação de sua adequação a programa de avaliação da conformidade da autoridade competente, em desacordo ao art. 11	947-40
53.2.e	Transportar produtos perigosos em embalagens que não possuam a identificação relativa aos produtos e seus riscos, em desacordo ao art. 11	948-20
53.2.f	Transportar produtos perigosos utilizando cofre de carga que não atenda ao estabelecido no art. 13	949-00
53.2.g	O condutor não adotar, em caso de acidente, avaria ou outro fato que obrigue a imobilização do veículo, as providências constantes no Envelope para Transporte, conforme art. 30	950-40
53.2.h	Transportar produtos perigosos em veículo desprovido do conjunto de equipamentos para situações de emergência	951-21
53.2.h	Transportar produtos perigosos em veículo portando qualquer um dos componentes do conjunto de situação de emergência em condições inadequadas de uso	951-22
53.2.i	Transportar produtos perigosos em veículo desprovido dos conjuntos de EPI's necessários	952-01
53.2.i	Transportar produtos perigosos em veículo portando qualquer um dos componentes dos conjuntos de EPI's necessários em condições inadequadas de uso	952-02
53.2.j	Transportar produtos perigosos em embalagens que apresentem sinais de violação	953-91
53.2.j	Transportar produtos perigosos em embalagens que apresentem sinais de deterioração ou mau estado de conservação	953-92
53.2.k	Transportar produtos perigosos em via restrita pela autoridade com circunscrição sobre a via	954-71
53.2.k	Estacionar ou parar em local ou período restrito pela autoridade com circunscrição sobre a via	954-72
53.2.k	Realizar carga em local ou período restrito pela autoridade com circunscrição sobre a via	954-73
53.2.k	Realizar descarga em local ou período restrito pela autoridade com circunscrição sobre a via	954-74
53.2.l	Estacionar veículo contendo produtos perigosos em desacordo ao art. 20	955-50
53.2.m	Abrir volumes contendo produtos perigosos durante as etapas da operação de transporte	956-31
53.2.m	Fumar durante as etapas da operação de transporte	956-32
53.2.m	Adentrar as áreas de carga do veículo ou equipamento de transporte com dispositivos capazes de produzir ignição dos produtos, gases ou vapores durante as etapas da operação de transporte	956-33

53.3.a	Deixar, o condutor ou o auxiliar, de informar a imobilização do veículo à autoridade competente, conforme art. 24	957-10
53.3.b	Retirar a sinalização de veículo ou de equipamento de transporte que não tenha sido descontaminado	958-01
53.3.b	Retirar a Ficha de Emergência e o Envelope para Transporte de veículo que não tenha sido descontaminado	958-02
53.3.c	Não retirar a sinalização dos veículos e equipamentos de transporte após as operações de limpeza e descontaminação, em desacordo ao parágrafo único do art. 3º	959-80
53.3.d	Transportar produtos perigosos sem providenciar o CIV ou dispor deste ilegível	960-11
53.3.d	Transportar produtos perigosos sem providenciar o CIPP ou dispor deste ilegível	960-12
53.3.d	Transportar produtos perigosos desacompanhados do documento fiscal ou dispor deste ilegível	960-13
53.3.d	Transportar produtos perigosos desacompanhados da Declaração do Expedidor ou dispor desta ilegível	960-14
53.3.d	Transportar produtos perigosos desacompanhados da Ficha de Emergência ou Envelope para Transporte ou dispor destes ilegíveis	960-15
53.3.d	Transportar produtos perigosos desacompanhados de autorização ou licença da autoridade competente ou dispor destas ilegíveis	960-16
53.3.d	Transportar produtos perigosos desacompanhados de demais declarações exigidas ou dispor destas ilegíveis	960-17
53.3.e	Transportar produtos perigosos em veículo cujo condutor ou auxiliar não estejam usando o traje mínimo obrigatório previsto no parágrafo único do art. 26	961-00

AO EXPEDIDOR

AMPARO LEGAL	DESCRIÇÃO DA INFRAÇÃO	CÓDIGO
54.1.a	Expedir produtos perigosos cujo deslocamento rodoviário seja proibido pela ANTT	962-80
54.1.b	Expedir produtos perigosos em veículo com características técnicas ou operacionais inadequadas	963-61
54.1.b	Expedir produtos perigosos em equipamento de transporte com características técnicas ou operacionais inadequadas	963-62
54.1.c	Expedir produtos perigosos a granel que não constem no CIPP, em desacordo ao art. 7º	964-40
54.1.d	Expedir produtos perigosos a granel em veículo que não atenda às disposições do art. 7º e do inciso I do *caput* do art. 28	965-21

54.1.d	Expedir produtos perigosos a granel em equipamento de transporte que não atenda às disposições do art. 7º e do inciso I do *caput* do art. 28	965-22
54.1.e	Expedir produtos perigosos em veículos que não atendam às condições do art. 8º	966-00
54.1.f	Expedir, simultaneamente, no mesmo veículo ou equipamento de transporte, diferentes produtos perigosos, em desacordo ao inciso II do art. 12	967-90
54.1.g	Expedir produtos perigosos em desacordo ao inciso III do art. 12	968-70
54.1.h	Expedir alimentos, medicamentos ou quaisquer objetos destinados ao uso ou consumo humano ou animal em embalagens que tenham contido produtos perigosos, em desacordo ao inciso IV do art. 12	969-50
54.1.i	Embarcar, simultaneamente, animais e produtos perigosos em veículos ou equipamentos de transporte, em desacordo ao inciso V do art. 12	970-90
54.1.j	Expedir produtos para uso ou consumo humano ou animal em veículo ou equipamento de transporte já utilizados para movimentação de produtos perigosos a granel, em desacordo ao art. 9º	971-70
54.1.k	Não se fazer representar por técnico ou pessoal especializado no local do acidente, quando expressamente convocado pela autoridade competente, em desacordo ao art. 31	972-50
54.1.l	Embarcar produtos perigosos em veículo sem fornecer o documento fiscal ou fornecê-lo incorretamente preenchido ou ilegível	973-31
54.1.l	Embarcar produtos perigosos em veículo sem fornecer a Declaração do Expedidor ou fornecê-la incorretamente preenchido ou ilegível	973-32
54.1.l	Embarcar produtos perigosos em veículo sem fornecer a Ficha de Emergência e o Envelope para transporte ou fornecê-los incorretamente preenchidos ou ilegíveis	973-33
54.1.l	Embarcar produtos perigosos em veículo sem fornecer a autorização ou licença da autoridade competente ou fornecê-las incorretamente preenchidas ou ilegíveis	973-34
54.1.l	Embarcar produtos perigosos em veículo sem fornecer as demais declarações exigidas ou fornecê-las incorretamente preenchidas ou ilegíveis	973-35
54.1.m	Expedir produtos perigosos mal estivados nos veículos ou presos por meios não apropriados, em desacordo ao art. 10	974-10
54.1.n	Expedir produtos perigosos em embalagens que não possuam a marcação adequada	975-01

54.1.n	Expedir produtos perigosos em embalagens que não possuam a comprovação de sua adequação a programa de avaliação da conformidade da autoridade competente	975-02
54.1.o	Expedir produtos perigosos em embalagens que não possuam a identificação relativa aos produtos e seus riscos	976-81
54.1.o	Expedir produtos perigosos em embalagens que possuam a identificação relativa aos produtos e seus riscos inadequada aos produtos transportados	976-82
54.1.p	Expedir produtos perigosos utilizando cofre de carga que não atenda ao estabelecido no art. 13	977-60
54.1.q	Expedir produtos perigosos em embalagens que apresentem sinais de violação	978-41
54.1.q	Expedir produtos perigosos em embalagens que apresentem sinais de deterioração ou mau estado de conservação	978-42
54.1.r	Efetuar as operações de carga de produtos perigosos em desacordo ao art. 45	979-20
54.2.a	Expedir produtos perigosos em veículo ou equipamento de transporte sem a devida sinalização	980-61
54.2.a	Expedir produtos perigosos em veículo ou equipamento de transporte com a sinalização incorreta ou ilegível	980-62
54.2.a	Expedir produtos perigosos em veículo ou equipamento de transporte com a sinalização afixada de forma inadequada	980-63
54.2.b	Expedir produtos perigosos em veículo desprovido do conjunto de equipamentos para situações de emergência	981-41
54.2.b	Expedir produtos perigosos em veículo portando qualquer um dos componentes do equipamento para situações de emergência em condições inadequadas de uso	981-42
54.2.c	Expedir produtos perigosos em veículo desprovido dos conjuntos de EPI's necessários	982-21
54.2.c	Expedir produtos perigosos em veículo portando qualquer um dos componentes dos EPI's necessários em condições inadequadas de uso	982-22
54.2.d	Deixar de dar apoio e prestar os esclarecimentos solicitados pelas autoridades públicas em caso de emergência, acidente ou avaria, em desacordo ao art. 33	983-00
54.2.e	Expedir produtos perigosos em veículo cujo condutor não esteja devidamente habilitado em desacordo ao *caput* do art. 22	984-90
54.2.f	Expedir produtos perigosos em veículo ou equipamento de transporte em estado inadequado de conservação, limpeza ou descontaminação, em desacordo ao art. 6º	985-70

AO DESTINATÁRIO

AMPARO LEGAL	DESCRIÇÃO DA INFRAÇÃO	CÓDIGO
55	Efetuar a operação de descarga de produtos perigosos em desacordo ao art. 45	986-50

RESOLUÇÃO CONTRAN Nº 432, DE 23 DE JANEIRO DE 2013

Dispõe sobre os procedimentos a serem adotados pelas autoridades de trânsito e seus agentes na fiscalização do consumo de álcool ou de outra substância psicoativa que determine dependência, para aplicação do disposto nos arts. 165, 276, 277 e 306 da Lei nº 9.503, de 23 de setembro de 1997 – Código de Trânsito Brasileiro (CTB).

O Conselho Nacional de Trânsito, no uso das atribuições que lhe confere o art. 12, inciso I, da Lei nº 9.503, de 23 de setembro de 1997, que institui o Código de Trânsito Brasileiro – CTB, e nos termos do disposto no Decreto nº 4.711, de 29 de maio de 2003, que trata da coordenação do Sistema Nacional de Trânsito – SNT;

Considerando a nova redação dos arts. 165, 276, 277 e 302 da Lei nº 9.503, de 23 de setembro de 1997, dada pela Lei nº 12.760, de 20 de dezembro de 2012;

Considerando o estudo da Associação Brasileira de Medicina de Tráfego, ABRAMET, acerca dos procedimentos médicos para fiscalização do consumo de álcool ou de outra substância psicoativa que determine dependência pelos condutores; e

Considerando o disposto nos Processos nºs 80001.005410/2006-70, 80001.002634/2006-20 e 80000.000042/2013-11; resolve:

Art. 1º. Definir os procedimentos a serem adotados pelas autoridades de trânsito e seus agentes na fiscalização do consumo de álcool ou de outra substância psicoativa que determine dependência, para aplicação do disposto nos arts. 165, 276, 277 e 306 da Lei nº 9.503, de 23 de setembro de 1997 – Código de Trânsito Brasileiro (CTB).

Art. 2º. A fiscalização do consumo, pelos condutores de veículos automotores, de bebidas alcoólicas e de outras substâncias psicoativas que determinem dependência deve ser procedimento operacional rotineiro dos órgãos de trânsito.

Art. 3º. A confirmação da alteração da capacidade psicomotora em razão da influência de álcool ou de outra substância psicoativa que determine dependência dar-se-á por meio de, pelo menos, um dos seguintes procedimentos a serem realizados no condutor de veículo automotor:

I – exame de sangue;

II – exames realizados por laboratórios especializados, indicados pelo órgão ou entidade de trânsito competente ou pela Polícia Judiciária, em caso de consumo de outras substâncias psicoativas que determinem dependência;

III – teste em aparelho destinado à medição do teor alcoólico no ar alveolar (etilômetro);

IV – verificação dos sinais que indiquem a alteração da capacidade psicomotora do condutor.

§ 1º. Além do disposto nos incisos deste artigo, também poderão ser utilizados prova testemunhal, imagem, vídeo ou qualquer outro meio de prova em direito admitido.

§ 2º. Nos procedimentos de fiscalização deve-se priorizar a utilização do teste com etilômetro.

§ 3º. Se o condutor apresentar sinais de alteração da capacidade psicomotora na forma do art. 5º ou haja comprovação dessa situação por meio do teste de etilômetro e houver encaminhamento do condutor para a realização do exame de sangue ou exame clínico, não será necessário aguardar o resultado desses exames para fins de autuação administrativa.

DO TESTE DE ETILÔMETRO

Art. 4º. O etilômetro deve atender aos seguintes requisitos:

I – ter seu modelo aprovado pelo INMETRO;

II – ser aprovado na verificação metrológica inicial, eventual, em serviço e anual realizadas pelo Instituto Nacional de Metrologia, Qualidade e Tecnologia – INMETRO ou por órgão da Rede Brasileira de Metrologia Legal e Qualidade – RBMLQ;

Parágrafo único. Do resultado do etilômetro (medição realizada) deverá ser descontada margem de tolerância, que será o erro máximo admissível, conforme legislação metrológica, de acordo com a "Tabela de Valores Referenciais para Etilômetro" constante no Anexo I.

DOS SINAIS DE ALTERAÇÃO DA CAPACIDADE PSICOMOTORA

Art. 5º. Os sinais de alteração da capacidade psicomotora poderão ser verificados por:

I – exame clínico com laudo conclusivo e firmado por médico perito; ou

II – constatação, pelo agente da Autoridade de Trânsito, dos sinais de alteração da capacidade psicomotora nos termos do Anexo II.

§ 1º. Para confirmação da alteração da capacidade psicomotora pelo agente da Autoridade de Trânsito, deverá ser considerado não somente um sinal, mas um conjunto de sinais que comprovem a situação do condutor.

§ 2º. Os sinais de alteração da capacidade psicomotora de que trata o inciso II deverão ser descritos no auto de infração ou em termo específico que contenha as informações mínimas indicadas no Anexo II, o qual deverá acompanhar o auto de infração.

DA INFRAÇÃO ADMINISTRATIVA

Art. 6º. A infração prevista no art. 165 do CTB será caracterizada por:

I – exame de sangue que apresente qualquer concentração de álcool por litro de sangue;

II – teste de etilômetro com medição realizada igual ou superior a 0,05 miligrama de álcool por litro de ar alveolar expirado (0,05 mg/L), descontado o erro máximo admissível nos termos da "Tabela de Valores Referenciais para Etilômetro" constante no Anexo I;

III – sinais de alteração da capacidade psicomotora obtidos na forma do art. 5º.

Parágrafo único. Serão aplicadas as penalidades e medidas administrativas previstas no art. 165 do CTB ao condutor que recusar a se submeter a qualquer um dos procedimentos previstos no art. 3º, sem prejuízo da incidência do crime previsto no art. 306 do CTB caso o condutor apresente os sinais de alteração da capacidade psicomotora.

DO CRIME

Art. 7º. O crime previsto no art. 306 do CTB será caracterizado por qualquer um dos procedimentos abaixo:

I – exame de sangue que apresente resultado igual ou superior a 6 (seis) decigramas de álcool por litro de sangue (6 dg/L);

II – teste de etilômetro com medição realizada igual ou superior a 0,34 miligrama de álcool por litro de ar alveolar expirado (0,34 mg/L), descontado o erro máximo admissível nos termos da "Tabela de Valores Referenciais para Etilômetro" constante no Anexo I;

III – exames realizados por laboratórios especializados, indicados pelo órgão ou entidade de trânsito competente ou pela Polícia Judiciária, em caso de consumo de outras substâncias psicoativas que determinem dependência;

IV – sinais de alteração da capacidade psicomotora obtido na forma do art. 5º.

§ 1º. A ocorrência do crime de que trata o *caput* não elide a aplicação do disposto no art. 165 do CTB.

§ 2º. Configurado o crime de que trata este artigo, o condutor e testemunhas, se houver, serão encaminhados à Polícia Judiciária, devendo ser acompanhados dos elementos probatórios.

DO AUTO DE INFRAÇÃO

Art. 8º. Além das exigências estabelecidas em regulamentação específica, o auto de infração lavrado em decorrência da infração prevista no art. 165 do CTB deverá conter:

I – no caso de encaminhamento do condutor para exame de sangue, exame clínico ou exame em laboratório especializado, a referência a esse procedimento;

II – no caso do art. 5º, os sinais de alteração da capacidade psicomotora de que trata o Anexo II ou a referência ao preenchimento do termo específico de que trata o § 2º do art. 5º;

III – no caso de teste de etilômetro, a marca, modelo e nº de série do aparelho, nº do teste, a medição realizada, o valor considerado e o limite regulamentado em mg/L;

IV – conforme o caso, a identificação da(s) testemunha(s), se houve fotos, vídeos ou outro meio de prova complementar, se houve recusa do condutor, entre outras informações disponíveis.

§ 1º. Os documentos gerados e o resultado dos exames de que trata o inciso I deverão ser anexados ao auto de infração.

§ 2º. No caso do teste de etilômetro, para preenchimento do campo "Valor Considerado" do auto de infração, deve-se observar as margens de erro admissíveis, nos termos da "Tabela de Valores Referenciais para Etilômetro" constante no Anexo I.

DAS MEDIDAS ADMINISTRATIVAS

Art. 9º. O veículo será retido até a apresentação de condutor habilitado, que também será submetido à fiscalização.

Parágrafo único. Caso não se apresente condutor habilitado ou o agente verifique que ele não está em condições de dirigir, o veículo será recolhido ao depósito do órgão ou entidade responsável pela fiscalização, mediante recibo.

Art. 10. O documento de habilitação será recolhido pelo agente, mediante recibo, e ficará sob custódia do órgão ou entidade de trânsito responsável pela autuação até que o condutor comprove que não está com a capacidade psicomotora alterada, nos termos desta Resolução.

§ 1º. Caso o condutor não compareça ao órgão ou entidade de trânsito responsável pela autuação no prazo de 5 (cinco) dias da data do cometimento da infração, o documento será encaminhado ao órgão executivo de trânsito responsável pelo seu registro, onde o condutor deverá buscar seu documento.

§ 2º. A informação de que trata o § 1º deverá constar no recibo de recolhimento do documento de habilitação.

DISPOSIÇÕES GERAIS

Art. 11. É obrigatória a realização do exame de alcoolemia para as vítimas fatais de acidentes de trânsito.

Art. 12. Ficam convalidados os atos praticados na vigência da Deliberação CONTRAN nº 133, de 21 de dezembro de 2012, com o reconhecimento da margem de tolerância de que trata o art. 1º da Deliberação CONTRAN referida no *caput* (0,10 mg/L) como limite regulamentar.

Art. 13. Ficam revogadas as Resoluções CONTRAN nº 109, de 21 de novembro de 1999, e nº 206, de 20 de outubro de 2006, e a Deliberação CONTRAN nº 133, de 21 de dezembro de 2012.

Art. 14. Esta Resolução entra em vigor na data de sua publicação.

Morvam Cotrim Duarte – Presidente do Conselho em exercício

DOU de 29.1.2013

ANEXO I – TABELA DE VALORES REFERENCIAIS PARA ETILÔMETRO

(INFRAÇÃO DO ART. 165 CTB)

MR mg/L	VC (*) mg/L	MR mg/L	VC (*) mg/L	MR mg/L	VC (*) mg/L	MR mg/L	VC (*) mg/L
0,05	0,01	0,13	0,09	0,21	0,17	0,29	0,25
0,06	0,02	0,14	0,10	0,22	0,18	0,30	0,26
0,07	0,03	0,15	0,11	0,23	0,19	0,31	0,27
0,08	0,04	0,16	0,12	0,24	0,20	0,32	0,28
0,09	0,05	0,17	0,13	0,25	0,21	0,33	0,29
0,10	0,06	0,18	0,14	0,26	0,22		
0,11	0,07	0,19	0,15	0,27	0,23		
0,12	0,08	0,20	0,16	0,28	0,24		

(INFRAÇÃO DO ART. 165 CTB + CRIME DO ART. 306 CTB)

MR mg/L	VC (*) mg/L	MR mg/L	VC (*) mg/L	MR mg/L	VC (*) mg/L	MR mg/L	VC (*) mg/L
0,34	0,30	0,52	0,47	0,70	0,64	0,88	0,81
0,35	0,31	0,53	0,48	0,71	0,65	0,89	0,81
0,36	0,32	0,54	0,49	0,72	0,66	0,90	0,82
0,37	0,33	0,55	0,50	0,73	0,67	0,91	0,83
0,38	0,34	0,56	0,51	0,74	0,68	0,92	0,84
0,39	0,35	0,57	0,52	0,75	0,69	0,93	0,85
0,40	0,36	0,58	0,53	0,76	0,69	0,94	0,86
0,41	0,37	0,59	0,54	0,77	0,70	0,95	0,87
0,42	0,38	0,60	0,55	0,78	0,71	0,96	0,88
0,43	0,39	0,61	0,56	0,79	0,72	0,97	0,89
0,44	0,40	0,62	0,57	0,80	0,73	0,98	0,90
0,45	0,41	0,63	0,58	0,81	0,74	0,99	0,91
0,46	0,42	0,64	0,58	0,82	0,75	1,00	0,92
0,47	0,43	0,65	0,59	0,83	0,76	1,01	0,92
0,48	0,44	0,66	0,60	0,84	0,77	1,02	0,93
0,49	0,45	0,67	0,61	0,85	0,78	1,03	0,94
0,50	0,46	0,68	0,62	0,86	0,79	1,04	0,95
0,51	0,46	0,69	0,63	0,87	0,80	1,05	0,96

MR mg/L	VC (*) mg/L	MR mg/L	VC (*) mg/L	MR mg/L	VC (*) mg/L	MR mg/L	VC (*) mg/L
1,06	0,97	1,30	1,19	1,54	1,41	1,78	1,63
1,07	0,98	1,31	1,20	1,55	1,42	1,79	1,64
1,08	0,99	1,32	1,21	1,56	1,43	1,80	1,65
1,09	1,00	1,33	1,22	1,57	1,44	1,81	1,66
1,10	1,01	1,34	1,23	1,58	1,45	1,82	1,67
1,11	1,02	1,35	1,24	1,59	1,46	1,83	1,68
1,12	1,03	1,36	1,25	1,60	1,47	1,84	1,69
1,13	1,04	1,37	1,26	1,61	1,48	1,85	1,70
1,14	1,04	1,38	1,27	1,62	1,49	1,86	1,71
1,15	1,05	1,39	1,27	1,63	1,50	1,87	1,72
1,16	1,06	1,40	1,28	1,64	1,50	1,88	1,73
1,17	1,07	1,41	1,29	1,65	1,51	1,89	1,73
1,18	1,08	1,42	1,30	1,66	1,52	1,90	1,74
1,19	1,09	1,43	1,31	1,67	1,53	1,91	1,75
1,20	1,10	1,44	1,32	1,68	1,54	1,92	1,76
1,21	1,11	1,45	1,33	1,69	1,55	1,93	1,77
1,22	1,12	1,46	1,34	1,70	1,56	1,94	1,78
1,23	1,13	1,47	1,35	1,71	1,57	1,95	1,79
1,24	1,14	1,48	1,36	1,72	1,58	1,96	1,80
1,25	1,15	1,49	1,37	1,73	1,59	1,97	1,81
1,26	1,15	1,50	1,38	1,74	1,60	1,98	1,82
1,27	1,16	1,51	1,38	1,75	1,61	1,99	1,83
1,28	1,17	1,52	1,39	1,76	1,61	2,00	1,84
1,29	1,18	1,53	1,40	1,77	1,62		

MR = Medição realizada pelo etilômetro

VC = Valor considerado para autuação

EM = Erro máximo admissível

(*) Para definição do VC, foi deduzido da MR o EM (VC = MR - EM). No resultado do VC foram consideradas apenas duas casas decimais, desprezando-se as demais, sem arredondamento, observados os itens 4.1.2 e 5.3.1 do Regulamento Técnico Metrológico (Portaria nº 06/2002 do INMETRO), visto que o etilômetro apresenta MR com apenas duas casas decimais.

Erro máximo admissível (EM):

1. MR inferior a 0,40 mg/L: .... 0,032 mg/L
2. MR acima de 0,40 mg/L até 2,00 mg/L: 8%
3. MR acima de 2,00 mg/L: 30%

ANEXO II – SINAIS DE ALTERAÇÃO DA CAPACIDADE PSICOMOTORA

Informações mínimas que deverão constar no termo mencionado no art. 6º desta Resolução, para constatação dos sinais de alteração da capacidade psicomotora pelo agente da Autoridade de Trânsito:

I. Identificação do órgão ou entidade de trânsito fiscalizador;

II. Dados do condutor:

a. Nome;

b. Número do Prontuário da CNH e/ou do documento de identificação;

c. Endereço, sempre que possível.

III. Dados do veículo:

a. Placa/UF;

b. Marca;

IV. Dados da abordagem:

a. Data;

b. Hora;

c. Local;

d. Número do auto de infração.

V. Relato do condutor:

a. Envolveu-se em acidente de trânsito;

b. Declara ter ingerido bebida alcoólica, sim ou não (Em caso positivo, quando);

c. Declara ter feito uso de substância psicoativa que determine dependência, sim ou não (Em caso positivo, quando).

VI. Sinais observados pelo agente fiscalizador:

a. Quanto à aparência, se o condutor apresenta:

i. Sonolência;

ii. Olhos vermelhos;

iii. Vômito;

iv. Soluços;

v. Desordem nas vestes;

vi. Odor de álcool no hálito.

b. Quanto à atitude, se o condutor apresenta:

i. Agressividade;

ii. Arrogância;

iii. Exaltação;

iv. Ironia;

v. Falante;

vi. Dispersão.

c. Quanto à orientação, se o condutor:

i. sabe onde está;

ii. sabe a data e a hora.

d. Quanto à memória, se o condutor:

i. sabe seu endereço;

ii. lembra dos atos cometidos.

e. Quanto à capacidade motora e verbal, se o condutor apresenta:

i. Dificuldade no equilíbrio;

ii. Fala alterada.

VII. Afirmação expressa, pelo agente fiscalizador:

a. De acordo com as características acima descritas, constatei que o condutor acima qualificado, está (__) sob influência de álcool (__) sob influência de substância psicoativa.

b. O condutor (__) se recusou (__) não se recusou a realizar os testes, exames ou perícia que permitiriam certificar o seu estado quanto à alteração da capacidade psicomotora.

VIII. Quando houver testemunha(s), a identificação:

a. nome;

b. documento de identificação;

c. endereço;

d. assinatura.

IX. Dados do Policial ou do Agente da Autoridade de Trânsito:

a. Nome;

b. Matrícula;

c. Assinatura.

RESOLUÇÃO CONTRAN Nº 619, DE 6 DE SETEMBRO DE 2016

(*) *Atualizada até a Resolução CONTRAN nº 736, de 5.7.2018.*

Estabelece e normatiza os procedimentos para a aplicação das multas por infrações, a arrecadação e o repasse dos valores arrecadados, nos termos do inciso VIII do art. 12 da Lei nº 9.503, de 23 de setembro de 1997, que institui o Código de Trânsito Brasileiro – CTB, e dá outras providências.

O Conselho Nacional de Trânsito – CONTRAN, usando da competência que lhe confere os incisos I, II e VIII do art. 12, da Lei nº 9.503, de 23 de setembro de 1997, que instituiu o Código de Trânsito Brasileiro – CTB, e conforme o Decreto nº 4.711, de 29 de maio de 2003, que dispõe sobre a coordenação do Sistema Nacional de Trânsito – SNT,

Considerando a edição da Lei nº 13.281, de 4 de maio de 2016, que altera a Lei nº 9.503, de 23 de setembro de 1997, que instituiu o Código de Trânsito Brasileiro – CTB, e a Lei nº 13.146, de 6 de julho de 2015;

Considerando a necessidade de estabelecer e normatizar os procedimentos para a aplicação das multas por infrações, a arrecadação e o repasse dos valores arrecadados, nos termos do inciso VIII do art. 12 do CTB;

Considerando a necessidade de uniformizar e aperfeiçoar os procedimentos relativos à lavratura do Auto de Infração, expedição da notificação da autuação, identificação do condutor infrator e aplicação das penalidades de advertência por escrito e de multa, pelo cometimento de infrações de responsabilidade do proprietário ou do condutor do veículo, com vistas a garantir maior eficácia, segurança e transparência dos atos administrativos;

Considerando a necessidade do estabelecimento de regras e padronização de documentos para arrecadação de multas de trânsito e a retenção, recolhimento e a prestação de informações do percentual de cinco por cento do valor arrecadado das multas destinados à conta do Fundo Nacional de Segurança e Educação de Trânsito – FUNSET;

Considerando a necessidade de identificação inequívoca do real infrator e a necessidade de estabelecer as responsabilidades pelas infrações a partir de uma base de informações nacional única;

Considerando a necessidade de estabelecer regras e padronização para o acréscimo de juros de mora equivalentes à taxa referencial do Sistema Especial de Liquidação e de Custódia – Selic para títulos federais acumulada mensalmente, calculados a partir do mês subsequente ao da consolidação até o mês anterior ao do pagamento, e de 1% (um por cento) relativamente ao mês em que o pagamento estiver sendo efetuado;

Considerando o que consta do Processo nº 80001.002866/2003-35, resolve:

CAPÍTULO I – DAS DISPOSIÇÕES PRELIMINARES

Art. 1º. Estabelecer e normatizar os procedimentos para a aplicação das multas por infrações, a arrecadação e o repasse dos valores arrecadados, nos termos do inciso VIII do art. 12 da Lei nº 9.503, de 23 de setembro de 1997, que institui o Código de Trânsito Brasileiro – CTB.

Art. 2º. Para os fins previstos nesta Resolução, entende-se por:

I – Auto de Infração de Trânsito: é o documento que dá início ao processo administrativo para imposição de punição, em decorrência de alguma infração à legislação de trânsito.

II – notificação de autuação: é o procedimento que dá ciência ao proprietário do veículo de que foi cometida uma infração de trânsito com seu veículo. Caso a infração não tenha sido cometida pelo proprietário do veículo, deverá ser indicado o condutor responsável pelo cometimento da infração.

III – notificação de penalidade: é o procedimento que dá ciência da imposição de penalidade bem como indica o valor da cobrança da multa de trânsito.

IV – autuador: os órgãos e entidades executivos de trânsito e rodoviários competentes para julgar a defesa da autuação e aplicar penalidade de multa de trânsito;

V – arrecadador: os órgãos e entidades executivos de trânsito e rodoviários que efetuam a cobrança e o recebimento da multa de trânsito (de sua competência ou de terceiros), sendo responsáveis pelo repasse dos 5% (cinco por cento) do valor da multa de trânsito à conta do Fundo Nacional de Segurança e Educação de Trânsito – FUNSET;

VI – RENACH: Registro Nacional de Condutores Habilitados;

VII – RENAVAM: Registro Nacional de Veículos Automotores;

VIII – RENAINF: Registro Nacional de Infrações de Trânsito.

Art. 3º. Constatada a infração pela autoridade de trânsito ou por seu agente, ou ainda comprovada sua ocorrência por aparelho eletrônico ou por equipamento audiovisual, reações químicas ou qualquer outro meio tecnológico disponível, previamente regulamentado pelo Conselho Nacional de Trânsito – CONTRAN, será lavrado o Auto de Infração de Trânsito que deverá conter os dados mínimos definidos pelo art. 280 do CTB e em regulamentação específica.

§ 1º. O Auto de Infração de Trânsito de que trata o *caput* deste artigo poderá ser lavrado pela autoridade de trânsito ou por seu agente:

I – por anotação em documento próprio;

II – por registro em talão eletrônico isolado ou acoplado a equipamento de detecção de infração regulamentado pelo CONTRAN, atendido o procedimento definido pelo Departamento Nacional de Trânsito – DENATRAN; ou

III – por registro em sistema eletrônico de processamento de dados quando a infração for comprovada por equipamento de detecção provido de registrador de imagem, regulamentado pelo CONTRAN.

§ 2º. O órgão ou entidade de trânsito, sempre que possível, deverá imprimir o Auto de Infração de Trânsito elaborado nas formas previstas nos incisos II e III do parágrafo anterior para início do processo administrativo previsto no Capítulo XVIII do CTB, sendo dispensada a assinatura da Autoridade ou de seu agente.

§ 3º. O registro da infração, referido no inciso III do § 1º deste artigo, será referendado por autoridade de trânsito, ou seu agente, que será identificado no Auto de Infração de Trânsito.

§ 4º. Sempre que possível o condutor será identificado no momento da lavratura do Auto de Infração de Trânsito.

§ 5º. O Auto de Infração de Trânsito valerá como notificação da autuação quando for assinado pelo condutor e este for o proprietário do veículo.

§ 6º. Para que a notificação da autuação se dê na forma do § 5º, o Auto de Infração de Trânsito deverá conter o prazo para apresentação da defesa da autuação, conforme § 4º do art. 4º desta Resolução.

§ 7º. O talão eletrônico previsto no inciso II do § 1º desta Resolução trata-se de sistema informatizado (*software*) instalado em equipamentos preparados para este fim ou no próprio sistema de registro de infrações dos órgãos ou entidades de trânsito, na forma disciplinada pelo DENATRAN.

CAPÍTULO II – DA NOTIFICAÇÃO DA AUTUAÇÃO

Art. 4º. À exceção do disposto no § 5º do artigo anterior, após a verificação da regularidade e da consistência do Auto de Infração de Trânsito, a autoridade de trânsito expedirá, no prazo máximo de 30 (trinta) dias contados da data do cometimento da infração, a Notificação da Autuação dirigida ao proprietário do veículo, na qual deverão constar os dados mínimos definidos no art. 280 do CTB.

§ 1º. Quando utilizada a remessa postal, a expedição se caracterizará pela entrega da notificação da autuação pelo órgão ou entidade de trânsito à empresa responsável por seu envio.

§ 2º. Quando utilizado sistema de notificação eletrônica, a expedição se caracterizará pelo envio eletrônico da notificação da atuação pelo órgão ou entidade de trânsito ao proprietário do veículo.

§ 3º. A não expedição da notificação da autuação no prazo previsto no *caput* deste artigo ensejará o arquivamento do Auto de Infração de Trânsito.

§ 4º. Da Notificação da Autuação constará a data do término do prazo para a apresentação da Defesa da Autuação pelo proprietário do veículo ou pelo condutor infrator devidamente identificado, que não será inferior a 15 (quinze) dias, contados da data da notificação da autuação ou publicação por edital, observado o disposto no art. 13 desta Resolução.

§ 5º. A autoridade de trânsito poderá socorrer-se de meios tecnológicos para verificação da regularidade e da consistência do Auto de Infração de Trânsito.

§ 6º. Os dados do condutor identificado no Auto de Infração de Trânsito deverão constar na Notificação da Autuação, observada a regulamentação específica.

§ 7º. Torna-se obrigatório atualização imediata da base nacional, por parte dos órgãos e entidades executivos de trânsito dos Estados e do Distrito Federal, sempre que houver alteração dos dados cadastrais do veículo e do condutor.

Seção I – Da Identificação do Condutor Infrator

Art. 5º. Sendo a infração de responsabilidade do condutor, e este não for identificado no ato do cometimento da infração, a Notificação da Autuação deverá ser acompanhada do Formulário de Identificação do Condutor Infrator, que deverá conter, no mínimo:

I – identificação do órgão ou entidade de trânsito responsável pela autuação;

II – campos para o preenchimento da identificação do condutor infrator: nome e números de registro dos documentos de habilitação, identificação e CPF;

III – campo para a assinatura do proprietário do veículo;

IV – campo para a assinatura do condutor infrator;

V – placa do veículo e número do Auto de Infração de Trânsito;

VI – data do término do prazo para a identificação do condutor infrator e interposição da defesa da autuação;

VII – esclarecimento das consequências da não identificação do condutor infrator, nos termos dos §§ 7º e 8º do art. 257 do CTB;

VIII – instrução para que o Formulário de Identificação do Condutor Infrator seja acompanhado de cópia reprográfica legível do documento de habilitação do condutor infrator e do documento de identificação do proprietário do veículo ou seu representante legal, o qual, neste caso, deverá juntar documento que comprove a representação;

IX – esclarecimento de que a indicação do condutor infrator somente será acatada e produzirá efeitos legais se o formulário de identificação do condutor estiver corretamente preenchido, sem rasuras, com assinaturas originais do condutor e do proprietário do veículo e acompanhado de cópia reprográfica legível dos documentos relacionados no inciso anterior;

X – endereço para entrega do Formulário de Identificação do Condutor Infrator; e

XI – esclarecimento sobre a responsabilidade nas esferas penal, cível e administrativa, pela veracidade das informações e dos documentos fornecidos.

§ 1º. Na impossibilidade da coleta da assinatura do condutor infrator, além dos documentos previstos nos incisos deste artigo, deverá ser anexado ao Formulário de Identificação do Condutor Infrator:

I – ofício do representante legal do Órgão ou Entidade identificando o condutor infrator, acompanhado de cópia de documento que comprove a condução do veículo no momento do cometimento da infração, para veículo registrado em nome dos Órgãos ou Entidades da Administração Pública direta ou indireta da União, dos Estados, do Distrito Federal ou dos Municípios; ou

II – cópia de documento onde conste cláusula de responsabilidade por infrações cometidas pelo condutor e comprove a posse do veículo no momento do cometimento da infração, para veículos registrados em nome das demais pessoas jurídicas.

§ 2º. No caso de identificação de condutor infrator em que a situação se enquadre nas condutas previstas nos incisos do art. 162 do CTB, serão lavrados, sem prejuízo das demais sanções administrativas e criminais previstas no CTB, os respectivos Autos de Infração de Trânsito:

I – ao proprietário do veículo, por infração ao art. 163 do CTB, exceto se o condutor for o proprietário; e

II – ao condutor indicado, ou ao proprietário que não indicá-lo no prazo estabelecido, pela infração cometida de acordo com as condutas previstas nos incisos do art. 162 do CTB.

§ 3º. Ocorrendo a situação prevista no parágrafo anterior, o prazo para expedição da notificação da autuação de que trata o inciso II, parágrafo único, do art. 281 do CTB, será contado a partir da data do protocolo do Formulário de Identificação do Condutor Infrator junto ao órgão autuador ou do prazo final para indicação.

§ 4º. Em se tratando de condutor estrangeiro, além do atendimento às demais disposições deste artigo, deverão ser apresentadas cópias dos documentos previstos em legislação específica.

§ 5º. O formulário de identificação do condutor infrator poderá ser substituído por outro documento, desde que contenha as informações mínimas exigidas neste artigo.

§ 6º. Os órgãos e entidades de trânsito deverão registrar as indicações de condutor no RENACH, administrado pelo DENATRAN, o qual disponibilizará os registros de indicações de condutor de forma a possibilitar o acompanhamento e averiguações das reincidências e irregularidades nas indicações de condutor infrator, articulando-se, para este fim, com outros órgãos da Administração Pública.

§ 7º. Constatada irregularidade na indicação do condutor infrator, capaz de configurar ilícito penal, a Autoridade de Trânsito deverá comunicar o fato à autoridade competente.

§ 8º. O documento referido no inciso II do § 1º deverá conter, no mínimo, identificação do veículo, do proprietário e do condutor, cláusula de responsabilidade pelas infrações e período em que o veículo esteve na posse do condutor apresentado, podendo esta última informação constar de documento em separado assinado pelo condutor.

Seção II – Responsabilidade do Proprietário

Art. 6º. O proprietário do veículo será considerado responsável pela infração cometida, respeitado o disposto no § 2º do art. 5º, nas seguintes situações:

I – caso não haja identificação do condutor infrator até o término do prazo fixado na Notificação da Autuação;

II – caso a identificação seja feita em desacordo com o estabelecido no artigo anterior; e

III – caso não haja registro de comunicação de venda à época da infração.

Art. 7º. Ocorrendo a hipótese prevista no artigo anterior e sendo o proprietário do veículo pessoa jurídica, será imposta multa, nos termos do § 8º do art. 257 do CTB, expedindo-se a notificação desta ao proprietário do veículo, nos termos de regulamentação específica.

Art. 8º. Para fins de cumprimento desta Resolução, no caso de veículo objeto de penhor ou de contrato de arrendamento mercantil, comodato, aluguel ou arrendamento não vinculado ao financiamento do veículo, o possuidor, regularmente constituído e devidamente registrado no órgão ou entidade executivo de trânsito do Estado ou Distrito Federal, nos termos de regulamentação específica, equipara-se ao proprietário do veículo.

Parágrafo único. As notificações de que trata esta Resolução somente deverão ser enviadas ao possuidor previsto neste artigo no caso de contrato com vigência igual ou superior a 180 (cento e oitenta) dias.

Seção III – Da Defesa da Autuação

Art. 9º. Interposta a Defesa da Autuação, nos termos do § 3º do art. 4º desta Resolução, caberá à autoridade competente apreciá-la, inclusive quanto ao mérito.

§ 1º. Acolhida a Defesa da Autuação, o Auto de Infração de Trânsito será cancelado, seu registro será arquivado e a autoridade de trânsito comunicará o fato ao proprietário do veículo.

§ 2º. Não sendo interposta Defesa da Autuação no prazo previsto ou não acolhida, a autoridade de trânsito aplicará a penalidade correspondente, nos termos desta Resolução.

CAPÍTULO III – DA PENALIDADE DE ADVERTÊNCIA POR ESCRITO

Art. 10. Em se tratando de infrações de natureza leve ou média, a autoridade de trânsito, nos termos do art. 267 do CTB, poderá, de ofício ou por solicitação do interessado, aplicar a Penalidade de Advertência por Escrito, na qual deverão constar os dados mínimos definidos no art. 280 do CTB e em regulamentação específica.

§ 1º. Até a data do término do prazo para a apresentação da defesa da autuação, o proprietário do veículo, ou o condutor infrator, poderá requerer à autoridade de trânsito a aplicação da Penalidade de Advertência por Escrito de que trata o *caput* deste artigo.

§ 2º. Não cabe recurso à Junta Administrativa de Recursos de Infrações – JARI da decisão da autoridade que aplicar a Penalidade de Advertência por Escrito solicitada com base no § 1º, exceto se essa solicitação for concomitante à apresentação de defesa da autuação.

§ 3º. Para fins de análise da reincidência de que trata o *caput* do art. 267 do CTB, deverá ser considerada apenas a infração referente à qual foi encerrada a instância administrativa de julgamento de infrações e penalidades.

§ 4º. A aplicação da Penalidade de Advertência por Escrito deverá ser registrada no prontuário do infrator depois de encerrada a instância administrativa de julgamento de infrações e penalidades.

§ 5º. Para fins de cumprimento do disposto neste artigo, o DENATRAN deverá disponibilizar transação específica para registro da Penalidade de Advertência por Escrito no RENACH e no RENAVAM, bem como, acesso às informações contidas no prontuário dos condutores e veículos para consulta dos órgãos e entidades componentes do Sistema Nacional de Trânsito.

§ 6º. A Penalidade de Advertência por Escrito deverá ser enviada ao infrator, no endereço constante em seu prontuário ou por sistema de notificação eletrônica, se disponível.

§ 7º. A aplicação da Penalidade de Advertência por Escrito não implicará em registro de pontuação no prontuário do infrator.

§ 8º. Caso a autoridade de trânsito não entenda como medida mais educativa a aplicação da Penalidade de Advertência por Escrito, aplicará a Penalidade de Multa.

§ 9º. A notificação devolvida por desatualização do endereço do infrator junto ao órgão ou entidade executivo de trânsito responsável pelo seu prontuário será considerada válida para todos os efeitos.

§ 10. Na hipótese de notificação por meio eletrônico, se disponível, o proprietário ou o condutor autuado será considerado notificado 30 (trinta) dias após a inclusão da informação no sistema eletrônico.

§ 11. Para cumprimento do disposto no § 1º, o infrator deverá apresentar, ao órgão ou entidade responsável pela aplicação da penalidade, documento emitido pelo órgão ou entidade executivo de trânsito responsável pelo seu prontuário, que demonstre as infrações cometidas, se houverem, referente aos últimos 12 (doze) meses anteriores à data da infração, caso essas informações não estejam disponíveis no RENACH.

§ 12. Até que as providências previstas no § 5º sejam disponibilizadas aos órgãos autuadores, a Penalidade de Advertência por Escrito poderá ser aplicada por solicitação da parte interessada.

§ 13. Para atendimento do disposto neste artigo, os órgãos e entidades executivos de trânsito dos Estados e do Distrito Federal deverão registrar e atualizar os registros de infrações e os dados dos condutores por eles administrados nas bases de informações do DENATRAN.

CAPÍTULO IV – DA NOTIFICAÇÃO DA PENALIDADE DE MULTA

Art. 11. A Notificação da Penalidade de Multa deverá conter:

I – os dados mínimos definidos no art. 280 do CTB e em regulamentação específica;

II – a comunicação do não acolhimento da Defesa da Autuação ou da solicitação de aplicação da Penalidade de Advertência por Escrito;

III – o valor da multa e a informação quanto ao desconto previsto no art. 284 do CTB;

IV – data do término para apresentação de recurso, que será a mesma data para pagamento da multa, conforme §§ 4º e 5º do art. 282 do CTB;

V – campo para a autenticação eletrônica, regulamentado pelo DENATRAN; e

VI – instruções para apresentação de recurso, nos termos dos arts. 286 e 287 do CTB.

Parágrafo único. O órgão ou entidade integrante do Sistema Nacional de Trânsito responsável pela expedição da Notificação da Penalidade de Multa deverá utilizar documento próprio para arrecadação de multa que contenha as características estabelecidas pelo DENATRAN.

Art. 12. Até a data de vencimento expressa na Notificação da Penalidade de Multa ou enquanto permanecer o efeito suspensivo sobre o Auto de Infração de Trânsito, não incidirá qualquer restrição, inclusive para fins de licenciamento e transferência, nos arquivos do órgão ou entidade executivo de trânsito responsável pelo registro do veículo.

CAPÍTULO V – DA NOTIFICAÇÃO POR EDITAL

Art. 13. Esgotadas as tentativas para notificar o infrator ou o proprietário do veículo por meio postal ou pessoal, as notificações de que trata esta Resolução serão realizadas por edital publicado em diário oficial, na forma da lei, respeitados o disposto no §1º do art. 282 do CTB e os prazos prescricionais previstos na Lei nº 9.873, de 23 de novembro de 1999, que estabelece prazo de prescrição para o exercício de ação punitiva.

§ 1º. Os editais de que trata o *caput* deste artigo, de acordo com sua natureza, deverão conter, no mínimo, as seguintes informações:

I – Edital da Notificação da Autuação:

a) cabeçalho com identificação do órgão autuador e do tipo de notificação;

b) instruções e prazo para apresentação de defesa da autuação;

c) lista com a placa do veículo, número do Auto de Infração de Trânsito, data da infração e código da infração com desdobramento.

II – Edital da Notificação da Penalidade de Advertência por Escrito:

a) cabeçalho com identificação do órgão autuador e do tipo de notificação;

b) instruções e prazo para interposição de recurso, observado o disposto no § 2º do art. 10 desta Resolução;

c) lista com a placa do veículo, número do Auto de Infração de Trânsito, data da infração, código da infração com desdobramento e número de registro do documento de habilitação do infrator.

III – Edital da Notificação da Penalidade de Multa:

a) cabeçalho com identificação do órgão autuador e do tipo de notificação;

b) instruções e prazo para interposição de recurso e pagamento;

c) lista com a placa do veículo, número do Auto de Infração de Trânsito, data da infração, código da infração com desdobramento e valor da multa.

§ 2º. É facultado ao órgão autuador publicar extrato resumido de edital no Diário Oficial, o qual conterá as informações constantes das alíneas "a" e "b" dos incisos I, II ou III do §1º deste artigo, sendo obrigatória a publicação da íntegra do edital, contendo todas as informações descritas no §1º deste artigo, no seu sítio eletrônico na Internet.

§ 3º. As publicações de que trata este artigo serão válidas para todos os efeitos, não isentando o órgão de trânsito de disponibilizar as informações das notificações, quando solicitado.

§ 4º. As notificações enviadas eletronicamente dispensam a publicação por edital.

CAPÍTULO VI – DOS RECURSOS ADMINISTRATIVOS

Art. 14. Aplicadas as penalidades de que trata esta Resolução, caberá recurso em primeira instância na forma dos arts. 285, 286 e 287 do CTB, que serão julgados pelas JARI que funcionam junto ao órgão de trânsito que aplicou a penalidade, respeitado o disposto no § 2º do art. 10 desta Resolução.

Art. 15. Das decisões da JARI caberá recurso em segunda instância na forma dos arts. 288 e 289 do CTB.

Art. 16. O recorrente deverá ser informado das decisões dos recursos de que tratam os arts. 14 e 15.

Parágrafo único. No caso de deferimento do recurso de que trata o art. 13, o recorrente deverá ser informado se a autoridade recorrer da decisão.

Art. 17. Somente depois de esgotados os recursos, as penalidades aplicadas poderão ser cadastradas no RENACH.

CAPÍTULO VII – DO VALOR PARA PAGAMENTO DA MULTA

Art. 18. Sujeitam-se ao disposto no § 4º do art. 284 do CTB apenas os autos de infrações lavrados a partir de 1º de novembro de 2016.

Seção I – Para pagamento até a data de vencimento indicada na Notificação de Penalidade

Art. 19. Pelo valor equivalente a 80% (oitenta por cento) do valor original da multa conforme *caput* do art. 284, conforme:

I – fórmula: Valor original x 0,80 = valor a pagar.

Art. 20. Pelo valor equivalente a 60% (sessenta por cento) do valor original da multa, quando da opção precedente de recebimento da Notificação pelo sistema de notificação eletrônica, quando disponibilizada pelo órgão máximo executivo de trânsito da União aos órgãos autuadores, conforme previsto no § 1º do art. 284 do CTB, conforme:

I – fórmula: Valor original x 0,60 = valor a pagar.

Seção II – Para pagamento após a data de vencimento indicada na Notificação de Penalidade

Art. 21. Para quitação no período compreendido entre a data imediata após o vencimento, até o último dia do mês seguinte ao do vencimento, pelo valor original da multa acrescido de juros relativos ao mês de pagamento, no percentual de 1% (um por cento), conforme:

I – fórmula: Valor original x 1,01 = valor corrigido a pagar.

Art. 22. Para quitação após o mês subsequente ao do vencimento, pelo valor original da multa, acrescido da variação mensal da taxa referencial do Sistema Especial de Liquidação e de Custódia – Selic, definida pelo somatório dos percentuais mensais, não capitalizados, divulgados para o período entre o mês subsequente ao do vencimento e o mês anterior ao do pagamento, inclusive e adicionado ainda, o percentual de 1% (um por cento) relativo a juros do mês de pagamento, qualquer que seja o dia desse mês considerado, conforme:

I – fórmulas: Período = incluir mês subsequente ao vencimento e excluir o mês de pagamento;

II – valor: Valor original x fator multiplicador = valor a pagar;

III – fator multiplicador: 1,01 + (soma percentuais mensais da SELIC do período).

§ 1º. O cálculo do acréscimo de mora e o valor atualizado devido, com base na variação da taxa SELIC indicado neste artigo serão mantidos pelo órgão arrecadador, que aplicará a variação mensal acumulada da taxa básica de juros SELIC, proveniente do somatório dos índices de correção no período divulgados pelo Banco Central do Brasil – BACEN, cujo índice obtido e montante atualizado serão definidos com duas casas decimais, desprezadas as demais sem arredondamento, como forma de uniformizar o valor resultante.

§ 2º. O cálculo adicional de juros de mora, não capitalizado, com índice fixo de 1% (um por cento), relativo ao acréscimo do mês de pagamento, em que não ocorrerá o cômputo da variação mensal da taxa SELIC, será também mantido pelo órgão arrecadador, complementando o valor final do débito vencido, válido até o último dia útil do mês de pagamento considerado.

§ 3º. O usuário devedor da multa imposta será orientado por texto na Notificação de Penalidade sobre a validade do documento para fins de pagamento, cujo prazo coincide com o vencimento indicado, após o que deverá ser consultado o órgão autuador e/ou arrecadador, para a obtenção do valor atualizado para pagamento.

§ 4º. Interposto recurso no prazo legal, se julgado improcedente, a incidência de juros de mora deverá ser considerado♦ a partir do encerramento da instância administrativa.

♦ *Conforme Diário Oficial. Entendemos que o correto seja: "considerada".* [N.E.]

§ 5º. A interposição do recurso fora do prazo legal ensejará a cobrança de juros de mora a partir do vencimento da Notificação de Penalidade.

CAPÍTULO VIII – DA ARRECADAÇÃO DAS MULTAS E DO REPASSE DOS VALORES

Art. 23. Os órgãos e entidades executivos de trânsito e executivos rodoviários dos Estados, do Distrito Federal e dos Municípios, integrantes do Sistema Nacional de Trânsito – SNT, para arrecadarem multas de trânsito de sua competência ou de terceiros, deverão utilizar o documento próprio de arrecadação de multas de trânsito estabelecido pelo DENATRAN, com vistas a garantir o repasse automático dos valores relativos ao FUNSET.

§ 1º. O recolhimento do percentual de 5% (cinco por cento) do valor arrecadado das multas de trânsito à conta do FUNSET é de responsabilidade do órgão de trânsito arrecadador.

§ 2º. O pagamento das multas de trânsito será efetuado na rede bancária arrecadadora.

§ 3º. O recebimento de multas pela rede arrecadadora será feito exclusivamente à vista e de forma integral, podendo ser realizado parcelamento, por meio de cartão de crédito, por conta e risco de instituições integrantes do Sistema de Pagamentos Brasileiro (SPB).

(*) *§ 3º com redação dada pela Resolução CONTRAN nº 697, de 10.10.2017.*

Art. 24. Os órgãos autuadores da União, para arrecadarem multas de trânsito de sua competência, deverão utilizar a Guia de Recolhimento da União – GRU do tipo Cobrança, observado o Decreto n.º 4.950, de 9 de janeiro de 2004 e a Instrução Normativa da Secretaria do Tesouro Nacional – STN nº 2, de 22 de maio de 2009, e suas alterações posteriores.

Parágrafo único. O recolhimento do percentual de 5% (cinco por cento) do valor arrecadado das multas de trânsito à conta do FUNSET pelos órgãos autuadores da União dar-se-á na forma estabelecida pela Secretaria do Tesouro Nacional – STN, do Ministério da Fazenda.

Art. 25. Os demais órgãos e entidades integrantes do Sistema Nacional de Trânsito, arrecadadores de multas de trânsito, de sua competência ou de terceiros, e recolhedores de valores à conta do Fundo Nacional de Segurança e Educação de Trânsito – FUNSET deverão prestar informações ao DENATRAN até o 20º (vigésimo) dia do mês subsequente ao da arrecadação, na forma disciplinada pelo próprio DENATRAN.

Art. 25-A. Os órgãos e entidades integrantes do Sistema Nacional de Trânsito poderão firmar, sem ônus para si, acordos e parcerias técnico-operacionais para viabilizar o pagamento de multas de trânsito e demais débitos relativos ao veículo com cartões de débito ou crédito, disponibilizando aos infratores ou proprietários de veículos alternativas para quitar seus débitos à vista ou em parcelas mensais, com a imediata regularização da situação do veículo.

§ 1º. Os órgãos e entidades integrantes do Sistema Nacional de Trânsito deverão solicitar autorização ao Departamento Nacional de Trânsito – DENATRAN para viabilizar o pagamento de multas de trânsito e demais débitos relacionados a veículos com cartões de débito ou crédito.

§ 2º. A autorização de que trata o § 1º será expedida pelo DENATRAN por meio de Ofício ao dirigente máximo da entidade solicitante.

§ 3º. Os órgãos e entidades integrantes do Sistema Nacional de Trânsito autorizados pelo DENATRAN poderão promover a habilitação, por meio de contratação ou credenciamento, de empresas credenciadoras (adquirentes), subcredenciadora (subadquirentes) ou facilitadoras para processar as operações e os respectivos pagamentos.

§ 4º. As empresas referidas no §3º deverão estar previamente credenciadas pelo DENATRAN, na forma de normativo a ser editado por aquele órgão, e serem autorizadas, por instituição credenciadora supervisionada pelo Banco Central do Brasil, a processar pagamentos, inclusive parcelados, mediante uso de cartões de débito e crédito normalmente aceitos no mercado, sem restrição de bandeiras, e apresentar ao interessado os planos de pagamento dos débitos em aberto, possibilitando ao titular do cartão conhecer previamente os custos adicionais de cada forma de pagamento e decidir pela opção que melhor atenda às suas necessidades.

§ 5º. Os encargos e eventuais diferenças de valores a serem cobrados por conta do parcelamento via cartão de crédito ficam a cargo do titular do cartão de crédito que aderir a essa modalidade de pagamento.

§ 6º. Os órgãos e entidades integrantes do Sistema Nacional de Trânsito que adotarem essa modalidade de arrecadação de multas por meio de cartões de débito ou crédito deverão encaminhar relatórios mensais ao DENATRAN contendo o montante arrecadado de forma discriminada, para fins de controle dos repasses relativos ao FUNSET.

§ 7º. Na ausência de prestação de contas a que se refere o §6º, o DENATRAN poderá suspender a autorização para que os órgãos e entidades de trânsito admitam o pagamento parcelado ou à vista de multas de trânsito por meio de cartões de débito ou crédito.

§ 8º. O parcelamento poderá englobar uma ou mais multas de trânsito vinculadas ao veículo.

§ 9º. A aprovação e efetivação do parcelamento por meio do Cartão de Crédito pela Operadora de Cartão de Crédito libera o licenciamento do veículo e a respectiva emissão do Certificado de Registro de Licenciamento do Veículo – CRLV.

§ 10. O pagamento parcelado de multas já vencidas deverá ser acrescido de juros de mora equivalentes à taxa referencial do Sistema Especial de Liquidação e de Custódia (SELIC), nos termos do § 4º do art. 284 do CTB, conforme disciplinado pelos artigos 21 e 22 desta Resolução.

§ 11. O valor total do parcelamento, excluído a taxa sobre a operação de Cartão de Crédito, deverá ser considerada como receita arrecadada, para fins de aplicação de recurso, conforme o art. 320 do CTB, bem como para fato gerador do repasse relativo ao FUNSET.

§ 12. Ficam excluídos do parcelamento disposto neste artigo:

I – as multas inscritas em dívida ativa;

II – os parcelamentos inscritos em cobrança administrativa;

III – os veículos licenciados em outras Unidades da Federação; e

IV – multas aplicadas por outros órgãos autuadores que não autorizam o parcelamento ou arrecadação por meio de cartões de crédito ou débito.

§ 13. O órgão ou entidade de trânsito autuador da multa de trânsito é o competente para autorizar o parcelamento, em caráter facultativo, podendo delegar tal competência, na forma do art. 25 do CTB.

§ 14. O DENATRAN ficará responsável por autorizar e fiscalizar as operações dos órgãos de trânsito que adotarem a modalidade de parcelamento com Cartão de Crédito para o pagamento das multas de trânsito, bem como para credenciar as empresas, regulamentando as disposições deste artigo.

§ 15. O credenciamento de pessoas jurídicas para prestação dos serviços previstos nesta Resolução será feito exclusivamente pelo DENATRAN e deverá ser antecedido da comprovação de:

I – habilitação jurídica;

II – regularidade fiscal e trabalhista;

III – qualificação econômico-financeira; e

IV – qualificação técnica.

(*) *Art. 25-A acrescido pela Resolução CONTRAN nº 697, de 10.10.2017, e com redação dada pela Resolução CONTRAN nº 736, de 5.7.2018.*

CAPÍTULO IX – DAS DISPOSIÇÕES FINAIS

Art. 26. Nos casos dos veículos registrados em nome de missões diplomáticas, repartições consulares de carreira ou representações de organismos internacionais e de seus integrantes, as notificações de que trata esta Resolução, respeitado o disposto no § 6º do art. 10, deverão ser enviadas ao endereço constante no registro do veículo junto ao órgão executivo de trânsito do Estado ou Distrito Federal e comunicadas ao Ministério das Relações Exteriores para as providências cabíveis, na forma definida pelo DENATRAN.

Art. 27. A contagem dos prazos para apresentação de condutor e interposição da Defesa da Autuação e dos recursos de que trata esta Resolução será em dias consecutivos, excluindo-se o dia da notificação ou publicação por meio de edital, e incluindo-se o dia do vencimento.

Parágrafo único. Considera-se prorrogado o prazo até o primeiro dia útil se o vencimento cair em feriado, sábado, domingo, em dia que não houver expediente ou este for encerrado antes da hora normal.

Art. 28. No caso de falha nas notificações previstas nesta Resolução, a autoridade de trânsito poderá refazer o ato, observados os prazos prescricionais.

Art. 29. A notificação da autuação e a notificação da penalidade de multa deverão ser encaminhadas à pessoa física ou jurídica que conste como proprietária do veículo na data da infração, respeitado o disposto no § 6º do art. 10.

§ 1º. Caso o Auto de Infração de Trânsito não conste no prontuário do veículo na data do registro da transferência de propriedade, o proprietário atual será considerado comunicado quando do envio, pelo órgão ou entidade executivos de trânsito, do extrato para pagamento do IPVA e demais débitos vinculados ao veículo, ou quando do vencimento do prazo de licenciamento anual.

§ 2º. O DENATRAN deverá adotar as providências necessárias para fornecer aos órgãos de trânsito responsáveis pela expedição das notificações os dados da pessoa física ou jurídica que constava como proprietário do veículo na data da infração.

§ 3º. Até que sejam disponibilizadas as informações de que trata o § 2º, as notificações enviadas ao proprietário atual serão consideradas válidas para todos os efeitos, podendo este informar ao órgão autuador os dados do proprietário anterior para continuidade do processo de notificação.

§ 4º. Após efetuar a venda do veículo, caso haja Auto de Infração de Trânsito em seu nome, a pessoa física ou jurídica que constar como proprietária do veículo na data da infração deverá providenciar atualização de seu endereço junto ao órgão ou entidade de trânsito de registro do veículo.

§ 5º. Caso não seja providenciada a atualização do endereço prevista no § 4º, a notificação devolvida por esse motivo será considerada válida para todos os efeitos.

Art. 30. É facultado antecipar o pagamento do valor correspondente à multa, junto ao órgão ou entidade de trânsito responsável pela aplicação dessa penalidade, em qualquer fase do processo administrativo, sem prejuízo da continuidade dos procedimentos previstos nesta Resolução para expedição das notificações, apresentação da defesa da autuação e dos respectivos recursos.

Parágrafo único. Caso o pagamento tenha sido efetuado antecipadamente, conforme previsto no *caput*, a Notificação da Penalidade deverá ser expedida com a informação de que a multa encontra-se paga, com a indicação do prazo para interposição do recurso e sem código de barras para pagamento.

Art. 31. Os procedimentos para apresentação de defesa de autuação e recursos, previstos nesta Resolução, atenderão ao disposto em regulamentação específica.

Art. 32. Aplica-se o disposto nesta Resolução, no que couber, às autuações em que a responsabilidade pelas infrações não sejam do proprietário ou condutor do veículo, até que os procedimentos sejam definidos por regulamentação específica.

Art. 33. Aplicam-se a esta Resolução os prazos prescricionais previstos na Lei nº 9.873, de 23 de novembro de 1999, que estabelece prazo de prescrição para o exercício de ação punitiva.

Parágrafo único. O DENATRAN definirá os procedimentos para aplicação uniforme dos preceitos da lei de que trata o *caput* pelos demais órgãos e entidades do Sistema Nacional de Trânsito.

Art. 34. Fica o DENATRAN autorizado a expedir normas complementares para o fiel cumprimento das disposições contidas nesta Resolução.

Art. 35. Esta Resolução entra em vigor em 1º de novembro de 2016, quando fica revogada a Resolução CONTRAN nº 404, de 12 de junho de 2012.

Elmer Coelho Vicenzi, Presidente – DOU de 8.9.2016

RESOLUÇÃO CONTRAN Nº 622, DE 6 DE SETEMBRO DE 2016

(*) *Atualizada até a Resolução CONTRAN nº 636, de 30.11.2016.*

Estabelece o Sistema de Notificação Eletrônica.

O Conselho Nacional de Trânsito – CONTRAN, no uso da competência que lhe confere o art. 12, inciso I, da Lei nº 9.503, de 23 de setembro de 1997, que instituiu o Código de Trânsito Brasileiro e nos termos do disposto no Decreto nº 4.711, de 29 de maio de 2003, que trata da Coordenação do Sistema Nacional de Trânsito (SNT);

Considerando o disposto no *caput* do art. 282 do CTB acerca da possibilidade de utilização de meios tecnológicos hábeis para assegurar a ciência das notificações das infrações de trânsito;

Considerando o disposto no §1º do art. 284 do CTB, com redação dada pela Lei nº 13.281, de 4 de maio de 2016, acerca da possibilidade de o infrator efetuar o pagamento da multa por 60% (sessenta por cento) do seu valor, em qualquer fase do processo, até o vencimento da multa, caso opte pelo Sistema de Notificação Eletrônica, e opte por não apresentar defesa prévia nem recurso, reconhecendo o cometimento da infração;

Considerando que os meios de comunicação via internet possibilitam o conhecimento, por parte do cidadão, dos atos administrativos de forma ágil e eficiente, observados os princípios do devido processo legal, ampla defesa e contraditório;

Considerando a necessidade de instituição de um sistema nacional que garanta a plena efetividade do disposto no art. 282-A e no § 1º do art. 284, do CTB; e

Considerando o constante dos autos do processo nº 80000.044796/2013-74, resolve:

CAPÍTULO I – DISPOSIÇÕES PRELIMINARES

Art. 1º. Fica instituído o Sistema de Notificação Eletrônica, sob a coordenação do Departamento Nacional de Trânsito – DENATRAN.

(*) *Art. 1º com redação dada pela Resolução CONTRAN nº 636, de 30.11.2016.*

Art. 2º. O Sistema de Notificação Eletrônica é o único meio tecnológico hábil, de que trata o *caput* do art. 282, do Código de Trânsito Brasileiro – CTB, admitido para assegurar a ciência das notificações de infrações de trânsito e será certificado digitalmente, atendidos os requisitos de autenticidade, integridade, validade jurídica e interoperabilidade da Infraestrutura de Chaves Públicas Brasileira – ICP-Brasil.

Art. 3º. Compete ao DENATRAN:

I – organizar e manter o Sistema de Notificação Eletrônica;

II – desenvolver e padronizar os procedimentos operacionais do Sistema de Notificação Eletrônica;

III – assegurar a correta gestão do Sistema de Notificação Eletrônica;

IV – definir as atribuições operacionais dos órgãos e entidades integradas;

V – cumprir e fazer cumprir esta Resolução e as instruções complementares;

VI – arbitrar conflitos entre os participantes.

CAPÍTULO II – DO SISTEMA DE NOTIFICAÇÃO ELETRÔNICA

Art. 4º. O Sistema de Notificação Eletrônica é um meio de comunicação virtual, disponibilizado pelo DENATRAN aos órgãos e entidades integrados ao SNT e aos proprietários de veículos e condutores habilitados, que permite receber e enviar informativos, comunicados e documentos em formato digital, mediante adesão prévia.

(*) *Art. 4º com redação dada pela Resolução CONTRAN nº 636, de 30.11.2016.*

Art. 5º. Os órgãos e entidades integrados ao SNT poderão disponibilizar e receber, no Sistema de Notificação Eletrônica, informativos, comunicados e documentos, relativos a:

(*) *Art. 5º,* caput, *com redação dada pela Resolução CONTRAN nº 636, de 30.11.2016.*

I – notificação de autuação;

II – notificação de penalidade de multa;

III – notificação de penalidade de advertência por escrito;

IV – interposição de defesa da autuação;

V – interposição de recursos administrativos de infrações de trânsito;

VI – resultado de julgamentos;

VII – indicação de condutor infrator;

VIII – resultado da identificação do condutor infrator;

IX – campanhas educativas de trânsito;

X – outros documentos e informes de suas competências.

§ 1º. O acesso ao Sistema de Notificação Eletrônica será disponibilizado mediante controle de segurança para garantir a inviolabilidade da informação.

(*) *§ 1º com redação dada pela Resolução CONTRAN nº 636, de 30.11.2016.*

§ 2º. É de exclusiva responsabilidade do usuário o acesso ao Sistema de Notificação Eletrônica, respondendo este por todos os atos praticados.

§ 3º. O proprietário ou o condutor autuado que optar pela notificação por meio eletrônico deverá manter seu cadastro atualizado no órgão executivo de trânsito do Estado ou do Distrito Federal.

§ 4º. No cadastrado de que trata o § 3º deverá constar o endereço eletrônico e telefone celular do proprietário ou condutor autuado para receber alertas a respeito de possíveis notificações em seu nome.

§ 5º. Na hipótese de notificação por meio eletrônico, o proprietário ou o condutor autuado será considerado notificado 30 (trinta) dias após a inclusão da informação no sistema eletrônico.

§ 6º. Independentemente do acesso regular ao Sistema, prevalecem, para todos os efeitos, os prazos estabelecidos nas notificações, informativos, comunicados e documentos nele disponibilizados.

§ 7º. A utilização do Sistema de Notificação Eletrônica substitui qualquer outra forma de notificação para todos os efeitos legais.

Art. 6º. Considera-se expedida a notificação de autuação, para fins de cumprimento do prazo de 30 (trinta) dias de que trata o inciso II do parágrafo único do art. 281 do CTB, com a efetiva disponibilização da notificação no Sistema de Notificação Eletrônica, devendo essa informação ser registrada no sistema.

Art. 7º. A adesão dos órgãos do SNT ao Sistema de Notificação Eletrônica poderá ser realizada junto aos Órgãos e Entidades Executivos de Trânsito dos Estados e do Distrito Federal, quando disponível, ou via outros mecanismos a serem especificados, abrangendo a possibilidade de comunicação de outros órgãos e entidades do SNT referente a veículos e condutores neles registrados.

(*) *Art. 7º,* caput, *com redação dada pela Resolução CONTRAN nº 636, de 30.11.2016.*

§ 1º. (Revogado).

(*) *§ 1º. revogado pela Resolução CONTRAN nº 636, de 30.11.2016.*

§ 2º. (Revogado).

(*) *§ 2º. revogado pela Resolução CONTRAN nº 636, de 30.11.2016.*

§ 3º. (Revogado).

(*) *§ 3º. revogado pela Resolução CONTRAN nº 636, de 30.11.2016.*

Art. 7º-A. A adesão dos proprietários e condutores ao Sistema de Notificação Eletrônica poderá ser realizada junto aos Órgãos e Entidades Executivos de Trânsito dos Estados e do Distrito Federal, quando disponível, ou via outros mecanismos disponibilizados.

(*) *Art. 7º-A acrescido pela Resolução CONTRAN nº 636, de 30.11.2016.*

Art. 7º-B. O cancelamento do acesso ao Sistema de Notificação Eletrônica dar-se-á:

(*) *Art. 7º-B acrescido pela Resolução CONTRAN nº 636, de 30.11.2016.*

I – por livre iniciativa do usuário; ou

II – a critério do órgão ou entidade do SNT detentor do meio tecnológico disponibilizado, desde que justificado.

§ 1º. Após a comunicação de venda ou a transferência de propriedade de veículo cadastrado no SNE, o vínculo entre o proprietário anterior aderente ao SNE e o veículo será cancelado.

§ 2º. As notificações disponibilizadas no Sistema de Notificação Eletrônica até o dia do cancelamento do acesso permanecerão válidas para fins de comprovação da notificação do infrator.

Art. 8º. Os órgãos e entidades integrantes do SNT, para arrecadarem multas de trânsito de sua competência ou de terceiros, por meio do Sistema de Notificação Eletrônica, deverão utilizar o documento próprio de arrecadação de multas de trânsito estabelecido pelo DENATRAN, com vistas a garantir o repasse automático dos valores relativos ao Fundo Nacional de Segurança e Educação de Trânsito – FUNSET.

§ 1º. Os documentos de arrecadação de multas de trânsito serão gerados pelos órgãos autuadores, e disponibilizados pelo Sistema de Notificação Eletrônica, na seguinte forma:

I – com desconto de 40% nas condições estabelecidas pelo § 1º do art. 284 do CTB;

II – com desconto de 20%, até o vencimento, nos termos do *caput* do art. 284 do CTB, facultando a possibilidade do infrator apresentar defesa ou recurso.

III – acrescido de juros de mora, nos termos do § 4º do art. 284 do CTB e conforme Resolução CONTRAN nº 619, de 6 de setembro de 2016.

(*) *§ 1º com redação dada pela Resolução CONTRAN nº 636, de 30.11.2016.*

§ 2º. O recolhimento do percentual de 5% (cinco por cento) do valor arrecadado das multas de trânsito à conta do FUNSET é de responsabilidade do órgão de trânsito arrecadador.

§ 3º. O pagamento das multas de trânsito será efetuado na rede bancária arrecadadora.

§ 4º. O Sistema de Notificação Eletrônica não permitirá o parcelamento das multas de trânsito.

Art. 9º. Os valores pelo recebimento e envio de informativos, comunicados e documentos em formato digital serão cobrados dos órgãos e integrantes do SNT, que aderirem ao Sistema de Notificação Eletrônica, na forma estabelecida pelas instruções complementares emitidas pelo DENATRAN.

(*) *Art. 9º com redação dada pela Resolução CONTRAN nº 636, de 30.11.2016.*

CAPÍTULO III – DAS DISPOSIÇÕES GERAIS

Art. 10. (Revogado).

(*) *Art. 10 revogado pela Resolução CONTRAN nº 636, de 30.11.2016.*

Art. 11. O Sistema de Notificação Eletrônica disponibilizará o Formulário de Identificação do Condutor Infrator, referente às notificações de autuação informadas eletronicamente.

(*) *Art. 11 com redação dada pela Resolução CONTRAN nº 636, de 30.11.2016.*

Art. 12. As unidades de tecnologia da informação dos órgãos e entidades componentes do SNT deverão manter sistema de segurança de acesso que garanta a preservação e a integridade dos dados publicados eletronicamente, por um prazo mínimo de 5 (cinco) anos.

Art. 13. O DENATRAN regulamentará a presente Resolução no tocante às especificações técnicas do Sistema de Notificação Eletrônica.

Art. 14. Aplicam-se as disposições contidas em outros normativos do CONTRAN relacionadas ao processo de notificação, naquilo que não conflitem com a presente Resolução.

Art. 15. Fica revogada a Resolução CONTRAN nº 488, de 7 de maio de 2014.

Art. 16. Esta Resolução entra em vigor no dia 1º de novembro de 2016.

Elmer Coelho Vicenzi, Presidente – DOU de 8.9.2016

RESOLUÇÃO CONTRAN Nº 697, DE 10 DE OUTUBRO DE 2017

Altera a Resolução CONTRAN nº 619, de 6 de setembro de 2016, que estabelece e normatiza os procedimentos para a aplicação das multas por infrações, a arrecadação e o repasse dos valores arrecadados, para dispor sobre o pagamento parcelado de multas de trânsito.

O Conselho Nacional de Trânsito – CONTRAN, usando da competência que lhe conferem os incisos I e VIII do art. 12 da Lei nº 9.503, de 23 de setembro de 1997, que instituiu o Código de Trânsito Brasileiro - CTB. Considerando a necessidade de aperfeiçoar a forma de pagamento das multas de trânsito e demais débitos relativos ao veículo, adequando-a a métodos de pagamento mais modernos utilizados pela sociedade; Considerando o que consta no Processo Administrativo nº 80001.002866/2003-35, resolve:

Art. 1º. Esta Resolução altera a Resolução CONTRAN nº 619, de 6 de setembro de 2016, que estabelece e normatiza os procedimentos para a aplicação das multas por infrações, a arrecadação e o repasse dos valores arrecadados, para dispor sobre o pagamento parcelado de multas de trânsito.

Art. 2º. O art. 23 da Resolução CONTRAN nº 619, de 6 de setembro de 2016, que passa a vigorar com a seguinte redação:

*"**Art. 23.** (...)*

§ 3º. O recebimento de multas pela rede arrecadadora será feito exclusivamente à vista e de forma integral, podendo ser realizado parcelamento, por meio de cartão de crédito, por conta e risco de instituições integrantes do Sistema de Pagamentos Brasileiro (SPB)."

Art. 3º. A Resolução CONTRAN nº 619, de 6 de setembro de 2016, passa a vigorar acrescida do seguinte art. 25-A:

*"**Art. 25-A.** Os órgãos e entidades integrantes do Sistema Nacional de Trânsito poderão firmar, sem ônus para si, acordos e parcerias técnico-operacionais para viabilizar o pagamento de multas de trânsito e demais débitos relativos ao veículo com cartões de débito ou crédito, disponibilizando aos infratores ou proprietários de veículos alternativas para quitar seus débitos à vista ou em parcelas mensais, com a imediata regularização da situação do veículo.*

§ 1º. Os órgãos e entidades integrantes do Sistema Nacional de Trânsito interessados em oferecer a alternativa prevista no caput *poderão promover a habilitação, por meio de contratação ou credenciamento, de empresas credenciadoras (adquirentes), subcredenciadora (subadquirentes) ou facilitadoras para processar as operações e os respectivos pagamentos.*

§ 2º. As empresas referidas no § 1º deverão ser autorizadas, por instituição credenciadora supervisionada pelo Banco Central do Brasil, a processar pagamentos, inclusive parcelados, mediante uso de cartões de débito e crédito normalmente aceitos no mercado, sem restrição de bandeiras, e apresentar ao interessado os planos de pagamento dos débitos em aberto, possibilitando ao titular do cartão conhecer previamente os custos adicionais de cada forma de pagamento e decidir pela opção que melhor atenda às suas necessidades.

§ 3º. Os órgãos e entidades de trânsito poderão ceder espaço em suas instalações para que as empresas referidas no §1º prestem os serviços

referidos no caput *no mesmo ambiente em que ocorre o atendimento ao público.*

§ 4º. Os encargos e eventuais diferenças de valores a serem cobrados por conta do parcelamento via cartão de crédito ficam a cargo do titular do cartão de crédito que aderir a essa modalidade de pagamento.

§ 5º. Os órgãos e entidades integrantes do Sistema Nacional de Trânsito que adotarem essa modalidade de arrecadação de multas por meio de cartões de débito ou crédito deverão encaminhar relatórios mensais ao DENATRAN contendo o montante arrecadado de forma discriminada, para fins de controle dos repasses relativos ao FUNSET.

§ 6º. Na ausência de prestação de contas a que se refere o § 5º, o DENATRAN poderá suspender a autorização para que os órgãos e entidades de trânsito admitam o pagamento parcelado ou à vista de multas de trânsito por meio de cartões de débito ou crédito.

§ 7º. O parcelamento poderá englobar uma ou mais multas de trânsito.

§ 8º. A aprovação e efetivação do parcelamento por meio do Cartão de Crédito pela Operadora de Cartão de Crédito libera o licenciamento do veículo e a respectiva emissão do Certificado de Registro de Licenciamento do Veículo – CRLV.

§ 9º. O pagamento parcelado de multas já vencidas deverá ser acrescido de juros de mora equivalentes à taxa referencial do Sistema Especial de Liquidação e de Custódia (SELIC), nos termos do § 4º do art. 284 do CTB, conforme disciplinado pelos artigos 21 e 22 desta Resolução.

§ 10. O valor total do parcelamento, excluído a taxa sobre a operação de Cartão de Crédito, deverá ser considerada como receita arrecadada, para fins de aplicação de recurso, conforme o art. 320 do CTB, bem como para fato gerador do repasse relativo ao FUNSET.

§ 11. Ficam excluídos do parcelamento disposto neste artigo:

I – as multas inscritas em dívida ativa;

II – os parcelamentos inscritos em cobrança administrativa;

III – os veículos licenciados em outras Unidades da Federação; e

IV – multas aplicadas por outros órgãos autuadores que não autorizam o parcelamento ou arrecadação por meio de cartões de crédito ou débito.

§ 12. O órgão ou entidade de trânsito autuador da multa de trânsito é o competente para autorizar o parcelamento, em caráter facultativo, podendo delegar tal competência, na forma do art. 25 do CTB.

§ 13. O DENATRAN ficará responsável por autorizar e fiscalizar as operações dos órgãos de trânsito que adotarem a modalidade de parcelamento com Cartão de Crédito para o pagamento das multas de trânsito, regulamentando as disposições deste artigo."

Art. 4º. Esta Resolução entra em vigor na data de sua publicação.

Elmer Coelho Vicenzi, Presidente – DOU de 18.10.2017

RESOLUÇÃO CONTRAN Nº 723, DE 6 DE FEVEREIRO DE 2018

(*) *V., nesta edição, Resolução CONTRAN nº 182, de 9.9.2005.*

Referendar a Deliberação CONTRAN nº 163, de 31 de outubro de 2017, que dispõe sobre a uniformização do procedimento administrativo para imposição das penalidades de suspensão do direito de dirigir e de cassação do documento de habilitação, previstas nos arts. 261 e 263, incisos I e II, do Código de Trânsito Brasileiro (CTB), bem como sobre o curso preventivo de reciclagem.

O Conselho Nacional de Trânsito – CONTRAN, no uso da competência que lhe confere o artigo 12, inciso I, da Lei nº 9.503, de 23 de setembro de 1997, que instituiu o Código de Trânsito Brasileiro (CTB) e nos termos do disposto no Decreto nº 4.711, de 29 de maio de 2003, que trata da coordenação do Sistema Nacional de Trânsito (SNT).

Considerando a Lei nº 13.154, de 30 de julho de 2015, e a Lei nº 13.281, de 04 de maio de 2016;

Considerando a necessidade de uniformizar os procedimentos relativos à imposição das penalidades de suspensão do direito de dirigir e de cassação do documento de habilitação na forma do disposto nos arts. 261 e 263 do CTB, bem como do curso preventivo de reciclagem, previsto no art. 261, § 5º, do mesmo diploma legal;

Considerando o que consta no Processo Administrativo nº 80000. 112839/2016-02,

Resolve:

Art. 1º. Referendar a Deliberação CONTRAN nº 163, de 31 de outubro de 2017, publicada no Diário Oficial da União (DOU) do dia 01 de novembro de 2017, nos termos desta Resolução.

CAPÍTULO I – DISPOSIÇÕES PRELIMINARES

Art. 2º. Esta Resolução estabelece o procedimento administrativo a ser seguido pelos órgãos e entidades componentes do Sistema Nacional de Trânsito (SNT), quando da aplicação das penalidades de suspensão do direito de dirigir e de cassação do documento de habilitação, decorrentes de infrações cometidas a partir de 1º de novembro de 2016, bem como do curso preventivo de reciclagem.

Art. 3º. A penalidade de suspensão do direito de dirigir será imposta nos seguintes casos:

I – sempre que o infrator atingir a contagem de 20 (vinte), no período de 12 (doze) meses;

II – por transgressão às normas estabelecidas no CTB, cujas infrações preveem, de forma específica, a penalidade de suspensão do direito de dirigir.

Art. 4º. A cassação do documento de habilitação será imposta nos seguintes casos:

I – quando, suspenso o direito de dirigir, o infrator conduzir qualquer veículo;

II – no caso de reincidência, no prazo de doze meses, das infrações previstas no inciso III do art. 162 e nos arts. 163, 164, 165, 173, 174 e 175, todos do CTB.

Art. 5º. As penalidades de que trata esta Resolução serão aplicadas pela autoridade de trânsito do órgão de registro do documento de habilitação, em processo administrativo, assegurados a ampla defesa, o contraditório e o devido processo legal.

CAPÍTULO II – DA SUSPENSÃO DO DIREITO DE DIRIGIR

Seção I – Por Pontuação

Art. 6º. Esgotados todos os meios de defesa da infração na esfera administrativa, a pontuação prevista no art. 259 do CTB será considerada para fins de instauração de processo administrativo para aplicação da penalidade de suspensão do direito de dirigir.

Art. 7º. Para fins de cumprimento do disposto no inciso I do art. 3º serão consideradas as datas do cometimento das infrações.

§ 1º. Os órgãos e entidades componentes do SNT que aplicam a penalidade de multa deverão comunicar, por meio do registro no RENAINF ou outro sistema eletrônico, aos órgãos executivos de trânsito de registro do documento de habilitação, a pontuação correspondente, após o encerramento da instância administrativa da infração.

§ 2º. Será instaurado um único processo administrativo para aplicação da penalidade de suspensão do direito de dirigir quando a soma dos pontos relativos às infrações cometidas atingir 20 (vinte), no período de 12 (doze) meses.

§ 3º. Não serão computados pontos nas infrações que preveem, por si só, a penalidade de suspensão do direito de dirigir.

§ 4º. Ressalvada a hipótese do §3º, todas as demais infrações previstas no CTB deverão ser consideradas para cômputo de pontuação, independentemente de sua natureza, inclusive as de responsabilidade do proprietário.

§ 5º. A qualquer tempo, havendo anulação judicial ou administrativa do autos de infração, o órgão autuador deverá efetuar nova comunicação aos órgãos de registro da habilitação, para que sejam adotadas providências quanto a processos administrativos de suspensão ou cassação do direito de dirigir eventualmente instaurados com base nas autuações anuladas.

§ 6º. Configurada a hipótese do §5º, o órgão de registro da habilitação anulará, de ofício, a penalidade eventualmente aplicada, cancelando registro no RENACH, ainda que já tenha havido o encerramento da instância administrativa.

Seção II – Por Infração Específica

Art. 8º. Para fins de cumprimento do disposto no inciso II do art. 3º, o processo de suspensão do direito de dirigir deverá ser instaurado da seguinte forma:

I – para as autuações de competência do órgão executivo de trânsito estadual de registro do documento de habilitação do infrator, quando o infrator for o proprietário do veículo, será instaurado processo único para aplicação das penalidades de multa e de suspensão do direito de dirigir, nos termos do § 10 do art. 261 do CTB;

II – para as demais autuações, o órgão ou entidade responsável pela aplicação da penalidade de multa, encerrada a instância administrativa de julgamento da infração, comunicará imediatamente ao órgão executivo de trânsito do registro do documento de habilitação, via RENAINF ou outro sistema, para que instaure processo administrativo com vistas à aplicação da penalidade de suspensão do direito de dirigir.

Parágrafo único. Na hipótese prevista no inciso I do *caput*, o procedimento de notificação deverá obedecer às disposições constantes na Resolução CONTRAN nº 619, de 06 de setembro de 2016, e suas alterações e sucedâneas, devendo constar ainda:

I – na notificação de autuação: a informação de que, mantida a autuação, serão aplicadas as penalidades de multa e de suspensão do direito de dirigir;

II – na notificação de penalidade: as informações referentes à penalidade de multa e à penalidade de suspensão do direito de dirigir, nos termos do art. 15 desta Resolução.

CAPÍTULO III – DO CURSO PREVENTIVO DE RECICLAGEM

Art. 9º. Para fins de cumprimento do disposto nos §§ 5º, 6º e 7º do art. 261 do CTB, o órgão executivo de trânsito de registro do documento de habilitação do condutor aplicará a regulamentação prevista para o art. 268 do CTB.

§ 1º. Para instauração do processo definido no *caput*, o condutor que, no período de 12 (doze) meses, for autuado por infrações cuja soma dos pontos atinja 14 (quatorze) pontos, poderá requerer junto ao órgão de registro do documento de habilitação a participação no curso preventivo de reciclagem.

§ 2º. Também fará jus ao estabelecido no § 1º o condutor que, possuindo uma soma de pontos por infrações inferior a 14 (quatorze) pontos, no período de 12 (doze) meses, seja uma vez mais autuado, dentro desse período, e a soma dos pontos das infrações seja superior a 14 (quatorze) e não ultrapasse os 19 (dezenove) pontos.

§ 3º. Poderá fazer o requerimento o condutor que, mesmo já tendo atingido a soma exata de 14 (quatorze) pontos, no período de 12 (doze) meses, for autuado por infrações que não ultrapassem 19 (dezenove) pontos, sendo eliminada a pontuação, observado o disposto no §6º deste artigo.

§ 4º. Para fins de instauração, análise e deferimento do processo do curso preventivo de reciclagem, não é necessário o trânsito em julgado das infrações relacionadas no requerimento do condutor ou a existência da pontuação respectiva no RENACH.

§ 5º. Novo requerimento para o curso preventivo de reciclagem só poderá ser realizado uma vez a cada período de 12 (doze) meses, contado da data de conclusão do último curso preventivo de reciclagem.

§ 6º. Concluído com êxito o curso preventivo de reciclagem, a pontuação das infrações relacionadas será eliminada para todos os efeitos legais.

CAPÍTULO IV – DO PROCESSO ADMINISTRATIVO DE SUSPENSÃO DO DIREITO DE DIRIGIR

Art. 10. O ato instaurador do processo administrativo de suspensão do direito de dirigir de que trata esta Resolução, conterá o nome, a qualificação do infrator, a(s) infração(ões) com a descrição sucinta dos fatos e a indicação dos dispositivos legais pertinentes.

§ 1º. Instaurado o processo, far-se-á a respectiva anotação no prontuário do infrator, a qual não constituirá qualquer impedimento ao exercício dos seus direitos.

§ 2º. A autoridade de trânsito deverá expedir notificação ao infrator, contendo no mínimo, os seguintes dados:

I – a identificação do infrator e do órgão de registro do documento de habilitação;

II – a finalidade da notificação, qual seja, dar ciência da instauração do processo administrativo para imposição da penalidade de suspensão do direito de dirigir por somatório de pontos ou por infração específica;

III – a data do término do prazo para apresentação da defesa;

IV – informações referentes à(s) infração(ões) que ensejou(aram) a abertura do processo administrativo, fazendo constar:

a) o(s) número(s) do(s) auto(s) de infração(ões);

b) órgão(s) ou entidade(s) que aplicou(aram) a(s) penalidade(s) de multa;

c) a(s) placa(s) do(s) veículo(s);

d) tipificação(ões), código(s) da(s) infração(ões) e enquadramento(s) legal(is);

e) a(s) data(s) da(s) infração(ões); e

f) o somatório dos pontos, quando for o caso.

§ 3º. A notificação será expedida ao infrator por remessa postal, por meio tecnológico hábil ou por outro meio que assegure a sua ciência.

§ 4º. A ciência da instauração do processo e da data do término do prazo para apresentação da defesa também poderá se dar no próprio órgão ou entidade de trânsito, responsável pelo processo, mediante certidão nos autos.

§ 5º. Da notificação constará a data do término do prazo para a apresentação da defesa, que não será inferior a 15 (quinze) dias contados a partir da data da notificação da instauração do processo administrativo.

§ 6º. A notificação devolvida, por desatualização do endereço do infrator no RENACH, será considerada válida para todos os efeitos legais.

§ 7º. A notificação a pessoal de missões diplomáticas, de repartições consulares de carreira e de representações de organismos internacionais e de seus integrantes será remetida ao Ministério das Relações Exteriores para as providências cabíveis, passando a correr os prazos a partir do seu conhecimento pelo infrator.

§ 8º. Os órgãos de registro do documento de habilitação para fins de instauração do processo de suspensão ou cassação deverão considerar, exclusivamente, as informações constantes no RENAINF ou outro sistema informatizado.

CAPÍTULO V – DA APRESENTAÇÃO DE DEFESA E DE RECURSO

Art. 11. Os critérios gerais para apresentação de defesa, recursos ou outros requerimentos deverão seguir as disposições constantes na Resolução CONTRAN nº 299, de 04 de dezembro de 2008, e suas sucedâneas.

CAPÍTULO VI – DA APLICAÇÃO DA PENALIDADE

Art. 12. Concluída a análise do processo administrativo, a autoridade do órgão ou entidade de trânsito proferirá decisão motivada e fundamentada.

Art. 13. Acolhidas as razões da defesa, o processo será arquivado, dando-se ciência ao interessado.

Art. 14. Não apresentada, não conhecida ou não acolhida a defesa, a autoridade de trânsito do órgão de registro do documento de habilitação aplicará a penalidade de suspensão do direito de dirigir.

Art. 15. Aplicada a penalidade, a autoridade de trânsito do órgão de registro do documento de habilitação deverá notificar o condutor informando-lhe:

I – identificação do órgão de registro do documento de habilitação, responsável pela aplicação da penalidade;

II – identificação do infrator e número do registro do documento de habilitação;

III – número do processo administrativo;

IV – a penalidade de suspensão do direito de dirigir aplicada, incluída a dosimetria fixada, e sua fundamentação legal;

V – a data limite para entrega do documento de habilitação físico ou para interpor recurso à JARI;

VI – a data em que iniciará o cumprimento da penalidade fixada, caso não seja entregue o documento de habilitação físico e não seja interposto recurso à JARI, nos termos do artigo 16 desta Resolução.

§ 1º. O prazo de que trata o inciso V não será inferior a 30 (trinta) dias.

§ 2º. No caso de perda, extravio, furto ou roubo do documento de habilitação físico válido, o condutor deverá providenciar a emissão da 2ª via, para que seja juntada ao processo, a fim de se dar início ao cumprimento da penalidade.

Art. 16. A data de início do cumprimento da penalidade será fixada e anotada no RENACH:

I – em 15 (quinze) dias corridos, contados do término do prazo para a interposição do recurso, em 1ª ou 2ª instância, caso não seja interposto, inclusive para os casos do documento de habilitação eletrônico;

II – no dia subsequente ao término do prazo para entrega do documento de habilitação físico, caso a penalidade seja mantida em 2ª instância recursal;

III – na data de entrega do documento de habilitação físico, caso ocorra antes das hipóteses previstas nos incisos I e II.

§ 1º. Na notificação de resultado dos recursos de 1ª e de 2ª instâncias deverão constar as informações definidas no art. 15, no que couber.

§ 2º. A inscrição da penalidade no RENACH conterá a data do início e término da penalidade, período durante qual o condutor deverá realizar o curso de reciclagem.

§ 3º. Cumprido o prazo de suspensão do direito de dirigir, caso o condutor não realize ou seja reprovado no curso de reciclagem, deverá ser mantida a restrição no RENACH, que deverá ser impeditivo para devolução ou renovação do documento de habilitação, impressão de 2ª via do documento de habilitação físico ou emissão de Permissão Internacional para Dirigir – PID.

§ 4º. Caso o condutor já tenha cumprido o prazo de suspensão do direito de dirigir e seja flagrado na condução de veículo automotor sem ter realizado o curso de reciclagem, e estiver portando o documento de habilitação físico, esta deverá ser recolhida e caso não esteja portando ou se trate de documento eletrônico, caberá a autuação do art. 232 do CTB, observado o disposto no § 4º do art. 270 do CTB.

Art. 17. Os órgãos e entidades executivos de trânsito dos Estados e do Distrito Federal deverão aplicar a penalidade de suspensão do direito de dirigir, conforme o disposto no art. 261 do CTB.

Art. 18. O documento de habilitação físico, que tiver sido entregue, ficará acostado aos autos e será devolvido ao infrator depois de cumprido o prazo de suspensão do direito de dirigir e comprovada a realização e aprovação no curso de reciclagem, no caso de documento de habilitação eletrônico este deverá ser regularizado na forma estabelecida pelo Departamento Nacional de Trânsito.

CAPÍTULO VII – DA CASSAÇÃO DO DOCUMENTO DE HABILITAÇÃO

Art. 19. Deverá ser instaurado processo administrativo de cassação do documento de habilitação, pela autoridade de trânsito do órgão executivo de seu registro, observado no que couber as disposições dos Capítulos IV, V e VI, desta Resolução, quando:

I – suspenso o direito de dirigir, o infrator conduzir qualquer veículo;

II – no caso de reincidência, no prazo de doze meses, das infrações previstas no inciso III do art. 162 e nos arts. 163, 164, 165, 173, 174 e 175, todos do CTB.

§ 1º. Na hipótese prevista no inciso I do *caput*:

I – o processo administrativo será instaurado após esgotados todos os meios de defesa da infração que enseja a penalidade de cassação, na esfera administrativa, devendo o órgão executivo de registro do documento de habilitação observar as informações registradas no RENAINF ou outro sistema;

II – caso o condutor seja autuado por outra infração que preveja suspensão do direito de dirigir, será aberto apenas o processo administrativo para cassação, sem prejuízo da penalidade de multa;

III – a autoridade de trânsito de registro do documento de habilitação do condutor, que tomar ciência da condução de veículo automotor por pessoa com direito de dirigir suspenso, por qualquer meio de prova em direito admitido, deverá instaurar o processo de cassação do documento de habilitação;

IV – quando não houver abordagem, não será instaurado processo de cassação do documento de habilitação:

a) ao proprietário do veículo, nas infrações originalmente de sua responsabilidade;

b) nas infrações de estacionamento, quando não for possível precisar que o momento inicial da conduta se deu durante o cumprimento da penalidade de suspensão do direito de dirigir.

V – é possível a instauração do processo de cassação do documento de habilitação do proprietário que não realizar a indicação do condutor infrator de que trata o art. 257, § 7º, do CTB.

§ 2º. Na hipótese prevista no inciso II do *caput*:

I – o processo administrativo será instaurado após esgotados todos os meios de defesa da infração que configurou a reincidência, na esfera administrativa, devendo o órgão executivo de registro do documento de habilitação observar as informações registradas no RENAINF ou outro sistema;

II – para fins de reincidência, serão consideradas as datas de cometimento das infrações, independentemente da fase em que se encontre o processo de aplicação de penalidade da primeira infração;

III – em relação à primeira infração, serão aplicadas todas as penalidades previstas;

IV – em relação à infração que configurar reincidência, caso haja previsão de penalidade de suspensão do direito de dirigir, esta deixará de ser aplicada, em razão da cassação.

§ 3º. Poderá ser instaurado mais de um processo administrativo para aplicação da penalidade de cassação, concomitantemente.

§ 4º. Após a aplicação da penalidade de cassação, o órgão executivo de trânsito de registro do documento de habilitação deverá registrar essa informação no RENACH nos seguintes termos: "Documento de habilitação cassado", com as datas de início e de término da penalidade, observado o disposto no art. 16.

Art. 20. Decorridos 02 (dois) anos da cassação do documento de habilitação, o infrator poderá requerer a sua reabilitação, submetendo-se a todos os exames necessários, na forma estabelecida no §2º do art. 263, do CTB.

Parágrafo único. Decorrido o prazo previsto no *caput*, o condutor será considerado inabilitado até a conclusão do processo de reabilitação.

Art. 21. A não concessão do documento de habilitação nos termos do §3º do art. 148, do CTB, não caracteriza a penalidade de cassação da Permissão para Dirigir.

Art. 22. No caso de perda, extravio, furto ou roubo do documento de habilitação físico válido, o condutor deverá providenciar a emissão da 2ª via, para que seja juntada ao processo, a fim de se dar início ao cumprimento das penalidades de cassação do documento de habilitação e de suspensão do direito de dirigir, que iniciará em 10 (dez) dias corridos caso essa providência não seja adotada.

CAPÍTULO VIII – DAS DISPOSIÇÕES FINAIS E TRANSITÓRIAS

Art. 23. Esgotadas as tentativas para notificar o condutor por meio postal ou pessoal, as notificações de que trata esta Resolução serão realizadas por edital, na forma disciplinada pela Resolução CONTRAN nº 619, de 06 de setembro de 2016, e suas sucedâneas.

Art. 24. Aplicam-se a esta Resolução, os seguintes prazos prescricionais previstos na Lei nº 9.873, de 23 de novembro de 1999:

I – Prescrição da Ação Punitiva: 5 anos;

II – Prescrição da Ação Executória: 5 anos;

III – Prescrição Intercorrente: 3 anos.

§ 1º. O termo inicial da pretensão punitiva relativo à penalidade de suspensão do direito de dirigir será:

I – no caso previsto no inciso I do art. 3º desta Resolução, o dia subsequente ao encerramento da instância administrativa referente à penalidade de multa que totalizar 20 ou mais pontos no período de 12 meses;

II – no caso do inciso I do art. 8º desta Resolução, a data da infração;

III – no caso do inciso II do art. 8º desta Resolução, o dia subsequente ao encerramento da instância administrativa referente à penalidade de multa.

§ 2º. O termo inicial da pretensão punitiva relativo à penalidade de cassação do documento de habilitação será:

I – no caso do inciso I do art. 19 desta Resolução, a data do fato;

II – no caso do Inciso II do art. 19 desta Resolução, o dia subsequente ao encerramento da instância administrativa referente à penalidade de multa da infração que configurou a reincidência.

§ 3º. Interrompe-se a prescrição da pretensão punitiva com:

I – a notificação de instauração do processo administrativo;

II – a aplicação da penalidade de suspensão do direito de dirigir ou de cassação do documento de habilitação;

III – o julgamento do recurso na JARI, se houver.

§ 4º. Suspende-se a prescrição da pretensão punitiva ou da pretensão executória durante a tramitação de processo judicial, do qual o órgão tenha sido cientificado pelo juízo.

§ 5º. Incide a prescrição intercorrente no procedimento administrativo paralisado por mais de três anos.

§ 6º. A declaração de prescrição acarretará o arquivamento do respectivo processo de ofício ou a pedido da parte.

§ 7º. A declaração da prescrição das penalidades desta Resolução não implicará, necessariamente, prejuízo da aplicação das demais penalidades e medidas administrativas previstas para a conduta infracional.

Art. 25. No curso do processo administrativo de que trata esta Resolução não incidirá nenhuma restrição no prontuário do infrator, inclusive para fins de mudança de categoria do documento de habilitação, renovação e transferência para outra unidade da Federação, até a efetiva aplicação da penalidade de suspensão ou cassação do documento de habilitação.

§ 1º. O processo administrativo deverá ser concluído pelo órgão ou entidade de trânsito que o instaurou, mesmo que haja transferência do prontuário para outra unidade da Federação.

§ 2º. Na hipótese do § 1º, o órgão ou entidade de trânsito que aplicar a penalidade de suspensão do direito de dirigir ou cassação do documento de habilitação deverá comunicá-la ao órgão executivo estadual de trânsito de registro do documento de habilitação do condutor para o cadastramento da penalidade no RENACH.

§ 3º. A interposição de recurso intempestivo não impede o cadastramento da penalidade no RENACH.

Art. 26. A apresentação de defesas, recursos e outros requerimentos previstos nesta Resolução poderá ser realizada por meio eletrônico, quando disponível pelo órgão.

Art. 27. Os atos referentes aos processos de que trata esta Resolução deverão ser registrados no RENACH e no RENAINF.

Art. 28. As disposições desta Resolução aplicam-se, no que couber, à Permissão para Dirigir, à Autorização para Conduzir Ciclomotor e à Permissão Internacional para Dirigir.

§ 1º. Havendo prazo a ser cumprido em relação a qualquer uma das penalidades previstas nesta Resolução aplicada ao condutor portador de Permissão para Dirigir, o reinício do processo de habilitação de que trata o § 4º do art. 148 do CTB somente se dará ao fim desse prazo, ainda que a CNH já tenha sido emitida em razão de efeito suspensivo, dispensado o curso de reciclagem.

§ 2º. A não obtenção da CNH, tendo em vista a incapacidade de atendimento do disposto no § 3º do art. 148 do CTB, não exige a instauração do processo administrativo descrito nesta Resolução.

Art. 29. Os prazos de suspensão do direito de dirigir para processo instaurado em decorrência da contagem de 20 (vinte) ou mais pontos, em que haja uma ou mais infrações praticadas antes de 1º de novembro de 2016, serão os estabelecidos no art. 16 da Resolução CONTRAN nº 182, de 09 de setembro de 2005.

Parágrafo único. Para os casos anteriores à publicação da Deliberação CONTRAN nº 163/2017, que já tenha a penalidade inscrita no RENACH, mas não tenha data de início do cumprimento da mesma, os órgãos e entidades pertencentes ao SNT deverão adotar a medida administrativa de recolhimento da CNH e encaminhá-la aos DETRANs de registro do documento para aposição do início e fim do cumprimento da respectiva penalidade.

Art. 30. As informações de que trata o § 2º do art. 16 referentes às penalidades aplicadas sob a égide da Resolução CONTRAN nº 182, de 2005, deverão ser lançadas pelos órgãos executivos de trânsito no prazo de 12 (doze) meses da publicação desta Resolução, na forma estabelecida no art. 16.

Art. 31. Ficam convalidadas as penalidades e medidas administrativas aplicadas sob a égide da Resolução CONTRAN nº 182, de 2005.

Art. 32. Ficam revogadas as disposições da Resolução CONTRAN nº 182, de 2005, com exceção do art. 16, que permanecerá aplicável às infrações cometidas antes de 1º de novembro de 2016.

Art. 33. Esta Resolução entra em vigor na data de sua publicação.

Maurício José Alves Pereira, Presidente – DOU de 7.2.2018

EMENTÁRIO
Legislação Suplementar

LEIS, DECRETOS E RESOLUÇÕES PERTINENTES

LEIS

Lei nº 6.194, de 19.12.1974 – *Dispõe sobre Seguro Obrigatório de Danos Pessoais causados por veículos automotores de via terrestre, ou por sua carga, a pessoas transportadas ou não.*

Lei nº 7.408, de 25.11.1985 – *Permite a tolerância de 5% (cinco por cento) na pesagem de carga em veículos de transporte.*

Lei nº 8.722, de 27.10.1993 – *Torna obrigatória a baixa de veículos vendidos como sucata e dá outras providências.*

Lei nº 8.723, de 28.10.1993 – *Dispõe sobre a redução de emissão de poluentes por veículos automotores, e dá outras providências.*

Lei nº 9.602, de 21.1.1998 – *Dispõe sobre legislação de trânsito e dá outras providências.*

Lei nº 9.611, de 19.2.1998 – *Dispõe sobre o Transporte Multimodal de Cargas e dá outras providências.*

Lei Complementar nº 121, de 9.2.2006 – *Cria o Sistema Nacional de Prevenção, Fiscalização e Repressão ao Furto e Roubo de Veículos e Cargas e dá outras providências.*

Lei nº 11.705, de 19.6.2008 – *Altera a Lei nº 9.503, de 23 de setembro 1997, que "institui o Código de Trânsito Brasileiro", e a Lei nº 9.294, de 15 de julho de 1996, que dispõe sobre as restrições ao uso e à propaganda de produtos fumígeros, bebidas alcoólicas, medicamentos, terapias e defensivos agrícolas, nos termos do § 4º do art. 220 da Constituição Federal, para inibir o consumo de bebida alcoólica por condutor de veículo automotor, e dá outras providências.*

Lei nº 12.009, de 29.7.2009 – *Regulamenta o exercício das atividades dos profissionais em transporte de passageiros, "mototaxista", em entrega de mercadorias e em serviço comunitário de rua, e "motoboy", com o uso de motocicleta, altera a Lei nº 9.503, de 23 de setembro de 1997, para dispor sobre regras de segurança dos serviços de transporte remunerado de* *mercadorias em motocicletas e motonetas – motofrete –, estabelece regras gerais para a regulação deste serviço e dá outras providências.*

Lei nº 12.619, de 30.4.2012 – *Dispõe sobre o exercício da profissão de motorista; altera a Consolidação das Leis do Trabalho – CLT, aprovada pelo Decreto-Lei nº 5.452, de 1º de maio de 1943, e as Leis nºs 9.503, de 23 de setembro de 1997, 10.233, de 5 de junho de 2001, 11.079, de 30 de dezembro de 2004, e 12.023, de 27 de agosto de 2009, para regular e disciplinar a jornada de trabalho e o tempo de direção do motorista profissional; e dá outras providências.*

Lei nº 12.977, de 20.5.2014 – *Regula e disciplina a atividade de desmontagem de veículos automotores terrestres; altera o art. 126 da Lei nº 9.503, de 23 de setembro de 1997 – Código de Trânsito Brasileiro; e dá outras providências.*

Lei nº 13.103, de 2.3.2015 – *Dispõe sobre o exercício da profissão de motorista; altera a Consolidação das Leis do Trabalho – CLT, aprovada pelo Decreto-Lei nº 5.452, de 1º.5.1943, e as Leis nºs 9.503, de 23.9.1997 – Código de Trânsito Brasileiro, e 11.442, de 5.1.2007 (empresas e transportadores autônomos de carga), para disciplinar a jornada de trabalho e o tempo de direção do motorista profissional; altera a Lei nº 7.408, de 25.11.1985; revoga dispositivos da Lei nº 12.619, de 30.4.2012; e dá outras providências.*

Lei nº 13.146, de 6.7.2015 – *Institui a Lei Brasileira de Inclusão da Pessoa com Deficiência (Estatuto da Pessoa com Deficiência).*

Lei nº 13.290, de 23.5.2016 – *Torna obrigatório o uso, nas rodovias, de farol baixo aceso durante o dia e dá outras providências.*

Lei nº 13.614, de 11.1.2018 – *Cria o Plano Nacional de Redução de Mortes e Lesões no Trânsito (Pnatrans) e acrescenta dispositivo à Lei nº 9.503, de 23 de setembro de 1997 (Código de Trânsito Brasileiro), para dispor sobre regime de metas de redução de índice de mortos no trânsito por grupos de habitantes e de índice de mortos no trânsito por grupos de veículos.*

Lei nº 13.711, de 24.8.2018 – *Altera a Lei nº 13.103, de 2 de março de 2015, para prever isenção, em todo o território nacional, da cobrança de pedágio sobre eixos suspensos de veículos de transporte de cargas que circularem vazios nas vias terrestres federais, estaduais, distritais e municipais.*

Lei nº 13.755, de 10.12.2018 – *Estabelece requisitos obrigatórios para a comercialização de veículos no Brasil; institui o Programa Rota 2030 – Mobilidade e Logística; dispõe sobre o regime tributário de autopeças não produzidas; e altera as Leis nºs 9.440, de 14 de março de 1997, 12.546, de 14 de dezembro de 2011, 10.865, de 30 de abril de 2004, 9.826, de 23 de agosto de 1999, 10.637, de 30 de dezembro de 2002, 8.383, de 30 de dezembro de*

1991, e 8.989, de 24 de fevereiro de 1995, e o Decreto-Lei nº 288, de 28 de fevereiro de 1967.

DECRETOS

Decreto nº 1.305, de 9.11.1994 – *Regulamenta a Lei nº 8.722, de 27 de outubro de 1993, que torna obrigatória a baixa de veículos vendidos como sucata e dá outras providências.*

Decreto nº 9.557, de 8.11.2018 – *Regulamenta a Medida Provisória nº 843, de 5 de julho de 2018, que estabelece requisitos obrigatórios para a comercialização de veículos no País, institui o Programa Rota 2030 – Mobilidade e Logística e dispõe sobre o regime tributário de autopeças não produzidas.*

Decreto nº 9.762, de 11.4.2019 – *Regulamenta os art. 51 e art. 52 da Lei nº 13.146, de 6 de julho de 2015, para dispor sobre as diretrizes para a transformação e a modificação de veículos automotores a fim de comporem frotas de táxi e de locadoras de veículos acessíveis a pessoas com deficiência.*

RESOLUÇÕES

Resolução CONTRAN nº 168, de 14.12.2004 – *Estabelece Normas e Procedimentos para a formação de condutores de veículos automotores e elétricos, a realização dos exames, a expedição de documentos de habilitação, os cursos de formação, especializados, de reciclagem e dá outras providências.*

Resolução CONTRAN nº 254, de 26.10.2007 – *Estabelece requisitos para os vidros de segurança e critérios para aplicação de inscrições, pictogramas e películas nas áreas envidraçadas dos veículos automotores, de acordo com o inciso III, do artigo 111 do Código de Trânsito Brasileiro – CTB.*

Resolução CONTRAN nº 300, de 4.12.2008 – *Estabelece procedimento administrativo para submissão do condutor a novos exames para que possa voltar a dirigir quando condenado por crime de trânsito, ou quando envolvido em acidente grave, regulamentando o art. nº 160 do Código de Trânsito Brasileiro.*

Resolução CONTRAN nº 390, de 11.08.2011 – *Dispõe sobre a padronização dos procedimentos administrativos na lavratura de auto de infração,* *na expedição de notificação de autuação e de notificação de penalidades por infrações de responsabilidade de pessoas físicas ou jurídicas, sem a utilização de veículos, expressamente mencionadas no Código de Trânsito Brasileiro – CTB, e dá outras providências.*

Resolução CONTRAN nº 525, de 29.5.2015 – *Dispõe sobre a fiscalização do tempo de direção do motorista profissional de que trata os artigos 67-A, 67-C e 67-E, incluídos no Código de Transito Brasileiro – CTB, pela Lei n° 13.103, de 02 de março de 2015, e dá outras providências.*

Resolução CONTRAN nº 624, de 19.10.2016 – *Regulamenta a fiscalização de sons produzidos por equipamentos utilizados em veículos, a que se refere o art. 228, do Código de Trânsito Brasileiro – CTB.*

Resolução CONTRAN nº 684, de 25.7.2017 – *Altera a Resolução CONTRAN nº 598, de 24 de maio de 2016, que regulamenta a produção e a expedição da Carteira Nacional de Habilitação, com novo leiaute e requisitos de segurança.*

Resolução CONTRAN nº 704, de 10.10.2017 – *Estabelece padrões e critérios para sinalização semafórica com sinal sonoro para travessia de pedestres com deficiência visual.*

Resolução CONTRAN nº 712, de 25.10.2017 – *Institui o Certificado Eletrônico de Registro de Veículo – CRVe, a Autorização Eletrônica para Transferência de Propriedade de Veículo – ATPVe e estabelece orientações e procedimentos a serem adotados para o preenchimento e autenticação da ATPV e realização da comunicação de venda de veículo de que trata o art. 134 do Código de Trânsito Brasileiro – CTB.*

Resolução CONTRAN nº 715, de 30.11.2017 – *Altera o art. 14 da Resolução CONTRAN nº 712, de 25 de outubro de 2017, que institui o Certificado Eletrônico de Registro de Veículo – CRVe, a Autorização Eletrônica para Transferência de Propriedade de Veículo – ATPVe e estabelece orientações e procedimentos a serem adotados para o preenchimento e autenticação da ATPV e realização da comunicação de venda de veículo de que trata o art. 134 do Código de Trânsito Brasileiro – CTB.*

Resolução CONTRAN nº 724, de 6.2.2018 – *Referenda a Deliberação nº 165, de 22 de dezembro de 2017, que altera o art. 25 da Resolução CONTRAN nº 691, de 27 de setembro de 2017, que dispõe sobre o exame toxicológico de larga janela de detecção, em amostra queratínica, para habilitação, renovação ou mudança para as categorias C, D e E, decorrente da Lei nº 13.103, de 02 de março de 2015.*

Resolução CONTRAN nº 725, de 6.2.2018 – *Referenda a Deliberação nº 166, de 27 de dezembro de 2017, que altera o art. 43-A da Resolução CONTRAN nº 358, de 13 de agosto de 2010, que estabelece normas e procedimentos* *para a formação de condutores de veículos automotores e elétricos, a realização dos exames, a expedição de documentos de habilitação, os cursos de formação, especializados, de reciclagem e dá outras providências.*

Resolução CONTRAN nº 727, de 6.3.2018 – *Referendar a Deliberação nº 167, de 30 de janeiro de 2018, que altera a Resolução CONTRAN nº 598, de 24 de maio de 2016, que regulamenta a produção e a expedição da Carteira Nacional de Habilitação, com novo leiaute e requisitos de segurança.*

Resolução CONTRAN nº 732, de 10.4.2018 – *Altera o Anexo da Resolução CONTRAN nº 688, de 15 de agosto de 2017, para incluir representantes da Polícia Rodoviária Federal nos Conselhos Estaduais de Trânsito (CETRAN) e no Conselho de Trânsito do Distrito Federal (CONTRANDIFE).*

Resolução CONTRAN nº 736, de 5.7.2018 – *Altera a Resolução CONTRAN nº 619, de 6 de setembro de 2016, que estabelece e normatiza os procedimentos para a aplicação das multas por infrações, a arrecadação e o repasse dos valores arrecadados, para dispor sobre o pagamento parcelado de multas de trânsito.*

Resolução CONTRAN nº 740, de 12.9.2018 – *Dispõe sobre as metas de redução dos índices de mortos por grupo de veículos e dos índices de mortos por grupo de habitantes para cada um dos Estados da Federação e para o Distrito Federal, de que trata a Lei nº 13.614, de 11 de janeiro de 2018, que criou o Plano Nacional de Redução de Mortes e Lesões no Trânsito (PNATRANS).*

Resolução CONTRAN nº 743, de 12.11.2018 – *Estabelece requisitos técnicos para modificação ou transformação de veículos para motorcasa, assim como sua circulação e fiscalização.*

Resolução CONTRAN nº 744, de 12.11.2018 – *Altera a Resolução CONTRAN nº 720, de 7 de dezembro de 2017, que institui o Certificado de Registro e Licenciamento de Veículo Eletrônico (CRLVe).*

Resolução CONTRAN nº 747, de 30.11.2018 – *Altera a Resolução CONTRAN nº 718, de 07 de dezembro de 2017, que regulamenta as especificações, a produção e a expedição da Carteira Nacional de Habilitação e dá outras providências.*

Resolução CONTRAN nº 749, de 20.12.2018 – *Estabelece requisitos específicos para veículos movidos à propulsão híbrida, híbrida* plug-in *e elétrica.*

Resolução CONTRAN nº 750, de 20.12.2018 – *Estabelece requisitos específicos para ciclomotores, motocicletas, motonetas, triciclos e quadriciclos movidos à propulsão híbrida, híbrida* plug-in *e elétrica.*

Resolução CONTRAN nº 752, de 20.12.2018 – *Estabelece requisitos de proteção aos pedestres em casos de atropelamento.*

Resolução CONTRAN nº 754, de 20.12.2018 – *Altera a Resolução CONTRAN nº 445, de 25 de junho de 2013, que estabelece os requisitos de segurança para veículos de transporte público coletivo de passageiros e transporte de passageiros tipos micro-ônibus e ônibus, categoria M3 de fabricação nacional e importado.*

Resolução CONTRAN nº 758, de 20.12.2018 – *Estabelece requisitos de localização, identificação e iluminação dos controles indicadores e lâmpadas piloto dos veículos automotores e elétricos.*

Resolução CONTRAN nº 759, de 20.12.2018 – *Estabelece requisitos de desempenho dos sistemas de alerta e monitoramento traseiro instalados nos veículos.*

Resolução CONTRAN nº 760, de 20.12.2018 – *Dispõe sobre a obrigatoriedade da instalação de dispositivo de aviso de não afivelamento dos cintos de segurança em veículos automotores.*

Resolução CONTRAN nº 761, de 20.12.2018 – *Altera a Resolução CONTRAN nº 667, de 18 de Maio de 2017 que estabelece as características e especificações técnicas dos sistemas de sinalização, iluminação e seus dispositivos aplicáveis a automóveis, camionetas, utilitários, caminhonetes, caminhões, caminhões tratores, ônibus, micro-ônibus, reboques e semirreboques, novos saídos de fábrica, nacionais ou importados e dá outras providências.*

Resolução CONTRAN nº 763, de 20.12.2018 – *Dispõe sobre a utilização obrigatória de espelhos retrovisores, equipamento do tipo câmera-monitor ou outro dispositivo equivalente, a ser instalado nos veículos destinados ao transporte coletivo de escolares.*

Resolução CONTRAN nº 764, de 20.12.2018 – *Estabelece método de ensaio para medição de pressão sonora por buzina ou equipamento similar de veículos automotores.*

Resolução CONTRAN nº 766, de 20.12.2018 – *Altera o art. 43-A da Resolução CONTRAN nº 358, de 13 de agosto de 2010, para prorrogar o prazo para realização, pelos condutores de veículos pertencentes a órgãos de segurança pública e forças armadas e auxiliares, dos cursos a que se refere o art. 145, IV, do Código de Trânsito Brasileiro.*

Resolução CONTRAN nº 769, de 20.12.2018 – *Altera a Resolução CONTRAN nº 720, de 7 de dezembro de 2017, que institui o Certificado de Registro e Licenciamento de Veículo Eletrônico (CRLVe).*

Resolução CONTRAN nº 774, de 28.3.2019 – *Revoga a Resolução CONTRAN nº 709, de 25 de outubro de 2017, que dispõe sobre a publicação na internet dos nomes e códigos dos agentes e autoridades de trânsito, bem como os convênios de fiscalização de trânsito celebrados pelos órgãos e entidades executivos de trânsito.*

Resolução CONTRAN nº 775, de 28.3.2019 – *Altera os modelos da Carteira Nacional de Habilitação – CNH, da Autorização para Conduzir Ciclomotor – ACC, do Certificado de Registro do Veículo – CRV e do Certificado de Registro e Licenciamento de Veículo – CRLV.*

NORMAS SOBRE TRANSPORTE DE PRODUTOS PERIGOSOS

Decreto-Lei nº 2.063, de 6.10.1983 – *Dispõe sobre multas a serem aplicadas por infrações à regulamentação para a execução do serviço de transporte rodoviário de cargas ou produtos perigosos, e dá outras providências.*

Decreto nº 96.044, de 18.5.1988 – *Aprova o Regulamento para o Transporte Rodoviário de Produtos Perigosos, e dá outras providências.*

Resolução ANTT nº 420, de 12.2.2004 – *Aprova as instruções complementares ao Regulamento de Transporte Terrestre de Produtos Perigosos.*

ÍNDICE REMISSIVO

Os números referem-se aos artigos
do Código de Trânsito Brasileiro,
ou, quando indicado, às Resoluções do CONTRAN (Res.).

Este livro foi impresso pela Eskenazi para a Edipro
em fonte Arial sobre papel Offset 75 g/m².